D1754232

Lernplattformen für das virtuelle Lernen

Evaluation und Didaktik

von
Prof. Dr. Rolf Schulmeister

2. Auflage

Oldenbourg Verlag München Wien

Bibliografische Information Der Deutschen Bibliothek

Die Deutsche Bibliothek verzeichnet diese Publikation in der Deutschen Nationalbibliografie; detaillierte bibliografische Daten sind im Internet über <http://dnb.ddb.de> abrufbar.

© 2005 Oldenbourg Wissenschaftsverlag GmbH
Rosenheimer Straße 145, D-81671 München
Telefon: (089) 45051-0
www.oldenbourg.de

Das Werk einschließlich aller Abbildungen ist urheberrechtlich geschützt. Jede Verwertung außerhalb der Grenzen des Urheberrechtsgesetzes ist ohne Zustimmung des Verlages unzulässig und strafbar. Das gilt insbesondere für Vervielfältigungen, Übersetzungen, Mikroverfilmungen und die Einspeicherung und Bearbeitung in elektronischen Systemen.

Lektorat: Margit Roth
Herstellung: Anna Grosser
Umschlagkonzeption: Kraxenberger Kommunikationshaus, München
Gedruckt auf säure- und chlorfreiem Papier
Druck: Grafik + Druck, München
Bindung: R. Oldenbourg Graphische Betriebe Binderei GmbH

ISBN 3-486-27573-9

INHALT

Vorwort   1

Grußwort   3

KAPITEL 1   *Was sind Learning Management Systeme?*   5

Die Aktualität des Themas 5
Lernplattformen illustriert 6
Definitionsversuche 9
Alternative und ergänzende Definitionen 11
Recherche nach Lernplattformen 16

KAPITEL 2   *Die Untersuchung*   31

Rahmenbedingungen für die Untersuchung 31
Zur Methode der Evaluation 34
Gewinnung von Kriterien für die Evaluation 36
Beispiele für kriterienorientierte Evaluation 39
Die Kriterien von EVA:LERN 46

KAPITEL 3	*Die Kriterien*	55

Der generelle Kriterienrahmen 55
Vergleich der Kriterien mit anderen Katalogen 58
Die Gewichtung der Kriterien 67

KAPITEL 4	*Die K.O.-Kriterien*	77

Erläuterung der K.O.-Kriterien 77
Für den Praxistest ausgewählte Lernplattformen 99

KAPITEL 5	*Ergänzungen zu Lernplattformen*	101

Wichtige Ergänzungen zu Lernplattformen 101
Open Source-Software 108

KAPITEL 6	*Die Lernplattformen im Praxistest*	111

Installation und Betrieb der Plattformen 111
Die Lernplattformen im Test mit Autoren 118
Die Usability-Untersuchung 119
Ungeschminkte Benutzer-Eindrücke 137

KAPITEL 7	*Das Ergebnis der Studie*	143

Schlußfolgerungen 143
Lizenzpreise 144
Fazit 147

KAPITEL 8	*Didaktische Qualität mit Lernplattformen*	151

Didaktische Probleme 151
Didaktische Alternativen 155

KAPITEL 9 — Szenarien netzbasierten Lernens — 163

- Schummeln und was man dagegen tun kann 163
- Mangelnde Transparenz der Information 166
- Klassifikation von didaktischen Szenarien 168
- Didaktisch begründete Szenarien 175
- Szenarien virtuellen Lernens 178

KAPITEL 10 — Didaktisches Design komplexer modularisierter Systeme — 189

- Das Projekt „Methodenlehre-Baukasten" 189
- Zur Struktur der Lektionen im Lernsystem 194
- Seitenaufbau in Lektionen 201
- Metadaten für Lernobjekte 202

KAPITEL 11 — Taxonomie der Interaktivität — 207

- Ein Beitrag zur aktuellen Metadaten-Diskussion 207
- Eine Taxonomie von interaktiven Komponenten 210
- Skalierung von Visualisierungsmethoden 218
- Skalierung von Programmkomponenten 219
- Allgemeine Interpretation 224

KAPITEL 12 — Die Virtualisierung der Ausbildung — 227

- Der Hype um Virtuelles 227
- Fragwürdige Vorreiterrolle 228
- Gründe für den Mißerfolg: Übersehene Faktoren 231
- Motivation von Studienanfängern 232
- Annahmen zur Nachfrage nach Weiterbildung 234
- Defizitäre Inhalte und didaktische Modelle 235
- Sektorale Rolle der virtuellen Angebote 236
- Mangelnde Wiederverwendbarkeit der Lernmaterialien 237
- Akkreditierung 238

Behauptungen zum Mehrwert virtuellen Lernens 239
Gründe für den Einsatz virtueller Umgebungen 239

ANHANG I   *Erfahrungen mit SABA*   241

ANHANG II   *Erfahrungen mit WebCT*   249

ANHANG III   *Erfahrungen mit CLIX*   257

ANHANG IV   *Erfahrungen mit IBT Server*   265

ANHANG V   *Erfahrungen mit IntraLearn*   275

Literaturverzeichnis   287

Vorwort

Den ersten Anstoß zu diesem Buch habe ich dem Ministerium für Bildung, Wissenschaft und Kultur (bm:bwk) des Landes Österreich zu verdanken, von dem ich Ende 2000 den Auftrag erhielt, in einem Gutachten Evaluationskriterien für Learning Management Systeme zu beschreiben. Learning Management Systeme oder Lernplattformen sind Softwareumgebungen, die für eLearning, d.h. für die virtuelle Lehre und das virtuelle Lernen genutzt werden. Da sich die meisten Untersuchungen zu diesem Thema vornehmlich den technischen und funktionalen Aspekten dieser Systeme widmen, stellte sich mir die Aufgabe, mehr Gewicht auf die didaktischen Kriterien zu legen.

Diese Aufgabe konnte ich ab Ende 2001 in einem größeren Rahmen fortführen, als ich von der Behörde für Wissenschaft und Forschung des Landes Hamburg den Auftrag erhielt, eine Evaluation von Lernplattformen durchzuführen und eine Empfehlung zur Beschaffung von Lernplattformen für die Hamburger Hochschulen vorzubereiten. Das Projekt EVA:LERN bot nicht nur die Möglichkeit, den Rahmen der Recherche zu erweitern, sondern auch mehrere Learning Management Systeme zu installieren und zu testen und mit mehreren Kolleginnen und Kollegen aus den Hamburger Hochschulen einem zwar kurzen, aber intensiven Praxistest zu unterziehen und dabei Usability-Daten zu sammeln. Ich möchte an dieser Stelle allen, die sich an den Einführungen in die Plattformen beteiligt haben und die sich der Mühe unterzogen haben, Inhalte für die Plattformen zu entwickeln und in die Plattformen einzustellen, ganz herzlich danken.

Den dritten Anstoß zu diesem Buch und zugleich den erweiterten theoretischen Hintergrund für die kritische Reflexion der didaktischen Aspekte des eLearning, bildeten Erkenntnisse, die bei der Entwicklung des Projekts Methodenlehre-Baukasten gewonnen wurden. Das Projekt Methodenlehre-Baukasten wird seit März 2001 aus Mitteln des Programms „Neue Medien in der Lehre" des deutschen Bundesministeriums für Wissenschaft und Forschung (BMB+F) gefördert. In diesem Projekt geht es zum einen um die Entwicklung eines komplexen didaktischen und technischen Designs einer virtuellen Lernumgebung, und zum anderen bot dieses Projekt den Anlaß für die Entwicklung einer Reihe von didaktisch-methodischen Konzepten für den Einsatz solcher komplexen Lernsysteme. Das Ergebnis sind die Überlegungen zu den didaktischen Szenarien, zur Funktion der Metadaten, zur Struktur von Lektionen und die Taxonomie der Interaktivität von Übungen. Diese Systematisierungen mögen dem Leser als pragmatische Hilfen für die Entwicklung und den Einsatz solcher Systeme in der Praxis der Lehre und des Lernens dienen.

Auf diese Weise ist ein Buch entstanden, das neben einem Bericht über die Auswahl, Beurteilung und Evaluation von Lernplattformen zugleich deren Einsatzmöglichkeiten thematisiert und das durch theoretische Orientierung und heuristische Systematisierungen und praktische Anregungen für den Einsatz von Lernplattformen zu geben versucht.

Ich danke der Firma EDS Systematics Service GmbH in Hamburg, insbesondere Thomas Succo, und der Firma S&K IT GmbH in Hamburg für die erfreuliche Kooperation bei diesem Projekt. Ich danke insbesondere meinem Sohn Stephan Schulmeister für seine fachmännische und effiziente Unterstützung, und Britta Walter dafür, daß sie die Administration des Projekts übernommen und mir dadurch den Rücken frei gehalten hat für das Schreiben dieses Buches.

Hamburg

Rolf Schulmeister

Grußwort

Das ist der zweite Teil des „Doppelblind-Versuchs", den Rolf Schulmeister und ich vereinbart hatten: Rolf Schulmeister verfasste ein Vorwort für das Buch „Auswahl von Lernplattformen", welches ich gemeinsam mit Hartmut Häfele und Kornelia Maier-Häfele geschrieben habe und das inzwischen im Studien-Verlag (http://www.studienverlag.at/) erschienen ist (ISBN 3-7065-1771-X). Er tat dies ohne – zum damaligen Zeitpunkt – unsere Ergebnisse zu kennen. Im Gegenzug schreibe ich ein Vorwort für sein Buch, das ich ebenfalls (noch) nicht kenne.

Dieses unübliche Vorgehen zweier zumindest auf den ersten Blick konkurrierender Bücher hat einen Beweggrund, den wir beide teilen:

Wir sind nämlich beide der Ansicht, daß der Markt für Lernplattformen derart in Bewegung ist, daß viele materielle Detailergebnisse recht bald wieder überholt sein werden. Sei es, daß ein Hersteller eine neue verbesserte Version auf den Markt gebracht hat, sei es, daß sich die Preis- und Lizenzbedingungen geändert haben oder sei es, daß durch Fusionierungen, Aufkauf oder Konkurse eine „Marktbereinigung" stattgefunden hat.

Es sind daher vielleicht weniger die konkreten Detailergebnisse als vielmehr die gewählte Methodik und die dafür entwickelten Instrumente, die für die Fachöffentlichkeit von Interesse sein werden, d.h., daß das Verfahren mit dem an die Entscheidungsproblematik („Welche Plattform ist für meine Organisation und Zielgruppe und den dafür nötigen didaktischen und technischen Anforderungen am besten geeignet?") herangegangen wird, mehr Relevanz zukommt als die Feststellung eines „Siegers". Zu unterschiedlich sind die Anforderungen und zu schnell bewegt sich der Markt, als daß solch ein definitives

Ergebnis langfristig und für einen größeren Personenkreis Sinn machen würde.

Gerade in der gewählten Methodik unterscheiden sich unsere beiden Studien jedoch erheblich: Während wir mit einem mehrstufigen qualitativen Gewichtungsverfahren unter Beteiligung der wesentlichen Stakeholder im Bildungsbereich die auf den Markt befindlichen Plattformen schrittweise ein- bzw. ausgegrenzt haben, faßt Rolf Schulmeister — soweit mir dies aus unseren Gesprächen klar wurde — die Ergebnisse seiner Untersuchungen mittels einer statistischen Auswertung zu Merkmalsprofilen zusammen.

Beide Studien versuchen durch die fundierte Herausarbeitung der relevanten Merkmale und einer Bewertungsprozedur eine Verwissenschaftlichung der Diskussion zu erreichen. Dazu kann gerade auch die Diskussion über die verschiedenen methodische Ansätze und ein Vergleich der damit erzielten Ergebnisse ein weiterer Baustein sein. Selbstverständlich können andere Vorgangs- und/oder Sichtweisen zu unterschiedlichen Ergebnissen führen.

Allerdings würde es mich — trotz der differierenden Ansätze — nicht wundern, wenn die Ergebnisse gar nicht so unterschiedlich sind...

Ich wünsche Rolf Schulmeister nicht nur, daß sein Buch in der fachlichen Öffentlichkeit gut aufgenommen wird, sondern daß sein innerstes Anliegen — zu einer Verwissenschaftlichung der Diskussion beizutragen — Früchte trägt und vielleicht damit auch erfolgreich die reißerischen Possen in den eLearning-Magazinen „Welche Lernplattform ist die Beste?" relativieren kann.

Peter Baumgartner

Innsbruck

KAPITEL 1
Was sind Learning Management Systeme?

1.1 Die Aktualität des Themas

Das Land Sachsen hat sich für SABA als Bildungsportal entschieden, der virtuelle Hochschulverbund Viror nutzt CLIX (www.viror.de), die Universität zu Köln hat ILIAS entwickelt, die Virtuelle Fachhochschule bietet ihren Studiengang in Blackboard an, der Virtuelle Campus Bayern hingegen seine Kurse im DLS Distance Learning System, die Projekte des Swiss Virtual Campus haben WebCT als Lernplattform gewählt, die Universität Zürich setzt die IBT Server eLearning Suite ein, die Michigan Virtual University dagegen Learnframe Nebo. Die längste Referenzliste in der Bundesrepublik hat wohl CLIX (Universitäten Freiburg, Göttingen, Kassel, Saarbrücken, Leipzig sowie das Projekt WinfoLine und die Chirurgische Klinik und Poliklinik der LMU München), aber weltweit haben wohl Blackboard, WebCT und Aspen die meisten Referenzadressen.

Fast alle Hochschulen und Hochschulverbünde stehen demnächst vor der Entscheidung, welche Lernplattform sie beschaffen sollen, wobei ihr Motiv dafür nur selten die Gründung einer virtuellen Hochschule oder die Planung virtueller Studiengänge ist, sondern die Ergänzung der Präsenzlehre durch virtuelle Komponenten. Wer Lehr- und Lernmaterialien ins Netz stellen, einen Erfahrungsaustausch über die Materialien im Netz ermöglichen oder direkte Kommunikation zwischen Lehrenden, Tutoren und Studierenden auch im Netz fördern will, kommt um Lernplattformen nicht herum.

Die Aktualität des Themas wird auch dadurch deutlich, daß edutech in der Schweiz vor Beginn der Förderung von Entwicklungsprojekten für den Swiss Virtual Campus eine gründliche Studie zur Evaluation von Lernplattformen durchgeführt und das österreichische Ministerium für Bildung, Wissenschaft und Kunst (bm:bwk) eine Evaluation von Lernplattformen begleitend zum Förderprogramm Neue Medien in der Bildung in Auftrag gegeben hat. Die von Peter Baumgartner, Hartmut Häfele und Kornelia Häfele durchgeführte Studie wurde fortlaufend auf der Web-Site http://www.virtual-learning.at/ community/ dokumentiert. Ihr Buch (Baumgartner und Häfele 2002) über die Ergebnisse der Studie ist soeben erschienen — mit detaillierten Beschreibungen der 16 in die engere Auswahl gekommenen Plattformen. Die Daten aus ihrer Studie, die ich in diesem Buch verwende, stammen jedoch noch aus der Dokumentation des Projekts auf der Web-Site. Fast zur selben Zeit wie die Studie von Baumgartner und Häfele lief die in diesem Buch beschriebene Untersuchung zur „Evaluation von Lernplattformen", die ich im folgenden mit EVA:LERN bezeichne.[1]

1.2 Lernplattformen illustriert

Zunächst möchte ich veranschaulichen, wie ein beliebiger Beobachter eine Lernplattform wahrnehmen mag. Ich nehme zu diesem Zweck einmal einen gemeinsamen Erfahrungshintergrund an, der aus folgendem Szenario besteht:

Ein Dozent, sagen wir mal der Geschichtswissenschaft, will begleitend zu einem Seminar reichhaltiges Lernmaterial auf einer Web-Site anbieten. Die Universität stellt zentral für alle Lehrenden eine Lernplattform zur Verfügung. Der Dozent meldet sein Seminar als virtuellen Kurs beim Rechenzentrum an und erhält die Berechtigung, Tutoren und Studierende als Teilnehmer einzutragen. Er stellt in die Lernplattform eine Zeitplanung für das Seminar ein, lädt einige bereits digitalisierte wissenschaftliche Texte auf die Plattform und arrangiert sie in Form von Lektionen. Als Historiker nutzt er dabei zeitgeschichtliche Dokumente, Auszüge aus der Sekundärliteratur sowie Bilder, Radiomitschnitte und Wochenschau-Mitschnitte zur Zeitgeschichte, nach Themen und/oder nach Sitzungsterminen gegliedert.

---

1. Das Projekt EVA:LERN wurde mit Mitteln der Behörde für Wissenschaft und Forschung der Freien und Hansestadt Hamburg gefördert und vom eLearning Consortium der Hamburger Hochschulen (ELCH) begleitet. EVA:LERN wurde in Kooperation mit der EDS Systematics Integrations GmbH durchgeführt.

Zu Beginn des Semesters führt er die Studierenden im Computer-Pool in die Nutzung der Lernplattform und in den virtuellen Kurs ein und fordert sie auf, sich dieser Umgebung zu bedienen, um an das Material kommen zu können, mit Kommilitonen in Arbeitsgruppen kooperieren zu können und eigene Texte in den Kurs einstellen zu können.

Gelegentlich geht er im Präsenzseminar auf die Erfahrungen der Studierenden mit der Lernplattform ein, greift die Beiträge der Studierenden auf, die von ihnen in der virtuellen Umgebung in Foren oder auf eigenen Seiten gemacht wurden, und ab und zu ist er auch zusammen mit Studierenden online und berät sie.

BENUTZERVERWALTUNG

Die Studierenden seines Seminars sind alle als Benutzer in der Lernplattform eingetragen. Der Zugang zum virtuellen Seminar wird über einen Namen und ein verschlüsseltes Paßwort geregelt. Nach der Anmeldung sehen die Studierenden eine Startseite, auf der die Kurse vermerkt sind, die sie gebucht haben. Die Teilnehmer sind mit Adresse, Matrikelnummer und Email-Adresse eingetragen. Wenn sie bereits an einem früheren Kurs teilgenommen haben, müssen sie nicht mehr eingetragen werden, sondern können aus der Datenbank für einen neuen Kurs übernommen werden. Bei Terminankündigungen oder Terminänderungen kann der Dozent aus dem Kurs heraus an alle Teilnehmer eine Email versenden.

KURSVERWALTUNG

Die Lernplattform verwaltet die vielen Kurse, die in ihr angeboten werden, in einer Datenbank. Sie enthält sozusagen eine Art Vorlesungsverzeichnis.

Die Lernplattform verwaltet in ihrer Datenbank auch die Inhalte und Lernobjekte der Kurse. Das Material, das der Dozent in die Lernplattform einstellt, kann u.a. aus HTML-Seiten, Bildern, Filmen und Animationen bestehen. Die Lernplattform ordnet und verwaltet dieses Material in ihrer Datenbank und erleichtert es dem Dozenten, es in einer bestimmten Struktur zu arrangieren und die einzelnen Objekte auch für andere Kurse erneut zu verwenden.

Die Lernplattform weiß, wann der Teilnehmer zum letzten Mal in der Lernplattform war, was er gemacht hat, wo er aufgehört hat, welche

Übungen er absolviert hat usw. Der Dozent kann jederzeit eine Statistik der Aktivitäten im virtuellen Kurs und ein Leistungsprofil seiner Teilnehmer erhalten und daran erkennen, ob und wo eventuelle Probleme auftreten.

ROLLEN- UND RECHTEVERGABE

Als der Dozent sich in die Lernplattform eingemeldet hat, mußte er sich entscheiden, ob er dies als Administrator seines Kurses, als Autor oder Tutor macht. In Lernplattformen werden mehrere Rollen unterschieden. Die Begriffe, die von den Lernplattformen dafür gewählt werden, sind nicht einheitlich: Administrator, Dozent, Autor, Instruktor, Designer, Tutor, Moderator, Student etc. Was in der einen Lernplattform ein Dozent ist, ist in der anderen ein Tutor, zwischen Autor, Dozent und Designer sind häufig keine Unterschiede. Der Administrator trägt neue Kurse und neue Dozenten ein. Diese können dann ihre Kurse und ihre Kursteilnehmer eintragen. Der Dozent kann sich entweder als Lehrender oder als „Designer" seines Kurses einloggen. Die Studierenden können untereinander jederzeit eigene Arbeitsgruppen bilden. Sie können dabei durch Tutoren unterstützt werden, die noch besondere Handlungsoptionen haben, z.B. Beiträge aus Foren löschen dürfen.

KOMMUNIKATIONSMETHODEN

Die Teilnehmer hinterlassen Diskussionsbeiträge in den Foren, einer Art „Schwarzem Brett", in dem die Beiträge nach Themen oder Datum geordnet werden. Auf die Dauer entstehen „Diskussionsfäden" zu bestimmten Themen. Wenn mehrere Gruppenmitglieder gleichzeitig eingeloggt sind, können sie über ein Texteingabe-Fenster (Chat) miteinander diskutieren. In größeren zeitlichen Abständen fügen sie selbst neue Hypertext-Seiten ein, verweisen mit Links auf andere Quellen oder stellen eigene Aufsätze in die Plattform ein.

Der Dozent kommentiert die Beiträge der Studierenden in den Foren. Wenn er zeitgleich mit Teilnehmern anwesend ist, kann er Fragen beantworten und die Studierenden beraten.

STUDENTISCHE WERKZEUGE

Die Studierenden können den Seminarplan und das Lernmaterial einsehen und auf ihren Computer runter laden und eigene private Kalender anlegen. Sie machen sich beim Lesen Notizen in einem elektronischen Notizbuch und hinterlassen Annotationen auf den einzelnen Seiten der Lektionen. Sind mehrere Studierende gleichzeitig anwesend, können sie im Whiteboard, einer Art Zeichenbrett, gemeinsam Skizzen anfertigen, um sich mit Hilfe von Schaltdiagrammen, grafischen Modellen und Ablaufplänen sowie Mindmaps über systematische Zusammenhänge zu verständigen.

1.3 Definitionsversuche

IMS Global Learning

Nach den Vorstellungen der früheren EDUCOM-Kommission (heute: EDUCAUSE) und jetzigen Firma *Instructional Management System* (IMS Global Learning; Schulmeister 2001, S. 132ff.) sollen Lehr-Lerntechnologien über folgende Eigenschaften verfügen:

Kurse: Die Technologie soll die Einrichtung und Durchführung von Kursen ermöglichen.

Akteure: Lernsysteme sollten mindestens Rollen für folgende Akteure vorsehen: Studierende, Dozenten, Tutoren, Administratoren.

Dienste: Dienste müssen über eine eigene Funktionalität verfügen:

Administrative Dienste: Kurskalender, Schwarzes Brett, etc.

Kommunikationsdienste: Chat, Email, Foren

Lehrfunktionen: Folien, Referenzen zu Netzadressen, etc.

Evaluationsdienste: Tests, Selbstevaluation, etc.

Dokumente: Dokumente müssen Teil der Lernobjekte und der Dienste sein.

Gruppen: Die Technologie soll kollaboratives Arbeiten zulassen, die Kommunikation soll zwischen mehreren Benutzern möglich sein.

Institutionen: Die Lernumgebung soll an jede Institution anpaßbar sein.

Sprache: Die Technologie soll Kurse in mehreren Sprachen ermöglichen.

Interface: Die Technologie soll die Anpassung der Benutzerschnittstelle an die Lernumgebung ermöglichen.

Navigationsstruktur: Die Technologie soll die Anpassung der Navigation an das Lernumfeld erlauben.

Das ist ein recht umfassender Katalog von Anforderungen an eine Lernplattform, denen kaum ein Produkt heute bereits gerecht werden wird. Und dennoch fehlen darin etliche Eigenschaften von Lernplattformen, die für den Betrieb in einer Hochschulregion oder für eine moderne Didaktik des virtuellen Lernens unabdingbar sind. Nach meiner Auffassung zeichnet sich die folgende Definition einer Lernplattform ab: Als Lernplattform oder Learning Management System (LMS) werden — im Unterschied zu bloßen Kollektionen von Lehrskripten oder Hypertext-Sammlungen auf Web-Servern — Software-Systeme bezeichnet, die über folgende Funktionen verfügen:

Funktionen einer Lernplattform

- Eine Benutzerverwaltung (Anmeldung mit Verschlüsselung)
- Eine Kursverwaltung (Kurse, Verwaltung der Inhalte, Dateiverwaltung)
- Eine Rollen- und Rechtevergabe mit differenzierten Rechten
- Kommunikationsmethoden (Chat, Foren) und Werkzeuge für das Lernen (Whiteboard, Notizbuch, Annotationen, Kalender etc.)
- Die Darstellung der Kursinhalte, Lernobjekte und Medien in einem netzwerkfähigen Browser.

Diese Kategorisierung schließt einige Produkte aus, die speziell für den Dateiaustausch gedacht sind wie das bekannte BSCW der Fraunhofer Gesellschaft (früher GMD-FIT), spezialisierte Kommunikationsmethoden oder auch virtuelle Klassenräume, die nur über geringe Verwaltungsfunktionen verfügen. Was demnach ein LMS von einigen Systemen unterscheidet, ist die leistungsfähige Administration von Benutzern und Kursen sowie die Verwaltung des Inhalts und der Lernobjekte, die Verteilung von Rollen und die differenzierte Rechtevergabe. Von anderen Systemen unterscheidet sich ein LMS durch die integrierten Methoden der Kommunikation oder das reichhaltige Repertoire an Werkzeugen für das Lernen und Arbeiten innerhalb der Plattform.

Architektur einer Lernplattform

Das nachstehende Diagramm illustriert die Schichten und Säulen der Architektur eines LMS in idealtypischer Weise. Aus Gründen der Übersichtlichkeit werden nicht alle Funktionen eines LMS im Diagramm aufgeführt. Im wesentlichen besteht ein LMS aus drei Schichten, einer Datenbankschicht, in der alle Lernobjekte, Benutzerdaten etc. gehalten werden, einer Schicht mit Schnittstellendefinitionen zu anderen Systemen (API, application programmer's interface) und eine Schicht, die deutlich sichtbar die Inhalte für den Administrator, den Dozenten oder den Studierenden darstellt. API meint die tief angelegten Schnittstellen zu anderen Systemen (ERP/HRIS, Studentenverwaltung, Raumverwaltung, Abrechnungssysteme, Verschlüsselung, Bibliotheken). Bei einigen Systemen ist die Authoring-Komponente ganz außerhalb des Systems, bei vielen Systemen werden die Funktionen im Management (Evaluation, Statistik) und in der Lernumgebung (Kommunikation, Werkzeuge) nur über API-Schnittstellen zu externen Programmen hergestellt. auch die Datenbankkomponente ist unterschiedlich. Einige LMS können nicht mit XML und Metadaten umgehen, einige halten sogar die Lernobjekte außerhalb des Systems und beschränken sich darauf, über URLs eine Verknüpfung zu anderen Servern herzustellen. Aber abgesehen von diesen Differenzierungen gibt das Diagramm die wichtigsten Elemente eines Learning Management Systems wieder.

Administration	Lernumgebung	Authoring
Benutzer	Kurse	Interfacedesign
Kurse	Kommunikation	Lernobjekte
Institutionen	Werkzeuge	Aufgaben
Evaluation	Personalisierung	Tests

extern	Schnittstellen API	intern

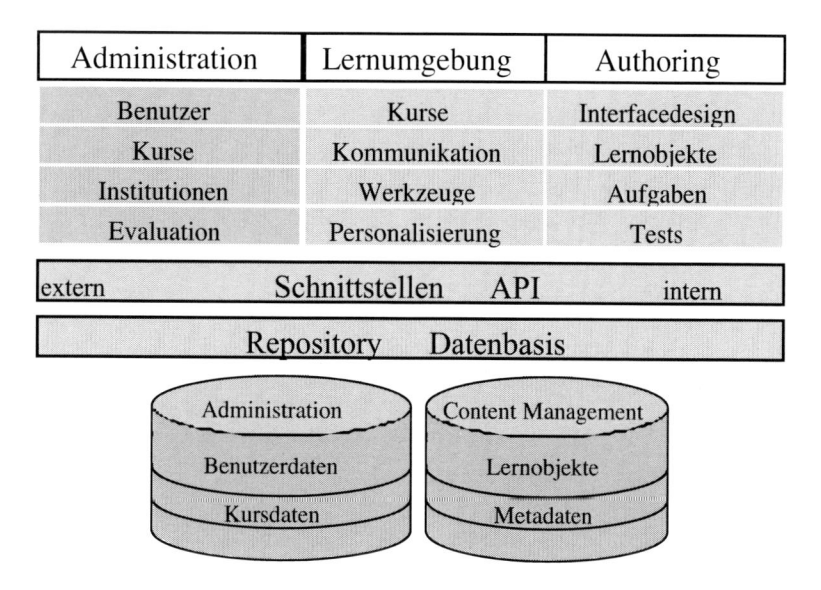

Repository Datenbasis
Administration / Benutzerdaten / Kursdaten — Content Management / Lernobjekte / Metadaten

Abb. 1 Idealtypische Architektur eines Learning Management Systems

1.4 Alternative und ergänzende Definitionen

Ein erster Schritt, zu brauchbaren Kriterien für die Beschreibung, Bewertung und Auswahl von Lernplattformen zu kommen, setzt eine klare Definition der Softwaresysteme voraus, die man als Lernplattformen oder Learning Management System (LMS) bezeichnet. Ich hatte fünf Funktionsbereiche als konstitutive Merkmale angenommen:

- Benutzerverwaltung
- Kursverwaltung
- Rollen und Rechte
- Kommunikationsmethoden und Werkzeuge
- Darstellung der Kursinhalte, Lernobjekte und Medien.

Ich will zunächst, bevor ich zur Beschreibung der Bewertungskriterien übergehe, diese Merkmals- oder Funktionscluster mit alternativen Konzepten von Studien vergleichen, die versucht haben, Lernplattformen begrifflich und funktional genauer zu fassen.

Virtual Learning Environments

In England werden Learning Management Systeme gern als VLEs (Virtual Learning Environments) bezeichnet, womit eine andere, nämlich pädagogische Orientierung angedeutet wird. Hierzu gibt es interessante Beiträge von Sandy Britain und Oleg Liber oder von Colin Milligan, die vom Joint Information Systems Committee (JISC) des Higher Education Funding Councils als JTAP Report (= JISC Technology Applications Programme) veröffentlicht wurden.[2] Colin Milligan unterscheidet zwischen traditionellen oder besser „klassischen" Virtual Learning Environments, Software-Erweiterungen, lernerzentrierten VLEs, kollaborativen VLEs und „hausgemachten" VLEs:

Typen virtueller Umgebungen	Beispiele
Traditional VLEs	WebCT, TopClass
Extensions	Merlin, PIONEER
Learner centered	Learning Landscapes, CoSE
Collaborative	coMentor
Homemade	CVU, Nathan Bodington

Tab. 1   Typen virtueller Lernumgebungen

---

2. Sandy Britain & Oleg Liber, A Framework for Pedagogical Evaluation of Virtual Learning Environments, http://www.jtap.ac.uk/reports/word/jtap041.doc; Colin Milligan, Delivering Staff and Professional Development Using Virtual Learning Environments, http://www.jtap.ac.uk/reports/word/jtap044.doc.

Milligans Kategorienbildung ist nicht überschneidungsfrei und konsistent, aber vielleicht heuristisch interessant. Traditionelle VLEs integrieren zunehmend weitere Extensionen und kollaborative Methoden, lernerzentrierte Architekturen müssen kollaborativen nicht widersprechen, hausgemachte VLEs können auch allen anderen Kategorien angehören. Die Art der Herangehensweise von Milligan, sein heuristischer Fokus, gibt jedoch einen Hinweis auf wichtige Prinzipien und Unterscheidungen, die in der vorliegenden Untersuchung bei der Bewertung des didaktischen Nutzens auch eine Rolle spielen werden:

- Die klassischen Lernplattformen folgen in der Regel dem typischen CBT-Muster: Der Aufbau der Lerneinheiten erfolgt nach dem Gliederungsprinzip: Der Kurs ist aufgeteilt in Lektionen, diese bestehen aus mehreren Seiten, darin befinden sich Übungen und anschließend folgen Tests; das Design solcher Lerneinheiten ist topdown und die reguläre Gliederung seriell;

- Erweiterungen bieten in der Regel Spezialfunktionen an; als Erweiterungen gelten beispielsweise ein spezialisierter Editor, ein besonderes Werkzeug für eine Video- oder Audiokonferenz, ein extrem aufgerüstetes Chat-Fenster, ein gut ausgestalteter virtueller Klassenraum etc. Diesen Erweiterungen fehlen zumeist die administrativen und anderen Funktionen eines LMS;

- Kollaborative Umgebungen (s. Wessner 2001) bestehen aus Software, mit der mehrere Personen synchron an gemeinsamen Objekten oder Produkten zusammenarbeiten können. Hierbei kann es sich um einen im Netz gemeinsam und gleichzeitig zu nutzenden Texteditor oder Layouteditor für Redakteure handeln, um ein netzwerkfähiges CAD-Programm für Architekten oder um ein technisches Designprogramm für Ingenieure;

- Als lernerzentriertes Programm führt Milligan CoSE an, dessen Bauweise sich vor allem durch die Unterstützung von Methoden der Projektarbeit auszeichnet (s. Schulmeister 2001).

Integrated Learning Management Systems

Die Untersuchung zu Lernplattformen von Brandon Hall (2001) bringt noch eine weitere Differenzierung in die Definition ein. Brandon Hall unterscheidet zwischen einem LMS und einem Integrated Learning Management System (ILS):

„A Learning Management System is software that automates the administration of training events. The LMS registers users, tracks courses in a catalog, and records data from learners; it also provides appropriate reports to management. The database capabilities of the LMS extend to additional functions

> such as company management, online assessments, personalization, and other resources.
>
> Learning management systems administer and track both online and class roombased learning events, as well as other training processes (these would need to be manually entered into the system for tracking purposes). An LMS is typically designed for multiple publishers and providers. It usually does not include its own authoring capabilities; instead, it focuses on managing courses created from a variety of other sources."(S. 533)

Unter einem LMS versteht Brandon Hall demnach im wesentlichen Management-Systeme für die Automatisierung und die Administration von Ausbildung, die über zusätzliche Funktionen für Tracking verfügen, während er unter einem ILS ein LMS versteht, in dem die Autoren die Kursinhalte noch arrangieren und designen können, und in dem die Kursinhalte selbst dargestellt, vermittelt und gelernt werden können:

> „Integrated Learning Management Systems (ILS) provide a greater level of functionality. An integrated learning system typically offers features that assist people with the following tasks:
>
> - Importing and assembling course elements;
> - Serving courses to students; and
> - Testing and recording student progress.
>
> Many have system administration capabilities and can be integrated with other types of systems, such as human resource information systems, though rarely without consulting services provided by the vendor.
>
> Most ILSs contain the following parts:
>
> - Assembly capability, including the ability to incorporate content from other programs. Generally, the more flexibility in content assembly, and the more compatibility with other systems, the better the product.
> - Some ILSs have authoring systems built into them, so that you can actually create content from within the product, rather than merely assembling content created using other packages. This can be a big plus.
> - Features to let you deliver content via the Web.
> - Features that let you administer the system, and track users and courses."
> (S. 534)

Diese Begriffsunterscheidung zwischen LMS und ILS ist nicht wirklich trennscharf, selbst die Unterscheidung von Content Management System (CMS) oder Learning Content Management System (LCMS) und LMS ist nicht sehr hilfreich. Die Integration eines Editors für Autoren ist nicht konstitutiv für ein LMS, das Authoring kann auch mit einem externen Editor erfolgen. Die Fähigkeit, Informationen in der Umgebung darzustellen („deliver" oder „presentation mode") sollte auch bei einem LMS vorhanden sein. Die Übergänge zwischen beiden Formen sind fließend. Ich neige deshalb dazu, sie aufzugeben, und werde im folgenden allgemein von LMS sprechen.

Learning Content Management Systems

Der Trend zur Integration anderer Software-Methoden und Funktionalitäten ist ein genereller, schon aus Gründen des Wettbewerbs im Markt.[3] Ein deutlicher Trend besteht beispielsweise darin, den klassischen Lernplattformen ein Content Management System oder „Wissensmanagement"-System zu unterlegen. Docent Inc., ein Hersteller von Lernplattformen, hat die Konvergenz dieser Systeme erkannt und den Hersteller des LCMS gForce letztes Jahr erworben. Docent ist nicht der einzige Hersteller eines LMS, der Anstrengungen unternimmt, durch Aufkäufe anderer Hersteller sein Spektrum um Content Management Systeme zu erweitern. Saba beispielsweise hat Ultris erworben und nennt das neue System jetzt Saba Content; KnowledgePlanet inkorporierte Peer3 und bezeichnet das System jetzt als KnowledgePlanet Content; Click2Learn kaufte Intelliprep und hat daraus den Aspen Learning Experience Server entwickelt; Centra hat MindLever erworben und als Centra Knowledge Center auf den Markt gebracht. Noch ist es zu früh, diese Tendenz zu bewerten, zumal andere Systemkomponenten wie virtuelle Klassenräume, WebConferencing und kooperative Systeme noch nicht in diese Entwicklungen einbezogen werden. Das Feld sollte aufmerksam beobachtet werden (s.a. Clive Shepherd: Making the Case for Content; http://www.fastrakconsulting.co.uk/tactix/Features/lcms.htm; zuletzt am 22.03.02).

Einige zur Zeit in der Entwicklung befindliche Lernplattformen, die Content Management Systeme integrieren, sind die folgenden:

LCMS-Produkt	FIrma	Adresse
Jupiter Suite	Avaltus	www.avaltus.com
Centra Knowledge Center	Centra	www.centra.com
Knowledge Planet Content	Knowledge Planet	www.knowledgeplanet.com
Saba Content	Saba	www.saba.com

Tab. 2 In Entwicklung befindliche LCMS Systeme

---

3. Dispatch from Brandon Hall   News and Notes from brandon hall.com; 11.07.2001

LCMS-Produkt	Firma	Adresse
Knowledge Mechanics		www.knowledgemechanics.com
Aspen	Click2Learn	www.click2learn.com
TopClass	WBT Systems	www.wbtsystems.com
Docent Content Delivery System + gForce	Docent	www.docent.com
Theorix	i com, Inc.	www.theorix.com

Tab. 2 In Entwicklung befindliche LCMS Systeme

1.5 Recherche nach Lernplattformen

In Ergänzung einer früheren Recherche (Schulmeister 2000; Schulmeister 2001, S. 178ff.), die 108 Software-Produkte verzeichnete, von denen die meisten vermutungsweise Lernplattformen waren, wurde zunächst eine neue Recherche nach Lernplattformen bzw. Learning Management Systems durchgeführt. Die Recherche ergab 195 Produkte. Durch Eliminierung von Plattformen, die unter unterschiedlichen Namen von verschiedenen Produzenten oder mehreren Distributoren angeboten wurden, wurde die Stichprobe auf 171 Produkte reduziert.

Die Studie von Brandon Hall (2001) führte 62 LMS an, von denen 55 in der Stichprobe von EVA:LERN enthalten sind. Die erst gegen Abschluß dieses Buches erschienene neue Studie von Brandon Hall (2002) bespricht 72 Plattformen, von denen 44 in der Stichprobe von EVA:LERN vorkommen. Die Untersuchung von Baumgartner und Häfele (2002) ist von einer Stichprobe von 133 Lernplattformen ausgegangen. Man sieht: Es gibt offenbar noch weitere Systeme und genügend Möglichkeiten, derartige Recherchen auszuweiten und weiterzuführen.

Die folgende Tabelle enthält die 171 Software-Produkte der Stichprobe von EVA:LERN. In der Spalte A wird registriert, welche Hersteller den Fragebogen beantwortet haben, den ich in Kapitel 3 „Die Kriterien" (S. 55) beschreiben werde, und in der Spalte B werden die Produkte markiert, die auch in der Untersuchung von Baumgartner und Häfele (2002) enthalten sind:

Nr.	Produkt	Hersteller	A	B
1	Abovelearning LearningCenter	Abovelearning Corporation, www.abovelearning.com		
2	Active Learner	Resource Development Corp., www.resourcedev.com		
3	Allaire	keine info		
4	Anlon eLearning Platform	Anlon Systems Inc., www.anlon.com	√	√
5	Aspen Enterprise Learning Platform	Click2Learn, Inc., www.click2learn.com	√	
6	Atraines (Neu: Syn Trac)	Syntrio, Inc., ww.syntrio.com		
7	Authorware Attain	Macromedia, www.macromedia.com		
8	Bildungswerkzeug	Sand und Schiefer, www.bildungswerkzeug.de	√	√
9	Blackboard 5	Blackboard Inc., www.blackboard.com	√	√
10	Boniva Enterprise	Boniva Software, www.boniva.com	√	
11	Brain+	M.I.T, www.mit.de	√	√
12	BrightLight	Avalon (nicht mehr auffindbar)		
13	BSCW (Basic Support for Cooperative Work)	Orbiteam (Fraunhofer FIT), www.orbiteam.de	√	√
14	C4Knowledge	Scidoc AG, www.scidoc ag.de	√	
15	Campus 2000	Ibis acam, www.ibisacampartner.at (Adresse nicht mehr erreichbar?)		√
16	CenQuest Courseware	Cenquest, www.cenquest.com		
17	Centra Symposium (neu: Centra Knowledge Center)	Centra Inc., www.centra.com	√	√
18	Centraltrainer	Centraltrainer.com, www.centraltrainer.com		√
19	ChannelWave	ChannelWave Software, Inc., www.channelwave.com		
20	Chatspace WebBoard	Concentrum, www.concentrum.de (Web Site nicht erreichbar?)	√	
21	Class Act!	darasoft (under construction), www.darasoft.com		
22	Classweb (open source)	UC Regents and UCLA Social Sciences Computing, www.classweb.ucla.edu		√

Tab. 3 In die Untersuchung EVA:LERN einbezogene Lernplattformen

Nr.	Produkt	Hersteller	A	B
23	Claudia	LMU München (fehlerhafte email Adresse), http://claudia.emp.paed.uni muenchen.de		√
24	CLIX	imc information multimedia communication GmbH, www.im c.de	√	√
25	colloquia	University of Wales, Bangor, http://cetis.bangor.ac.uk		√
26	coMentor	http://comentor.hud.ac.uk/	√	√
27	commsy	Universität Hamburg, www.commsy.de		√
28	ConductorTraining Administration Software	Sage Corp., www.sageisland.com		
29	Convene Collaborative Enterprise Learning	Convene, www.convene.com		
	Corporate Horizon / Horizon Central	jetzt: Boniva Enterprise		
33	CoSE (Creation of Study Environments)	University of Staffordshire, cose support@staffs.ac.uk	√	√
31	Credencia	Re Certify.com, www.credencia.net	√	
32	CU Seeme	First Virtual Communications, www.cuseeme.com, www.eu.fvc.com		
33	CyberU	CyberU, Inc. (kein LMS), www.cyberu.com		
34	Digital Trainer	Micromedium, www.micromedium.com (on line Adresse nicht erreichbar)		
35	DigitalThink	DigitalThink, Inc., www.digitalthink.com	√	√
36	DLS Distance Learning Systems	ets GmbH Verlag für didaktische Medien, www.ets online.de	√	√
37	Docent Enterprise	Docent, Inc., www.docent.com	√	√
38	e education	Jones Knowledge, www.jonesknowledge.com		√
39	e Le@rn	e Teach GmbH, www.e teach.de		√
40	eCollege	eCollege.com, www.ecollege.com	√	√
41	EdX	EdX Distance Learning Channel, www.ed x.com		
42	Edapt / Course Authoring Tools System Cats	Tcert, Inc., www.tcert.com (Web Site nicht er reichbar)		
43	Educator	Ucompass, www.ucompass.com		√
44	EduSystem	MTSystem Ltd., www.mtsystem.hu/EduSystem/en		√

Tab. 3 In die Untersuchung EVA:LERN einbezogene Lernplattformen

Nr.	Produkt	Hersteller	A	B
45	ElementK.COM	ElementKPress LLC, www.elementkpress.com		
46	Eloquent Launchforce	Eloquent, Inc., info@eloquent.com		√
47	Embanet	Embanet (fehlerhafte mail Adressen), www.embanet.com		√
48	eMind	eMind, LLC (geantwortet per mail, aber Fragebogen nie geschickt), www.emind.com		
49	Enterprise Learning Management Services	edcor, www.edcor.com		
50	eWebClassroom	eWebUniversity, www.ewebuniversity.com	√	
51	First Class	Centrinity Inc., www.centrinity.com		√
52	FlexTraining Software	Online Development, www.flextraining.com		
53	Geo Learning Management System	GeoLearning.com, www.geolearning.com		
54	gForce Central	gForce Systems (von Docent übernommen), www.gforce.com		
55	Global Learning	.T...Systems, www.global_learning.de		
56	Global Learning Manager	Learnsoft Consulting, Inc., www.globallearningmanager.com		√
57	H.U.T. Verdi	H.U.T. GmbH, www.hut_gmbh.de	√	√
58	Headlight LMS	Headlight.com (jetzt: CyberU), www.headlight.com		
59	How To Master Learning Management System	Info Source,Inc., www.howtomaster.com		
60	HP Virtual Classroom	Hewlett Packard Company, http://e_learning.hp.com		√
61	Hyperwave eLearning Suite (eLS)	Hyperwave AG, www.hyperwave.de	√	√
62	IBT Server eLearning Suite	time4you GmbH, www.time4you.de	√	
63	icCampus	icGlobal.com (von SmartForce übernommen), www.icglobal.com		
64	iLearning	Oracle, Inc., www.oracle.com	√	√
65	ILIAS	Universität zu Köln, Campussource NRW, www.ilias.uni_koeln.de, www.campussource.de/ilias	√	√
66	ILMS ISOPIA	ISOPIA (jetzt LearnTone von SUN), www.isopia.com	√	√

Tab. 3 In die Untersuchung EVA:LERN einbezogene Lernplattformen

Nr.	Produkt	Hersteller	A	B
67	Infotec Learning Manager	Infotec Commercial Systems (keine Web Adresse)		
68	Ingenium (jetzt Aspen ELP)	Click 2Learn, Inc., www.click2learn.com	√	√
69	Intellinex Learning Development System	Intellinex.com (fehlerhafte mail Adresse), www.intellinex.com		
70	InterWise ECP	Interwise, Inc., www.interwise.com	√	√
71	IntraLearn	IntraLearn Software Corp., www.intralearn.com	√	√
72	Intranet U	ATC, Inc. (Antwort: Produkt kein LMS), larry@atcincorp.com		
73	IVLE (Integrated Virtual Learning Environment)	National University of Singapore,vle.nus.edu.sg		
74	IZIOPro (Convene Collaborative Enterprise)	Convene, www.convene.com		√
75	Jatek	TU Dresden, JaTek GmbH, www.jatek.de, telet.inf.tu dresden.de/JaTeK.html	√	√
76	Jenzabar (POISE)	Jenzabar, Inc. (zeitweise abgeschaltet), www.jenzabar.com		√
77	Jupiter Suite	Avaltus, Inc., www.avaltus.com		
78	Kforce	Kforce Eduction Services, www.Kforce.com, www.kforceducation.com		
79	KnowBase	KnowBase Networks Corp., www.knowbasenetworks.com		
80	Knowledge Planet 2000	Knowledge Planet Corp.(fehlerhafte Adresse), www.knowledgeplanet.com		√
81	KnowledgeNet Monsoon	KnowledgeNet, www.knowledgenet.com		√
82	KoTrain	Mindwise Media, LLC, http://www.mindwise.com/kotrain.htm		√
83	Learn2	Learn2.com, Inc. (kein LMS, keine Adresse)		
84	Learnframe Nebo	Learnframe, Inc, www.learnframe.com	√	√
85	Learning Community	eSocrates.com, www.esocrates.com		
86	Learning Management System Platform	Connected Learning Network, Inc., www.connectedlearning.net		√

Tab. 3 In die Untersuchung EVA:LERN einbezogene Lernplattformen

Nr.	Produkt	Hersteller	A	B
87	Learning Vista Express	Global Learning Systems (Antwort: discontinued product), www.globallearningsystems.com		
88	LearningBias	NetBias, Inc., www.netbias.net		√
89	LearnLinc	Mentergy Inc., www.mentergy.at	√	√
90	LearnTone	SUN Microsystems, www.sun.de		
91	Lebenslanges Lernen (L3)	Projekt des BMBF, Fraunhofer, SAP u.a., www.l3.de		
92	Lectora	Trivantis (Editor, kein LMS), www.trivantis.com		
93	Librix Performance Management System	Librix Learning, www.librix.com		√
94	Lotus Learning Space	IBM Lerning Services, IBM Software Group, Lotus Software, www.lotus.com		√
95	Luminis Platform II	Campus Pipeline, www.campuspipeline.com	√	√
96	Luvit Education Center	LUVIT, info@luvit.com	√	√
97	Mallard	Univ. of Illinois, www.cen.uiuc.edu/Mallard		√
98	MaxIT LearnerWeb	Max IT Corp., www.maxit.com		
99	mGen	mGen, Inc., www.mgen.com	√	√
100	MindLever	MindLever.com (jetzt: Centra Software, Inc.), www.mindlever.com, www.centra.com		
101	MentorWare	Mentorware, Inc., www.mentorware.com		
102	MUTATE (Multimedia Tools for Advanced GIS Training in Europe)	Projekt der Europ. Union (MM1019) www.mutate.echiron.com		
103	NetCoach	ORBIS communications GmbH, www.orbis.de	√	√
104	NETg	NETg Germany (Antwort, aber kein Fragebogen), www.netg.de		
105	Norton Connect	W. W. Norton & Company, Inc. (kein LMS), www.wwnorton.com/connect		√
106	OLI	MindLever (jetzt Centra Software, Inc.), www.mindlever.com, www.centra.com		
107	OnTrack For Training	DKSystems, Inc., www.dksystems.com		
108	OpenUSS	Universität Münster, www.openuss.de	√	√
109	Pathlore Learning Management System	Pathlore, www.pathlore.com	√	√

Tab. 3 In die Untersuchung EVA:LERN einbezogene Lernplattformen

Nr.	Produkt	Hersteller	A	B
110	Pathware	Macromedia, Inc., www.macromedia.com		
111	PC Compiance	RMS Systems, Inc., www.rmssystems.com	√	
112	Peer3 Administrator	Peer3 (keine Adresse)		
113	Pegasys	ebfi telelearning GmbH, www.e bfi.at	√	√
114	Perception	Question Mark, www.questionmark.com	√	√
115	Pinnacle Learning Manager	LearnFrame (früher Pinnacle), www.learnframe.com		√
116	PlaceWare	PlaceWare, Inc., www.placeware.com		√
117	Plateau Enterprise Learning Management System	Plateau Systems Ltd., www.plateausystems.com		
118	Polis	University of Arizona, www.u.arizona.edu/ic/polis		
119	Profis	Interlynx Multimedia, Inc., www.profisweb.com	√	
120	Prometheus	Prometheus (Antwort, aber kein Fragebogen), www.Prometheus.com		√
121	Propoint Online	Productivity Point International, Inc.		
122	Quest System Custom Solutions	Knowledge Anywhere, Inc., www.knowledgeanywhere.com		
123	SABA Learning Enterprise	SABA Software Inc., www.saba.com	√	√
124	SAP Learning Solution	SAP AG, www.service.sap.com	√	
125	Scholion	Johannes Kepler Universität, Linz, http://instserv0.ce.uni linz.ac.at/scholion/about.html	√	√
126	SERF	Serfsoft Corp., www.serfsoft.com/index.htm		√
127	Sigal	Technomedia Training, Inc., www.technomedia.com		
128	Sitescape Enterprise Forum	Sitescape, www.Sitescape.com	√	√
129	Sitos	Bitmedia e Learning solution, www.bitmedia.cc	√	√
130	SkillPort	SkillSoft (Antwort, aber kein Fragebogen), www.skillsoft.com		√
131	SkillSpace	Recor (Antwort: kein LMS), www.recor.com		
132	SmartForce Global LMS	SmartForce, www.smartforce.com	√	√

Tab. 3 In die Untersuchung EVA:LERN einbezogene Lernplattformen

Nr.	Produkt	Hersteller	A	B
133	Southrock LMS	Southrock, www.Southrock.com		√
134	Strategic Interactive	Strategic Interactive (jetzt Provant?) (Antwort: name changes with client), www.siweb.com		
135	TBK Tracker	PlatteCanyon (Antwort: nur für ToolBook), www.plattecanyon.com		
136	TeamWave Workplace	TeamWave Software Ldt. (von Sonexis übernommen), www.teamwave.com (eingestellt)		√
137	Teamscape Learning Portal	Teamscape, www.teamscape.com		
138	Teds	TEDS, CBM (Antwort positiv, Fragebogen nie erhalten), www.teds.com		
139	TeleMeet	IDON EAST Corp., www.telemeet.com		√
140	TeleWIFI	Mühlehner & Tavolato GmbH, Wien + Wirtschaftsförderungsinst. Wirtschaftkammer Österreich, www.mit.at/telewifi	√	√
141	The Learning Manager	The Learning Management Corp. (TLM), www.thelearningmanager.com	√	√
142	Theorix	Icom, Inc., www.theorix.com	√	√
143	ThinkTanx	Viviance, www.viviance.com (in Auflösung)	√	√
144	ThinQ Learning Solution	THINQ Learning Solution, Inc., http://learning.thinq.com/index.htm	√	√
145	TopClass	WBT Systems, www.wbtsystems.com	√	√
146	Total Knowledge Management (TKM)	Generation 21 Learning Systems, www.gen21.com		√
147	trainer42	buero42 (Fraunhofer FIT), marcus.specht@fit.fraunhofer.de		
148	Trainersoft	Trainersoft Corp., www.trainersoft.com	√	√
149	Training Partner	Geometrix Data Systems (Antwort positiv: Fragebogen nie erhalten), www.trainingspartner.com		
150	Training Wizard	Gyrus Systems		
151	Training Management Software	RMS Systems, Inc.		
152	TrainingDepartment.com	TrainingDepartment.com, www.trainingdepartment.com		
153	TrainingOffice	Novasys, Inc., www.trainingoffice.com		√

Tab. 3 In die Untersuchung EVA:LERN einbezogene Lernplattformen

Nr.	Produkt	Hersteller	A	B
154	u4all.com	U4all.com, Inc., www.u4all.com	√	
155	UCone	zapwerk AG, www.zapwerk.de/de/index.html	√	
156	UniLearn	(?), www.unilearn.com (under construction)		√
157	UniOpenPlatform	campussource NRW (Fernuni Hagen, Kaderali), http://ks.fernuni hagen.de	√	√
158	VCampus	VCampus Corp., www.vcampus.com		√
159	Virtual Training Assistant	RISC, Inc., www.risc inc.com		
160	Virtual Worlds Platform	blaxxun interactive AG, www.blaxxun.com	√	
161	Virtual U	Virtual Learning Environments, Inc. (Antwort positiv, aber kein Fragebogen) www.vlei.com		√
162	Vuepoint Learning System	Vuepoint, www.vuepoint.com		
163	WBT Manager	Integrity eLearning („We do not take the time to respond to these requests"), www.ielearning.com		√
164	Web Course ina Box	MadDuck Technologies (von Blackboard übernommen, Web Site geschlossen) www.madduck.com/index.html		
165	WebAssign	campussource NRW (Fernuni Hagen, Six) www.campussource.de/software/webassign	√	
166	WebBoard	ChatSpace, Inc., www.webboard.ora.com		√
167	WebCT Campus Edition 3.7	WebCT, ursprünglich University of British Columbia, www.webct.com	√	√
168	WebMentor Enterprise Server	Avilar Technologies, Inc., www.home.avilar.com	√	√
169	WebTrain	WebTrain Services Pty Ltd, www.webtrain.com.au		
170	YAHOO! Education	YAHOO! Inc., http://education.yahoo.com		
171	YnotManage	YnotLearn, www.ynotlearn.com	√	

Tab. 3 In die Untersuchung EVA:LERN einbezogene Lernplattformen

Bei genauerer Durchsicht der 133 Produkte aus der Studie von Baumgartner und Häfele stellt sich heraus, daß 27 dieser Plattformen Dubletten oder Module derselben Plattform sind oder ältere Versionen oder ASP-Versionen derselben Plattform oder schlicht Tippfehlern zu verdanken sind (Alf statt Ilf). Von den verbliebenen 106 Produkten in der österreichischen Untersuchung kommen 89 ebenfalls in der Stichprobe des EVA:LERN-Projekts vor, wenn auch unter teilweise anderem Namen[4]. Die Übereinstimmung der beiden voneinander unabhängigen Recherchen ist demnach recht hoch. Die restlichen 16 Produkte aus der Studie von Baumgartner und Häfele, die nicht in der Stichprobe von EVA:LERN vorkommen, sind keine Lernplattformen:

Produkt	URL
Ariadne	http://ariadne.unil.ch
Campus Pipeline	www.campuspipeline.com
CMSW3	www.rostock.igd.fhg.de
Crocodile	www.darmstadt.gmd.de
EduSystem	www.mtsystem.hu
Inspire	www.cybermax.com
Jets	www.mcrlab.uottawa.ca
Learning Agent	http://store.learn2.com
Miless	www.campussource.de
Mentorware	www.mentorware.com
Peoplesoft	www.peoplesoft.com
Performance Motivator	http://store.learn2.com
Question Mark	www.questionmark.com
Vital	www.darmstadt.gmd.de
Web4m	www.jdhtech.com
Zebu	www.centrinity.com

Tab. 4 Software aus der Studie von Baumgartner und Häfele

Unter diesen Software-Produkten finden wir völlig ungleiche Software-Typen, nämlich kooperative Werkzeuge (Crocodile, Vital), ERP-Software (Peoplesoft) oder Content Management Datenbanken (Miless). Angesichts der Informationslage im Internet muß jedoch damit gerechnet werden, daß selbst in den 89 übereinstimmenden Nennungen in dieser Auswahl, aber erst recht in den 82 Produkten, die die Recherche von EVA:LERN zusätzlich erbracht hat,

---

4. das Buch führt nur noch 102 Systeme auf, von denen 78 als LMS, 3 als Assessment Tools, 7 als Collaboration Tools, 9 als Virtual Classroom Tools und 5 als Learning Content Anbieter identifiziert werden.

noch weitere Produkte enthalten sind, die von den Herstellern auf ihren Web-Seiten zwar als LMS bezeichnet werden, die aber keine vollständigen Learning Management Systeme sind. Der Status als LMS kann nicht für alle Produkte in der Stichprobe als vorab bestätigt gelten. Im Gegenteil, es war uns von Beginn an bekannt, daß in der Liste Produkte enthalten sind, die der o.a. Definition nicht entsprechen wie z.B. BSCW, commsy (Dateiaustausch), CU-SeeMe (Kommunikation), L3 (Projekt), Lectora (Autorenwerkzeug), MU-TATE (Projekt), Perception (Assessment-Werkzeug), TBTracker (arbeitet nur auf Basis von ToolBook) oder Teamwave Workplace (Virtual Classroom). Wir verfolgten aber gleichzeitig das Interesse, auch von den Herstellern dieser Produkte Daten zu erhalten, um sie mit den Daten für typische LMS-Systeme vergleichen zu können. Von einigen Produkten ist bekannt, daß sie nur im Rahmen von ASP-Lösungen angeboten werden und daß keine Lizenzen an Hochschulen vergeben werden (z.B. Credencia, Pegasys, SmartForce) oder daß sie zum proprietären Inventar von Lehrmittelkonzernen oder virtuellen Hochschulen gehören und nicht frei verkauft werden (e-education, Jones). Von einigen Herstellern wissen wir, daß sie nur als Content-Provider (SkillSpace, SmartForce Prokoda) oder Service-Provider agieren (U4all.com), aber keine Software vertreiben. Diese Differenzierungen sollen nur andeuten, wie unklar die Situation zur Zeit noch ist und wie schwierig es ist, Recherchen auf diesem Gebiet richtig einzuschätzen. Wir haben also alles andere als eine gesicherte Datenlage und eine verläßliche Stichprobe zu Beginn des Projekts.

Die Entwicklungen auf dem Markt sind zudem so rasant, daß damit gerechnet werden muß, daß einige Hersteller bereits während der Laufzeit dieser Untersuchung wieder vom Markt verschwunden sein werden (Learning Vista Express), aufgekauft wurden (MindLever, OLI von Centra Software, gForce Central von Docent, icCampus von SmartForce, Isopia von SUN Microsystems, Teamwave Workplace von Sonexis) oder Insolvenz angemeldet haben (Virtual Worlds Platform, blaxxun interactive AG) oder daß ihre Systeme in andere Produkte integriert wurden. Einige Hersteller haben zudem mitgeteilt, daß sie auf derartige Befragungen grundsätzlich nicht antworten und sich nicht an Ausschreibungen beteiligen (z.B. SerfSoft). In diesem Zusammenhang ist der Brief einer Firma interessant, die kein LMS verkaufen wollte und deshalb nicht im Verdacht der Parteilichkeit oder Konkurrenz steht:

> „Thank you for asking [XX] to participate in your survey. However, our company does not sell a learning management system. We provide a basic learning management system to our customers when they purchase CBT products from us. This particular learning management system is not able to deploy or track third party content, so it is not suitable for your needs.

While you did not ask for it, I will offer some advice:

1. While there are many vendors of learning management systems, I believe that most of these vendors will not exist one year from today. The best advice is to choose a product from a large and well established vendor, one that has the resources to support the product for many years to come.

2. No one product will meet all of your needs. The best product for deploying online CBT may not be the best product for conducting live lectures and seminars. A set of products will be needed.

3. Talk with organizations who have deployed learning management systems on a large scale.

4. Be aware that it requires a huge effort to implement a learning management system. I would expect that the labor and consulting costs would greatly exceed the cost of the software license for the LMS.

I wish you the best of luck with your selection process,

Kind regards,

N.N."

In der neuen Studie von Brandon Hall (Juli 2002), die 72 Learning Management Systeme erfaßt, finden sich eine Reihe von LMS, die weder in der Stichprobe von EVA:LERN noch in der Untersuchung von Baumgartner und Häfele erfaßt wurden. Anscheinend handelt es sich vornehmlich um kommerzielle Produkte, die für betriebliche Weiterbildung konzipiert wurden:

Produkt	Firma
ACT Learning Manager	ACT, Inc.
DOTS Dynamic Online Training System	WebRaven
Edcor LearnConnect	Edcor
Enterprise Knowledge Platform	NetDimendions
Interthought	ViewCentral, Inc.
iPerform	Integrated Performance Systems, Inc.
KnowledgeBridge	Websoft Systems, Inc.
LearnCenter	Learn.com
LMSLive	Wizdom Systems, Inc.
Meridian KSI Knowledge Center	Meridian Knowledge Solutions, Inc.

Tab. 5 Brandon Hall 2002

Produkt	Firma
PeopleComeFirst	Genesys Software Systems, Inc.
PureSafety	PureSafety
Rhino	TechEmpower
Siebel eTraining	Siebel Systems, Inc.
SPARTraining	SPARGroup
Spyglass	Booz Allen Hamilton
TRACCESS	TTG Systems, Inc.
Xtension Learning Management System	Xtend Corp.

Tab. 5 Brandon Hall 2002

Die Untersuchung von Baumgartner und Häfele hat aus den anfänglich 133 ausgewählten und befragten Produkten nach Anwendung von K.O.-Kriterien 16 Plattformen in die engere Auswahl genommen. Diese 16 Plattformen werden gegenwärtig von Baumgartner weiter reduziert, und die verbleibenden vielleicht fünf Plattformen sollen dann einem Praxistest unterzogen werden, um ihre Eignung für Schule, Hochschule und Weiterbildung zu überprüfen.

Produktname
Blackboard 5
Campus 2000 (ibus acam)
Clix (imc)
Distance Learning System (DLS)
Docent Enterprise
eLearning Suite (Hyperwave eLS)
IBT Server
ILearning (Oracle)
ILIAS
Learning Space (Lotus, IBM)
Learntone (SUN)
Saba Learning Enterprise
Sitos (bit media)
Thinktanx (Viviance)

Tab. 6 Baumgartner und Häfele: Die letzten 16 LMS

Produktname
Top Class 5 (WBT Systems)
WebCT

Tab. 6 Baumgartner und Häfele: Die letzten 16 LMS

Es scheint noch eine weitere Parallelstudie zu geben: Das von der Multimedia Task Force der Europäischen Kommission seit 1998 finanzierte und vom European Institute for eLearning (EIfEL) koordinierte Projekt MUTATE (Multimedia Tools for Advanced GIS Training in Europe; (http://mutate.echiron.com/are/are.html) hat sich unter anderem auch vorgenommen, folgende Plattformen, Erweiterungen und Werkzeuge zu untersuchen bzw. in einem ehrgeizigen Projekt zu kombinieren, das zum Ziel hat:

> „The project results will open the door for Universities to introduce a new type of educational service, multimedia, Internet based [...]. From 1999 onwards, European citizens will benefit from a new offer in Web based distance learning, made available on an equal basis to every European, from southern Portugal to northern Sweden."

Produkt	WebAdresse	Bemerkung
Aspen	home.click2learn.com	In der Studie EVA:LERN erfaßt
Centra	www.centra.com	In der Studie EVA:LERN erfaßt
Campus 2000	www.logo2000.it	In der Studie EVA:LERN erfaßt
Cybeo	www.cybeosphere.com	Nur Französisch, Demo hauptsächlich Flash
Docent	www.docent.com	In der Studie EVA:LERN erfaßt
ECursus	www.synergie3R.com	
Fad	www.infogroup.it	Nur Italienisch
Ganesha	www.anemalab.org	Nur Französisch, Open Source LMS
HorizonLive	www.horizonlive.com	LMS, stark Komm. orientiert, große Firmen als Referenzen
Inform@	www.gruppodidacom.it	Global Learning Service Provider, vorwiegend Italienisch
Interwise	www.interwise.com	In der Studie EVA:LERN erfaßt

Tab. 7 Vom Projekt EIfEL evaluierte Plattformen oder Software

Produkt	WebAdresse	Bemerkung
Konnexia	www.t3w.com	Ansatzweise LMS, haupts. Kommunikationstools
Learning Space	www.lotus.com	In der Studie EVA:LERN erfaßt
LearnTone	www.sun.fr	In der Studie EVA:LERN erfaßt
Luvit	www.luvit.com	In der Studie EVA:LERN erfaßt
Pathlore	www.pathlore.com	In der Studie EVA:LERN erfaßt
Saba	www.saba.com	In der Studie EVA:LERN erfaßt
Sigal	www.technomedia.ca	Kein LMS
SmartForce	www.smartforce.com	In der Studie EVA:LERN erfaßt
Syfadis	www.syfadis.com	Nur Französisch, scheint LMS zu sein, nur Windows Server
Sylfide	www.groupeinitiatives.com	Nur Französisch, scheint LMS zu sein
vlab	www.element.com	Kein LMS
WBT Manager	www.ielearning.com	In der Studie EVA:LERN erfaßt
WebCT	www.webct.com	In der Studie EVA:LERN erfaßt
Zope	www.zope.org	Nur CMS

Tab. 7 Vom Projekt EIfEL evaluierte Plattformen oder Software

Über den aktuellen Stand der Arbeit dieses Projekts gibt die Web-Site keine Auskünfte. Das großartig angekündigte Angebot, alle Hochschulen mit einer neuartigen Software zu versorgen, scheint bislang ausgeblieben zu sein.

Ich bin ziemlich sicher, daß noch mehr Learning Management Systeme auf dem Markt sind als sie die Stichprobe von EVA:LERN erfaßt hat. Ich rechne aber nicht damit, daß sich unter den nicht erfaßten Produkten ähnlich leistungsfähige Systeme befinden, wie die, die in diese Untersuchung einbezogen wurden. Der Stand dieser Recherche ist der Dezember 2001. Später bekanntgewordene Produkte wurden nicht mehr in die Untersuchung aufgenommen. Bis Ende des Jahres 2001 wurden alle Hersteller detailliert auf die Funktionen ihrer Plattformen hin befragt. Auf die Befragung werde ich im Kapitel 2 „Die Untersuchung" (S. 31) genauer eingehen.

KAPITEL 2
Die Untersuchung

2.1 Rahmenbedingungen für die Untersuchung

Eine Evaluation von Lernplattformen ist nicht frei von Rahmenbedingungen, die die Anlage der Untersuchung, die Selektionskriterien, die Methode und das Design der Evaluation mitbestimmen. Ob ein einzelner Fachbereich, eine einzelne Hochschule, ein Hochschulverbund oder gar ein ganzes Land eine Lizenz zu erwerben sucht, das macht erhebliche Unterschiede in der Fragerichtung, den K.O.-Kriterien und der Untersuchungsmethode aus.

Auftraggeber und beteiligte Hochschulen

In diesem Fall wurde der Auftrag von der Behörde für Wissenschaft und Forschung der Freien und Hansestadt Hamburg erteilt. Der Untersuchungsauftrag bezog sich auf den gesamten Hochschulbereich Hamburg. Das Ziel wurde darin gesehen, eine Empfehlung für die Beschaffung einer landesweiten Lizenz zu erarbeiten. Es mußten folglich sechs Hochschulen in die Untersuchung einbezogen werden:

- Universität Hamburg (UHH)
- Hochschule für Angewandte Wissenschaften Hamburg (HAW)
- Technische Universität Hamburg-Harburg (TUHH)
- Hochschule für Wirtschaft und Politik (HWP)
- Hochschule für bildende Künste (HfbK)
- Hochschule für Musik und Theater (HfMT)

Einerseits sollte das Ziel eine landesweite Lizenz sein, da nicht alle sechs Hochschulen über Rechenzentren und entsprechende Fachkompetenzen für den Betrieb einer Lernplattform verfügen. Andererseits sollte die Plattform aber auch Unterschiede für die sechs Hochschulen zulassen, z.B. eine Individualität im Corporate Design.

Mandanten Konzept — Bei einem mandantenorientierten LMS, wie es von einigen Herstellern von Lernplattformen angeboten wird, ist das Corporate Design häufig nur pro Mandant modifizierbar. Dies hätte unter Hamburger Rahmenbedingungen die Konsequenz, daß mindestens sechs Mandanten vorgesehen werden müßten, um den sechs Hochschulen ein eigenes Design zu ermöglichen. Aber das reicht im Zweifelsfall nicht aus, denn es ist vorhersehbar, daß diese Lösung die großen Fachbereiche langfristig nicht zufrieden stellen wird. Über kurz oder lang wird bei ihnen der Wunsch aufkommen, ein eigener Mandant zu sein, so daß ein Vielfaches an Mandanten zu kalkulieren wäre. Dies kann bei einem mandantenorientierten LMS, dessen Lizenz pro Mandant bzw. Submandant berechnet wird, recht teuer werden. Die Alternative kann eine Lernplattform sein, die es erlaubt, das Design auf jeder Ebene ohne zusätzliche Kosten zu modifizieren, pro Fachbereich oder sogar pro Kurs. Dieses Thema wird insbesondere bei Lizenzen für Länder oder Hochschulverbünde aufkommen.

Rolle der Rechenzentren — Ein LMS, das mehreren Hochschulen zur Verfügung stehen soll, muß an zentraler Stelle vorgehalten und betrieben werden, am besten an einem Rechenzentrum, da die meisten Fachbereiche für einen derartigen Service nicht die Kapazität und die Kompetenz aufbringen. Die drei Rechenzentren der Universität, der TU Harburg und der HAW wurden deshalb von vornherein in die Untersuchung einbezogen. Ihre Rahmenbedingungen wurden im Vorfeld in einem gemeinsamen Gespräch erkundet und bei der Aufstellung der K.O.-Kriterien berücksichtigt. Zu den Rahmenbedingungen der Rechenzentren zählt nicht nur die vorhandene und präferierte Server-Technologie oder die vorhandene Basissoftware (Datenbank, Autorensysteme), sondern auch die Qualifikation des vorhandenen Personals, die Möglichkeiten, ein LMS als dauerhafte Dienstleistung anzubieten und später die Einführung des Lehrpersonals in die Lernplattform zu übernehmen.

UNIX als Server Technologie — Eine deutliche Rahmenbedingung der Rechenzentren lautet, daß als Server-Technologie für ein LMS nur UNIX infrage kommt. Dies findet seine klare Begründung vor allem in Fragen der Sicherheit, die unter UNIX besser und kostengünstiger zu lösen sind. Dieses Kriterium wurde in vielen Gesprächen am Rande der IKT-Tagung der Leiter der deutschen Hochschulrechenzentren im Frühjahr 2002 eindeutig bestätigt. Aus diesem Grunde kam kein LMS infrage, das nur auf Windows-Servern zur Verfügung steht.

Lizenzen Auch die Lizenzpreise für kommerzielle Plattformen bilden eine harte Rahmenbedingung. Es sollte möglich sei, eine Lizenz zu erwerben, die der Tatsache Rechnung trägt, daß eLearning erst am Beginn einer vielleicht langsam verlaufenden Entwicklung steht. Es konnte also keine Plattform in Betracht kommen, deren Preis von Anfang an auf der Basis der eingeschriebenen Studierenden berechnet wird. Die Lizenz sollte mit der Frequenz der Nutzung wachsen können.

Die Preise für kommerzielle Lernplattformen sind extrem hoch. Man muß ungefähr mit etwa 250.000 Euro für eine Laufzeit von drei Jahren rechnen. Derartige finanzielle Investitionen sind für kleinere Hochschulen nicht möglich. Deshalb sollte man in diesen Fällen an die Bildung von Hochschulverbünden oder die Entscheidung für eine ASP-Lösung denken, wobei es durchaus denkbar ist, daß die Rechenzentren der großen Hochschulen als ASP-Provider für die kleineren Hochschulen agieren und daß die finanzielle Abwicklung über den DFN-Verein arrangiert wird.

Open Source? Angesichts dieser Kosten wäre es natürlich wünschenswert, wenn eine open source-Lösung gewählt werden könnte. Aber eine Lernplattform, die in großen Hochschulen in den Regelbetrieb gehen soll, muß sofort und dauerhaft einwandfrei funktionieren. Sie muß von Beginn an über alle wünschenswerten Funktionen verfügen. Deshalb kann für solche Situationen nur dann eine open source-Plattform in Betracht gezogen werden, wenn diese entsprechende Eigenschaften aufweist. Dies ist bei den bekannten open source-Lösungen leider noch nicht der Fall. Sie eignen sich daher eher für den Einsatz in Fachbereichen, die mit der Tatsache leben können, daß die Plattform sich noch in der Entwicklung befindet, und die sich mit ihren Diplomanden und Doktoranden an der Weiterentwicklung der Plattform beteiligen können.

Projektdauer Noch eine weitere Rahmenbedingung sollte gelten: Die Stadt Hamburg hatte mit den Hochschulen einen Vertrag zur Gründung eines eLearning-Consortiums Hamburger Hochschulen (ELCH) geschlossen und diesem Gremium 7 Millionen Euro zur Förderung von eLearning-Projekten zur Verfügung gestellt. Die Ausschreibung für die Einreichung von Projektentwürfen lief in den ersten Monaten des Jahres 2002, und die Bewilligung sollte bis September 2002 abgeschlossen sein. Bis zu diesem Zeitpunkt mußte eine landesweite Lizenz für ein LMS allen bewilligten Projekten zur Verfügung stehen. Das Projekt EVA:LERN stand aus diesem Grund unter einem hohen Zeitdruck, denn die Ergebnisse der Evaluation mußten so früh vorliegen, daß die Beschaffung der Lernplattform rechtzeitig eingeleitet werden kann. Deshalb wurden für die Untersuchung lediglich fünf Monate eingeplant.

2.2 Zur Methode der Evaluation

Die Methoden für die Evaluation von Lernplattformen sind vielfältig. Unter den bekannten Vergleichsuntersuchungen von Lernplattformen (s. Kapitel 2.3 „Gewinnung von Kriterien für die Evaluation" (S. 36)) befinden sich Berichte über die Entscheidungsprozesse von Kommissionen, deren Mitglieder sich gemeinsam mehrere Learning Management-Systeme vergleichend angeschaut und dann für ein LMS entschieden haben. Daneben gibt es Erfahrungsberichte über den praktischen Einsatz mehrerer Plattformen. Die meisten Untersuchungen aber basieren auf kriterienorientierten Anforderungslisten, die durch Befragung erhoben wurden. Die Vor und Nachteile der unterschiedlichen Methoden sind verteilt, so daß keiner der Methoden eindeutig der Vorzug zu geben ist.

Peer Evaluation — Die Methode der Peer-Evaluation durch Einbeziehung von Kollegen in eine Evaluationskommission hat den Vorteil, daß die Beteiligten die Plattformen intensiver kennenlernen und ihre Entscheidung anschließend mit Überzeugung vertreten können, was für die Akzeptanz der Plattform im Lehrkörper sorgen mag. Dieser Weg hat aber den Nachteil, daß man sich aus pragmatischen Gründen auf nur wenige Plattformen beschränken muß.

Praxistest — Letzteres gilt auch für den Fall, daß mehrere Plattformen im praktischen Test in den Fächern ausprobiert werden und die Entscheidung aufgrund der Erfahrungsberichte der Beteiligten getroffen wird. Diese Methode hat allerdings den Vorteil, daß die Plattformen nicht nur präsentiert, sondern in der Lehre praktisch erprobt werden konnten.

Kriterienorientierte Evaluation — Die dritte Methode der kriterienorientierten Evaluation und Herstellerbefragung ist eigentlich unverzichtbar, auch als Vorstufe und Voraussetzung für die beiden vorher genannten Methoden. Diese Methode leidet zwar unter der Einschränkung, daß sie auf die Korrektheit der von den Herstellern angegebenen Daten angewiesen ist. Dafür kann ein erheblich größeres Spektrum an Plattformen ins Auge gefaßt werden. Jede Institution sollte ihre Anforderungen an die gewünschte Plattform vorher definieren und nur Plattformen in Erwägung ziehen, die diese Kriterien erfüllen. Dieser Weg unterbleibt allerdings häufig aufgrund des benötigten Aufwands, mangelnder Erfahrung und Kompetenz oder er wird nur kursorisch durchgeführt.

Für das Projekt EVA:LERN wurde eine Mischung aus mehreren Methoden versucht:

- Erstens wurden die Anforderungen an die Lernplattform formuliert, Kriterien definiert und in einen Fragebogen gegossen, der an die Hersteller von Lernplattformen versandt wurde (s. Kapitel 2.5 „Die Kriterien von EVA:LERN" (S. 46))
- Zweitens wurde ein Team aus Mitarbeitern der Projektleitung und der Firma EDS Systematics Integrations GmbH gebildet, das aufgrund der Herstellerangaben eine erste Grobauswahl aus der Gesamtmenge von 171 Plattformen traf (s. Kapitel 4.2 „Für den Praxistest ausgewählte Lernplattformen" (S. 99)). Dieses Team besorgte auch die Installation einer begrenzten Menge von Lernplattformen und führte danach die Schulung von Lehrkörpermitgliedern durch.
- Drittens wurde im Lehrkörper der sechs Hamburger Hochschulen dafür geworben, sich mit kleinen Projekten an der Evaluation der Lernplattformen zu beteiligen. Die Kolleginnen und Kollegen wurden gebeten, Inhalte in die Plattformen einzustellen und soweit möglich mit Studierenden zu testen. Diese Stichprobe wurde anschließend mit einem Usability-Fragebogen auf ihre Einschätzung der jeweiligen Plattform hin befragt (s. Kapitel 6 „Die Lernplattformen im Praxistest" (S. 111)).

Auf diese Weise wurde in der Evaluation von EVA:LERN die kriterienorientierte Befragung durch einen Praxistest ergänzt und mit einer Usability-Befragung verbunden.

2.3 Gewinnung von Kriterien für die Evaluation

Internationale Vergleichsstudien

23 internationale Studien[5], die Kriterien zur Beschreibung von Lernplattformen formuliert hatten, wurden zur Entwicklung des Fragebogens für die Evaluation herangezogen:

Autor	Quellenangabe
Brandon Hall	Learning Management Systems: How to chooose the right System for your organisation
Bruce Landon, Randy Bruce, Amanda Harby, Centre for Curriculum Transfer & Technology (C2T2) British Columbia	http://www.ctt.bc.ca/landonline/ (10.05.2000)
Rolf Schulmeister (2000)	Kriterienkatalog, nicht veröffentlicht
Regina Obexer, Helmut Essenschläger Universität Innsbruck	Telelernen an österreichischen Fachhochschulen. Praxisbeispiele und Möglichkeiten der Weiterentwicklung
edutech	Evaluation Criteria and List of Features http://www.edutech.ch/edutech/tools/criterions e.asp (zuletzt abgerufen 26.10.2001), seit 11.05.2001 nicht mehr on line.
Instructional Software Development Group im Department of Information Technologies der University of Iowa	http://www.ncsa.uiuc.edu/~jfile/learnenv/ (zuletzt abgerufen 03.08.2000)
KarlHeinz Böbel, Universität Freiburg	Systemevaluation von Lehr/Lernplattformsystemen
Rolf Schulmeister (2000)	Gutachten für das BM:BWK Selektions und Entscheidungskriterien für die Auswahl von Lernplattformen und Autorenwerkzeugen. http://serverprojekt.fh joanneum.at/noflash/thema/lernpl/material/Plattformen.pdf

Tab. 8 Quellen für die Kriteriengewinnung

---

5. Verwendungsdatum der Online Quelle in Klammern. Letzter Online Check am 31.05.2002. Soweit nicht anders vermerkt, wurde die Adresse wie angegeben kontaktiert. Das letzte, vierundzwanzigste Beispiel wurde erst nach Erstellung des Fragebogens und nach Abschluß der Erhebung bekannt.

Die Untersuchung

Autor	Quellenangabe
Peter Baumgartner	Virtual Learning Baumgartner / Häfele, Web Site www.virtual learning.at
Marshall University's Center for Instructional Technology	Comparison of Online Course Delivery Software Products; http://multimedia.marshall.edu/cit/webct/compare/comparison.html (zuletzt abgerufen 3.8.2000) seit 11.05.2001 nicht mehr online; jetzt: http://multimedia.marshall.edu/ under construction
Sunil Hazari, University of Maryland	Evaluation and Selection of Web Course Managenent Tools: http://sunil.umd.edu/webct/ (zuletzt abgerufen 24.11.2000)
John Bigelow, Boise State University	http://cobe.boisestate.edu/workingp/elements.htm (zuletzt abgerufen 14.05.2001)
Socrates Project, Berkeley University	http://socrates.berkeley.edu:7521/wbitools/index.html (zuletzt abgerufen 13.11.2000), z.Z. http://socrates.berkeley.edu/
WebED des Ohio Supercomputer Center	http://www.osc.edu/webed/ tool reviews and comparions.htm (zuletzt abgerufen 07.01.2000) Neu: http://www.osc.edu/education/webed
Geraldine Kristapiazzi, Daytona Beach Community College (DBCC)	http://www.geocities.com/Eureka/Gold/6012/compare web tools.htm (zuletzt abgerufen 20.11.2000), z.Z. nicht mehr online.
Herb Bethoney und 18 Juroren	PCWeek vom 18.8.1997 http://www.zdnet.com/eweek/reviews/0818/18ibt.html; (zuletzt abgerufen 22.05.2000), z.Z. nicht mehr online
Sandy Britain, Oleg Liber, University of Wales, Bangor	A Framework for Pedagogical Evaluation of Virtual Learning Environments; http://www.jtap.ac.uk/reports/htm/jtap041.html (zuletzt abgerufen 10.11.2000)
Roger Atkinson, Murdoch University	http://cleo.murdoch.edu.au/asu/edtech/webtools/compare.html (zuletzt abgerufen 17.12.2000)
DLE Group Report	http://dle.byu.edu/research/ (zuletzt abgerufen 13.11.2000)

Tab. 8 Quellen für die Kriteriengewinnung

Autor	Quellenangabe
Future U	http://www.futureu.com (zuletzt abgerufen 30.10.2000), z.Z: überarbeitet.
University of Manitoba	Tools for Developing Interactive Academic Web Courses; http://www.umanitoba.ca/ip/tools/courseware/evalmain.html (zuletzt abgerufen 7.11.2001)
David Wicks, Seattle Pacific University	http://www.spu.edu/~dwicks/comparison.htm (zuletzt abgerufen 02.08.2000), z.Z. nicht mehr online.
Teleducation New Brunswick	http://cuda.teleeducation.nb.ca/distanceed/resources.cfm?by =section&subsection ID=57&category ID=1 (zuletzt abgerufen 30.05.2000), z.Z. nicht mehr online.
Bildungsportal Sachsen, Prof. Dr. Wolfgang Ihbe, TU Dresden	Vergabeunterlagen für die Lernplattform des Bildungsportals Sachsen der beschränkten öffentlichen Ausschreibung vom 1.06.2001, Nummer 22/341 im Sächsischen Ausschreibungsblatt, Stand: 11.3.2001; http://www.bildungsportalsachsen.de

Tab. 8 Quellen für die Kriteriengewinnung

Gewinnung von Kriterien

Diese Untersuchungen wurden nicht deshalb studiert, um die Bewertungen einzelner Plattformen durch die Autoren nachzuvollziehen – zumal einige dieser Untersuchungen schon mehrere Jahre alt und die getesteten oder beurteilten Versionen der Lernplattformen bereits Vergangenheit waren –, sondern als Quellen für die Extraktion von Kriterien genutzt.

Wer die Hoffnung hat, aus der Lektüre solcher Studien Entscheidungen für oder gegen Plattformen ableiten zu können, wird rasch enttäuscht werden. Die Kriterienlisten sind untereinander nicht kompatibel, sehr selektiv und teilweise laienhaft formuliert. Um diese Problematik zu erläutern und deutlich zu machen, auf welche Schwierigkeiten man stoßen kann, werde ich im nächsten Abschnitt einige Beispiele aus diesen Studien vorstellen.

2.4 Beispiele für kriterienorientierte Evaluation

BRANDON HALL

Die teuerste kriterienorientierte Evaluation von Lernplattformen ist die Studie „Learning Management Systems: How to Choose the Right System for Your Organization" von Brandon Hall 2001 (http://www.brandonhall.com). Der Bericht wird im Netz als PDF-Datei zum Runterladen für mehr als 800 US$ angeboten, obwohl er im wesentlichen nur Informationen enthält, die man sich auch direkt bei den Herstellern von Lernplattformen besorgen kann. Die Studie fragt nur 17 Kriterien ab, die lediglich äußere, formale, technische und wirtschaftliche Daten zu 62 Lernplattformen präsentieren. Zusätzlich zu diesen Daten gibt der Bericht 3 bis 7 Seiten Erläuterungen pro Produkt und Firma, in denen auch die Preis- und Lizenzgestaltung zur Sprache kommt. Die inneren Funktionen des LMS, seine Werkzeuge und seine Arbeitsweise, werden allerdings nicht näher beschrieben.

Brandon Hall
Tracks eLearning
Tracks and manages classroombased training
AICC compliant/certified
IMS metadata tag support
Provides skillgap analysis
Builtin content authoring tools
Builtin assessment tool for creating quizzes
Ease of tracking external and 3 rd party courseware
Support for live eLearning (synchronous)
Access to administrative information: remote (browser) or local client
Connectivity to ERP systems
Largest Implementation to date
Installed locally on your server
Available as a hosted solution (ASP Model)
Size of company

Tab. 9 Die Kriterien der Studie von Brandon Hall

Brandon Hall
Cost
Year originally released

Tab. 9 Die Kriterien der Studie von Brandon Hall

MARSHALL UNIVERSITY

Die Untersuchung des Center for Instructional Technology der Marshall University ist schon mehr an den Funktionen und Methoden der Plattformen interessiert. 15 Learning Management-Systeme wurden untersucht: Blackboard, Convene, Embanet, eCollege.com, IntraLearn, Symposium, TopClass, WebCT, The Learning Manager, WebMentor, Integrated Virtual Learning Environment (IVLE), LUVIT, Asymetrix Librarian, VirtualU, eduprise.com. Bereits angekündigt, aber zum damaligen Zeitpunkt noch nicht untersucht waren Lotus Learning Space, Milken Educator Virtual Workspace (MEVW), IMSeries, Serf und FirstClass von Softarc.

Die Studie hat neun Oberkategorien und 128 Kriterien gewählt und sie in „Features", „Tools" und Sonstiges unterschieden (in Klammern hinter den Kategorien die Zahl der untergliederten Kriterien):

Developmental Features (29)	Student Tools (25)	Technical Support (9)
Instructional Features (12)	Instructor Tools (23)	Software Costs (3)
Administrative Features (10)	Administrator Tools (20)	Hardware Requirements (7)

Tab. 10 Kategorien der Studie der Marshall University

Diese Einteilung ist nicht selbsterklärend. So versammeln sich unter der Kategorie „Developmental Features" beispielsweise Fragen nach der Portabilität der Inhalte, der Server-Basis, dem Vorhandensein von Chats, der Unterstützung bestimmter Browser-Versionen, dem eingebauten Editor für Tests, dem Import von Testfragen aus anderen Werkzeugen oder der Kompatibilität zu Shockwave. Die neun Kategorien wurden in 128 Kriterien unterteilt. Die Studie hat jedoch nur ermittelt, ob ein bestimmtes Merkmal bei einem LMS vorhanden ist oder nicht. Es wurde nicht bewertet, wie gut das jeweilige Kriterium in dem betreffenden LMS realisiert wurde. Die Kriterien wurden auch nicht gewichtet. Es fand also keine Evaluation und Bewertung statt.

Die Untersuchung

Die folgende Abbildung gibt einen Ausschnitt aus der Darstellung der Ergebnisse im Internet wieder, aus der zu ersehen ist, wie die Kategorie „Instructor Tools" durch Kriterien untergliedert wurde:

INSTRUCTOR TOOLS	1	2	3	4	5	6	7	8	9	10	11	12	13	14	15	16	17	18	19	20
Course planning		✱		✱	✱	✱		✱	✱	✱			✱		✱		✱		✱	✱
Course managing		✱		✱	✱	✱		✱	✱	✱				✱	✱		✱		✱	✱
Fast course revising		✱		✱	✱	✱		✱	✱	✱					✱		✱		✱	✱
Course monitoring		✱		✱	✱	✱		✱	✱	✱				✱			✱		✱	
Instructional designing		✱		✱	✱	✱		✱	✱	✱			✱				✱		✱	✱
Presenting information		✱		✱	✱	✱		✱	✱	✱			✱		✱		✱		✱	✱
On-line testing		✱		✱	✱	✱		✱	✱	✱			✱		✱		✱		✱	✱
On-line grading		✱		✱	✱	✱		✱	✱	✱					✱		✱		✱	✱
Managing records		✱		✱	✱	✱		✱	✱	✱	✱			✱	✱		✱		✱	
No HTML knowledge required		✱		✱	✱	✱		✱	✱	✱			✱		✱		✱		✱	✱
Customization of student curriculum				✱		✱		✱	✱	✱	✱						✱		✱	✱
Student tracking		✱		✱	✱	✱		✱	✱	✱			✱		✱		✱		✱	
Automated grading		✱		✱	✱	✱		✱	✱	✱			✱				✱			✱
Level of control over design		✱		✱	✱	✱		✱	✱	✱			✱		✱		✱		✱	✱
Instructor can assign specific course material to individual or group of students	✱		✱	✱	✱			✱	✱						✱		✱		✱	✱
Multiple choice self test tutorial questions - (automatic marking)		✱		✱	✱	✱		✱	✱	✱			✱		✱		✱			✱
"Fill in the blank" self test tutorial questions - (automatic marking)		✱		✱	✱	✱		✱	✱	✱			✱				✱			✱
Customized feedback to tutorial questions				✱	✱	✱		✱	✱	✱			✱				✱			✱
Redirect path of tutorial depending on question answers			✱		✱			✱		✱							✱			
Timed quizzes (graded with permanent mark retention)	✱			✱	✱	✱		✱	✱	✱			✱				✱			
On line marking and grades management of timed quizzes	✱		✱	✱	✱	✱		✱	✱	✱			✱				✱			
Generate random set of questions	✱			✱	✱			✱	✱	✱			✱				✱			✱
Allows developer to preview course as a student	✱		✱	✱	✱				✱				✱				✱		✱	✱

Abb. 2 Kriterien für Instructor Tools aus der Studie der Marshall University

Keine Gewichtung der Kriterien Die beiden bisher betrachteten Studien vernachlässigen die Problematik, die sich bei Entscheidungen über die Beschaffung von Plattformen regelhaft einstellt: Solange die Plattformen durch die Kriterien nur beschrieben werden, ist noch keine Bewertung und Selektion möglich. Die Kriterien müssen gewichtet werden, um eine schlüssige Selektion zu ermöglichen. Das gibt die Studie der Marshall University selbst auch unumwunden zu, wenn sie den Leser mit einer fett hervorgehobenen Aussage mahnt:

> „Just because two or more products possess the same feature does not mean that those features function in the exact same manner" (http://multimedia.marshall.edu/cit/webct/compare/comparison.html).

C2T2 LANDONLINE

Die Studie von C2T2 Landonline (http://www.ctt.bc.ca/landonline/) wurde von einem Team durchgeführt, das sich aus Bruce Landon vom Douglas College, Randy Bruce vom Kwantlen University College und Amanda Harby vom Centre for Curriculum, Transfer and Technology (C2T2) zusammensetzte.

Web Browsing	Asynchronous Sharing	Synchronous Sharing
Accessibility	Email Push System	Chat
Bookmarks	BBS file exchange	VoiceChat
Multimedia	Newsgroups	Whiteboard
Security Browser Based		Application sharing
		Virtual space
		Group browsing
		Teleconferencing
		Videoconferencing
Student Tools	**Support Tools (Course)**	**Support Tools (Lesson)**
Selfassessing	Course planning	Instructional designing
Progress tracking	Course managing	Presenting information
Searching	Course customizing	Testing
Motivation building	Course monitoring	
Study skill building		
Data	**Resource**	**Administration**
Marking online	Curriculum Managing	Installation
Managing records	Building knowledge	Authorization
Analyzing and tracking	Team Building	Registering
	Building motivation	Online fees handling
		Server security
		Resource monitoring
		Remote access
		Crash recovery

Tab. 11 Kategorien und Kriterien der Studie von C2T2

Die Untersuchung hatte zu der Zeit, als ich sie aufsuchte (19.05.2000), 41 Lernplattformen und Software-Systeme erfaßt und sich weitere 60 vorgenommen. Die Kriterienliste war in 18 Kategorien gegliedert, die in insgesamt 61 Kriterien unterteilt wurden. Schon ein kleiner Ausschnitt zeigt, daß hier eine relativ ungeordnete Sammlung von Kriterien vorliegt. Die Oberkategorien sind meines Erachtens unglücklich gewählt, sie stehen auch quer zu den anderen Studien. Insbesondere die Kategorien „Asynchronous Sharing" und „Synchronous Sharing", die vorwiegend Kommunikationswerkzeuge umfassen, sind zumindest ungewöhnlich. Zu diesen hätte ich beispielsweise nicht das Whiteboard gesellt, das ich eher als ein studentisches kooperatives Werkzeug einstufen würde. Ebenfalls betrachte ich das Setzen von Lesezeichen eher als ein studentisches Werkzeug und weniger als zur Kategorie Web-Browsing gehörig, zumindest nicht in einer Lernplattform.

Unterschiedliche Granularität

Ein weiterer Kritikpunkt betrifft die unterschiedliche Granularität der Kriterien. Während die Kategorien „Asynchronous Sharing" und „Synchronous Sharing" eine Reihe nicht mehr weiter unterteilbare Funktionen enthalten (z.B. Chat, VoiceChat), werden in der Kategorie „Support Tools" sehr globale Merkmale aufgeführt, die sinnvollerweise weiter unterteilt werden sollten, um dem Leser ein Bild von dem zu vermitteln, was in dem LMS an Werkzeugen für Planung und Management enthalten ist. Die Kriterien sind auch nicht selbsterklärend. Erst in den Beschreibungen der Kriterien anhand einzelner Plattformen wird dem Betrachter zum Beispiel klar, welche studentischen Werkzeuge der Kategorie „Student Tools" denn wohl unter den Bezeichnungen „Motivation building" oder „Study skillbuilding" verstanden werden.

DAVID WICKS

Die Untersuchung von David Wicks (http://www.spu.edu/~dwicks/comparison.htm) bezog sich auf neun Software-Produkte: Blackboard, ac@deme, Embanet, eCollege, e-education, Educator, WBT, WebCT und WebMentor. Die Untersuchung nutzt 55 Kriterien, die nur drei Oberkategorien zugeordnet wurden: Institutional, Instructional und Developmental. Auch hier erfolgte keine Gewichtung der Kriterien, sondern nur eine Registrierung, ob das Kriterium erfüllt oder nicht erfüllt wurde (Yes/No). Stattdessen gab es relativ ausführliche Beschreibungen zu den Kriterien der einzelnen Plattformen. Die folgende Abbildung gibt einen Ausschnitt aus der Kategorie „Instructional" wieder:

No	Instructional	1	2	3	4	5	6	7	8	9	10
11.	Platform choice can be customized to incorporate SPU distinctives.	Y	N	Y	Y	Y	Y	Y	Y	Y	Y
12.	Faculty to student asynchronous communication is possible.	Y	Y	Y	Y	Y	Y	Y	Y	Y	Y
13.	Faculty to student synchronous communication is possible.	Y	Y	Y	Y	Y	Y	N	Y	Y	Y
14.	Student to student asynchronous communication is possible.	Y	Y	Y	Y	Y	Y	Y	Y	Y	Y
15.	Student to student synchronous communication is possible.	Y	Y	Y	Y	Y	Y	N	Y	Y	Y
16.	Faculty can make their own changes to content	Y	Y	Y	Y	Y	Y	Y	Y	Y	Y
17.	Training is provided for faculty.	Y	Y	Y	Y	Y	Y	Y	Y	Y	Y
18.	Courses can have a consistent interface.	Y	Y	Y	Y	Y	Y	Y	Y	Y	Y
19.	Platform supplies access to library resources other than the university's present holdings.	Y	Y	N	Y	Y	Y	N	Y	Y	Y
20.	Access to library resources requires an additional charge.	Y	N	N	N	N	Y	N	Y	Y	N
21.	Online help is available to help student use library resources.	Y	Y	N	Y	Y	Y	N	Y	N	N
22.	Platform includes an internal e-mail client.	Y	Y	Y	Y	N	Y	Y	Y	N	Y
23.	Platform has e-mail management capabilities for students	Y	Y	Y	Y	Y	Y	N	Y	N	Y
24.	Platform has e-mail management capabilities for faculty.	Y	Y	Y	Y	Y	N	N	Y	N	Y
25.	Platform supports multiple instructors for a single course.	Y	Y	N	Y	N	Y	Y	Y	Y	Y

Abb. 3 Ausschnitt aus der Studie von David Wicks

EDUTECH

Die Studie von edutech (Schweiz) hat neun Produkte evaluiert: Ariadne, Blackboard, DLS, IBT, Learning Space, Medit, ToolBook, TopClass und WebCT. Die 108 Kriterien wurden nach folgenden Kategorien geordnet:

Student's Environment	Author's Environment	Teacher's Environment and Pedagogical Tools
Access to course material	Production of course material	General
Private space and customization	Module management	Teamworking

Tab. 12 Kategorien der edutech Untersuchung

Die Untersuchung

Student's Environment	Author's Environment	Teacher's Environment and Pedagogical Tools
Asynchronous studentstudent communication	Quizzing features	Tutoring
Synchronous studentstudent communication		
Pedagogical tools		

Tab. 12 Kategorien der edutech Untersuchung

Doppelte Gewichtung der Kriterien

Weitere Kategorien waren: Administration, Technical Requirements und General Properties. Interessant an der edutech-Studie ist das Bewertungs- und Gewichtungssystem. Zunächst wurden die Kriterien selbst gewichtet:

- not very important
- important
- very important

Dann wurden die Funktionen der Lernplattformen für jedes einzelne Kriterium auf einer 4-poligen Skala eingeschätzt (Rating):

- bad feature not available
- satisfactory feature partly available
- good feature available
- very good feature very well implemented

Folglich gibt es bei edutech für jedes Kriterium zwei Gewichte, die Bedeutung des Kriteriums selbst und die Bewertung der Realisierung im jeweiligen LMS. Diese Methode erlaubt schon eher eine Evaluation und Selektion von Software-Produkten. Die Gewichtung der Kriterien macht das System transparent für den Leser, der so besser beurteilen kann, ob er der Bewertung durch edutech folgt. Wenn er diese Gewichtung teilt, dann lassen die Ratings zu den Funktionen der Plattformen den Interessierten rascher einen Überblick über die Stärken und Schwächen der Produkte gewinnen, obwohl auch in der edutech-Evaluation Zuordnungen und Bewertungen auftreten, über die man streiten kann, wie folgende Beispiele zeigen:

Strittige Beispiele

Das Shared Whiteboard befindet sich nicht etwa unter einer Kategorie „Kollaborative Werkzeuge für Studenten" (die es bei edutech nicht gibt), sondern in der Abteilung „Synchrone Kommunikation" und erhält nur das Gewicht „not an important feature". Bei dieser Gewichtung werden die Meinungen der Experten weit auseinander gehen. Aufgrund langjähriger Erfahrung mit virtuellen Seminaren, in denen die Whiteboards von den Studierenden eifrig genutzt wurden, haben wir das Whiteboard in EVA:LERN sogar als K.O.-Kriterium gesetzt.

Ein anderes Beispiel: Daß die Audio und Videokonferenz in einem LMS von edutech als nicht wichtig eingestuft wurden, mag angesichts heutiger Bandbreiten für die Datenübertragung noch verständlich sein, daß edutech aber den integrierten Formeleditor ebenfalls als nicht wichtig eingeschätzt hat, ist mir nicht verständlich. Ein Formeleditor, den die Studierenden in den Foren, im Whiteboard und im Notizbuch zur Verfügung haben, scheint mir für die naturwissenschaftlichen und technischen Fächer ausgesprochen wichtig zu sein. Die edutech-Untersuchung ist zwischenzeitlich von der Web-Site genommen worden.

2.5 Die Kriterien von EVA:LERN

Konstruktion eines Fragebogens

Aus den erwähnten 23 Vergleichsuntersuchungen zu Learning Management-Systemen wurden insgesamt 876 Kriterien extrahiert, unter denen allerdings sehr viele Überschneidungen zu finden sind, die z.T. auf unterschiedlichen Begriffsgebrauch zurückgehen. Diese Kriterien wurden durch begriffliche Vereinheitlichung reduziert und durch Hierarchisierung und Konglomeration zu 181 Kriterien verdichtet. Aus diesen 181 Kriterien wurde ein Fragebogen erstellt, der an die Hersteller der 171 Plattformen versandt wurde, soweit eine postalische Adresse bekannt war, ansonsten wurden die Hersteller per Email angeschrieben. Im Anschreiben wurden die Befragten ausführlich über den Zweck der Untersuchung und die Partner der Studie informiert.

Die Rückantwort konnte per Post, per Email, per FAX und durch direkte Eingabe auf einer Web-Site online übermittelt werden. Der Zeitpunkt der Befragung war leider insofern ungünstig, als nach den Ereignissen des 11. September in den USA vielfach Postsperren die Auslieferung der Unterlagen an die amerikanischen Firmen verhindert oder verzögert haben. Dies mag auch dazu geführt haben, daß einige damals per Email bereits angekündigte Rücksendungen uns nie erreicht haben.

Im folgenden gebe ich den Fragebogen im Original wieder:

Die Untersuchung

Bitte senden Sie den ausgefüllten Fragebogen zurück an:

Systematics Integrations GmbH
Barmbeker Straße 2
D-22303 Hamburg
Deutschland

Jürgen Mischke
Tel +49(0)40-6960-2351
Fax +49(0)40-6960-3351
juergen.mischke@systematics.de

FRAGEBOGEN
EVALUATION VON LERNPLATTFORMEN FÜR DIE HAMBURGER HOCHSCHULEN

Bezeichnung des Produktes _____

Versionsnummer _____

Gibt es zusätzliche Produkte, die Sie zum Einsatz der Plattform dringend empfehlen?

1. Administration
1.1. Allgemein
1.1.1.	Logging (Aktionen der Benutzer werden gespeichert)	[ ] vorhanden	[ ] nicht vorhanden	
1.1.3.	Administrativer Remote Access (Webaccess)	[ ] vorhanden	[ ] nicht vorhanden	
1.1.4.	Backup / Safety Tool	[ ] vorhanden	[ ] 3rdParty	[ ] nicht vorhanden
1.1.5.	Recourcenverwaltung (Räume, Materialien,...)	[ ] vorhanden	[ ] nicht vorhanden	
1.1.6.	Gastzugang	[ ] vorhanden	[ ] nicht vorhanden	

1.2. Abrechnung/Rechnungsverwaltung
1.2.1.	e-Commerce Komponente (Gebührenabrechnung)	[ ] vorhanden	[ ] 3rdParty	[ ] nicht vorhanden
1.2.2.	ERP HRIS Anbindung	[ ] vorhanden	[ ] 3rdParty	[ ] nicht vorhanden

1.3. Benutzerverwaltung
1.3.1.	Kernfunktionen Benutzerverwaltung	[ ] vorhanden	[ ] nicht vorhanden
1.3.2.	Batchfunktionen	[ ] vorhanden	[ ] nicht vorhanden
1.3.3.	ERP HRIS Anbindung	[ ] vorhanden	[ ] nicht vorhanden
1.3.4.	Im- und Exportfunktionen	[ ] vorhanden	[ ] nicht vorhanden
1.3.5.	Online Registrierung	[ ] vorhanden	[ ] nicht vorhanden

1.4. Authoring
1.4.1.	Autorenwerkzeuge für HTML	[ ] vorhanden	[ ] nicht vorhanden
1.4.2.	Autorenwerkzeug-Wizard	[ ] vorhanden	[ ] nicht vorhanden
1.4.3.	Debugfunktionen (Student-Ansicht für Autoren)	[ ] vorhanden	[ ] nicht vorhanden
1.4.4.	Template	[ ] vorhanden	[ ] nicht vorhanden
1.4.5.	Offline Authoring	[ ] vorhanden	[ ] nicht vorhanden

1.5. Kursverwaltung
1.5.1.	Kernfunktionen Kursverwaltung	[ ] vorhanden	[ ] nicht vorhanden

Abb. 4 Fragebogen für die Hersteller von Learning Management Systemen

FRAGEBOGEN
EVALUATION VON LERNPLATTFORMEN FÜR DIE HAMBURGER HOCHSCHULEN

1.5.2.	Portabilität (Übern. von Kur mat. au and. LMS)	[ ] vorhanden	[ ] nicht vorhanden	
1.5.3.	Übernahme von Teilnehmern au anderen Kur en	[ ] vorhanden	[ ] nicht vorhanden	
1.5.4.	Batchfunktionen zum Einle en von Teilnehmern	[ ] vorhanden	[ ] nicht vorhanden	
1.5.5.	Online-Anmeldung	[ ] vorhanden	[ ] nicht vorhanden	

1.6. Rollen und Rechte

1.6.1.	Rollen	[ ] Admini trator	[ ] Verwalter	[ ] Dozent	
			[ ] Tutor	[ ] De igner	[ ] Student
			[ ] A i tent	[ ] Andere_____	
1.6.2.	Differenzierte Rechtevergabe	[ ] vorhanden	[ ] nicht vorhanden		
1.6.3.	Gruppierung innerhalb einer Rolle	[ ] vorhanden	[ ] nicht vorhanden		

1.7. Länderspezifische Daten

1.7.1.	Sy tem-Sprachen	[ ] Engli ch	[ ] Deut ch	[ ] Andere_____
1.7.2.	Währungen	[ ] ein	[ ] mehrere	[ ] keine
1.7.3.	Zeitzonen	[ ] ein	[ ] mehrere	[ ] keine
1.7.4.	Steuer ätze	[ ] ein	[ ] mehrere	[ ] keine

1.8. Corporate Identity

1.8.1.	Individuelle Farben	[ ] vorhanden	[ ] nicht vorhanden
1.8.2.	Individue ler Seitenaufbau Layout	[ ] vorhanden	[ ] nicht vorhanden
1.8.3.	Template	[ ] vorhanden	[ ] nicht vorhanden

2. Didaktik
2.1. Allgemein

2.1.1.	Metaphorik orientiert ich an	[ ] De ktop	[ ] Räume	[ ] Werkzeug [ ] Buch
			[ ] Andere _____	
2.1.2.	Votingfunktion	[ ] vorhanden	[ ] nicht vorhanden	
2.1.3.	Virtuelle Kla enzimmer	[ ] vorhanden	[ ] 3rdParty	[ ] nicht vorhanden

2.2. Institutionelles

2.2.1.	Online-Hilfe	[ ] vorhanden	[ ] nicht vorhanden
2.2.2.	Kontext en itive Online-Hilfe	[ ] vorhanden	[ ] nicht vorhanden
2.2.3.	Le ezeichen	[ ] vorhanden	[ ] nicht vorhanden
2.2.4.	Annotationen	[ ] vorhanden	[ ] nicht vorhanden
2.2.5.	Glo ar	[ ] vorhanden	[ ] nicht vorhanden
2.2.6.	Suchfunktion / Suchma chine	[ ] vorhanden	[ ] nicht vorhanden
2.2.7.	Automati che Indizierung von Inhalten	[ ] vorhanden	[ ] nicht vorhanden
2.2.8.	FAQ	[ ] vorhanden	[ ] nicht vorhanden
2.2.9.	Sitemap	[ ] vorhanden	[ ] nicht vorhanden
2.2.10.	Wiederauf etzen von Se ion	[ ] vorhanden	[ ] nicht vorhanden
2.2.11.	Datei- / Verzeichni verwaltung	[ ] vorhanden	[ ] nicht vorhanden

2.3. Werkzeuge/Tools
2.3.1. Cooperative Werkzeuge

2.3.1.1.	Whiteboard	[ ] vorhanden	[ ] 3rdParty	[ ] nicht vorhanden

FRAGEBOGEN
EVALUATION VON LERNPLATTFORMEN FÜR DIE HAMBURGER HOCHSCHULEN

2.3.1.2.	Kalenderfunktionen (Gruppenterminkalender)	[ ] vorhanden	[ ] 3rdParty	[ ] nicht vorhanden
2.3.1.3.	Application Sharing (Gemeinsamer Bildinhalt)	[ ] vorhanden	[ ] nicht vorhanden	

2.3.1.4. Foren

2.3.1.4.1.	Foren	[ ] vorhanden	[ ] nicht vorhanden
2.3.1.4.2.	Maximale Anzahl Foren pro Kurs	[ ] unbegrenzt	[ ] Wert_____
2.3.1.4.3.	Maximale Anzahl Foren pro Seite	[ ] unbegrenzt	[ ] Wert_____
2.3.1.4.4.	Maximale Anzahl Foren pro Teilnehmer	[ ] unbegrenzt	[ ] Wert_____
2.3.1.4.5.	Maximale Anzahl Foren pro Arbeitsgruppe	[ ] unbegrenzt	[ ] Wert_____
2.3.1.4.6.	Leichte Identifizierung neuer Inhalte (New-Funktion)	[ ] vorhanden	[ ] nicht vorhanden

2.3.2. Werkzeuge für Studenten

2.3.2.1.	Eigene Annotationen	[ ] vorhanden	[ ] nicht vorhanden
2.3.2.2.	Eigene Homepage	[ ] vorhanden	[ ] nicht vorhanden
2.3.2.3.	Eigene Lesezeichen	[ ] vorhanden	[ ] nicht vorhanden
2.3.2.4.	Eigene Notizen	[ ] vorhanden	[ ] nicht vorhanden
2.3.2.5.	Eigener Kalender	[ ] vorhanden	[ ] nicht vorhanden
2.3.2.6.	Eigene Verzeichnis	[ ] vorhanden	[ ] nicht vorhanden
2.3.2.7.	Erinnerungsfunktion	[ ] vorhanden	[ ] nicht vorhanden
2.3.2.8.	Fortschrittverfolgung	[ ] vorhanden	[ ] nicht vorhanden
2.3.2.9.	Selbstbewertung	[ ] vorhanden	[ ] nicht vorhanden
2.3.2.10.	Historie	[ ] vorhanden	[ ] nicht vorhanden
2.3.2.11.	Portal (Startseite mit indiv. Kursliste)	[ ] vorhanden	[ ] nicht vorhanden
2.3.2.12.	Publizieren eigener Inhalte/Ergebnisse zu Kursen	[ ] vorhanden	[ ] nicht vorhanden

2.3.3. Werkzeuge für Lehrende

2.3.3.1.	Eigene Annotationen	[ ] vorhanden	[ ] nicht vorhanden
2.3.3.2.	Eigene Lesezeichen	[ ] vorhanden	[ ] nicht vorhanden
2.3.3.3.	Eigene Notizen	[ ] vorhanden	[ ] nicht vorhanden
2.3.3.4.	Eigener Kalender	[ ] vorhanden	[ ] nicht vorhanden
2.3.3.5.	Eigene Verzeichnis	[ ] vorhanden	[ ] nicht vorhanden
2.3.3.6.	Individuelle Rückmeldungen	[ ] vorhanden	[ ] nicht vorhanden
2.3.3.7.	Versionskontrolle	[ ] vorhanden	[ ] nicht vorhanden
2.3.3.8.	Benachrichtigung bei Aufgabenerledigung	[ ] vorhanden	[ ] nicht vorhanden
2.3.3.9.	Ankündigungen/Announcement	[ ] vorhanden	[ ] nicht vorhanden
2.3.3.10.	Erinnerungsfunktion	[ ] vorhanden	[ ] nicht vorhanden

2.4. Curriculum Management

2.4.1.	Lehrpläne verwalten	[ ] vorhanden	[ ] 3rdParty	[ ] nicht vorhanden
2.4.2.	Lehrpläne erstellen	[ ] vorhanden	[ ] 3rdParty	[ ] nicht vorhanden
2.4.3.	Lehrpläne auswerten	[ ] vorhanden	[ ] 3rdParty	[ ] nicht vorhanden

2.5. Tests und Übungen
2.5.1. Allgemein

2.5.1.1.	Interaktive Tests & Übungen	[ ] vorhanden	[ ] nicht vorhanden

FRAGEBOGEN
EVALUATION VON LERNPLATTFORMEN FÜR DIE HAMBURGER HOCHSCHULEN

2.5.1.2.	Zeitabhängige Te t	[ ] vorhanden	[ ] nicht vorhanden
2.5.1.3.	Rückmeldeformulare	[ ] vorhanden	[ ] nicht vorhanden
2.5.1.4.	Selb tte t für Studenten	[ ] vorhanden	[ ] nicht vorhanden
2.5.1.5.	Au wertung von Te tergebni en	[ ] vorhanden	[ ] nicht vorhanden
2.5.1.6.	Integr. Autorenwerkzeuge für Te t	[ ] vorhanden	[ ] nicht vorhanden

2.5.2. Testtypen

2.5.2.1.	Multiple-Choice Te t	[ ] vorhanden	[ ] nicht vorhanden
2.5.2.2.	Drag & Drop Te t	[ ] vorhanden	[ ] nicht vorhanden
2.5.2.3.	True Fal e Te t	[ ] vorhanden	[ ] nicht vorhanden
2.5.2.4.	Lückente t	[ ] vorhanden	[ ] nicht vorhanden
2.5.2.5.	Bilderte t	[ ] vorhanden	[ ] nicht vorhanden
2.5.2.6.	Puzzle	[ ] vorhanden	[ ] nicht vorhanden
2.5.2.7.	Andere Te ttypen	[ ] Wert_____	

2.5.3. Benotung

2.5.3.1.	Benotung - / Bewertung funktionalität	[ ] vorhanden	[ ] nicht vorhanden
2.5.3.2.	Student kann eigene Noten ein ehen	[ ] vorhanden	[ ] nicht vorhanden

3. Evaluation
3.1. Lernwege Management

3.1.1.	Definition von Lernwegen	[ ] vorhanden	[ ] nicht vorhanden
3.1.2.	Definition von Pre und Po tbedingungen	[ ] vorhanden	[ ] nicht vorhanden
3.1.3.	Verfolgen von Lernwegen	[ ] vorhanden	[ ] nicht vorhanden
3.1.4.	Analy e von Lernwegen	[ ] vorhanden	[ ] nicht vorhanden

3.2. Reports

3.2.1.	Tool zur Er tellung von Report	[ ] vorhanden	[ ] 3rdParty	[ ] nicht vorhanden
3.2.2.	Grafi che Report	[ ] vorhanden	[ ] 3rdParty	[ ] nicht vorhanden
3.2.3.	Individuelle Report	[ ] vorhanden	[ ] 3rdParty	[ ] nicht vorhanden

3.3. Statistiken

3.3.1.	Anwe enheit tati tik	[ ] vorhanden	[ ] nicht vorhanden
3.3.2.	Prüfung tati tik	[ ] vorhanden	[ ] nicht vorhanden
3.3.3.	Aufgaben tati tik	[ ] vorhanden	[ ] nicht vorhanden

4. Kommunikation
4.1. Allgemein

4.1.	Anbindung ext. Kommunikation tool	[ ] vorhanden	[ ] nicht vorhanden

4.2. Synchrone Kommunikation

4.2.1.	Chat	[ ] ein	[ ] mehrere	[ ] keine
4.2.2.	Me enger-Sy tem (Awarene)	[ ] vorhanden	[ ] 3rdParty	[ ] nicht vorhanden
4.2.3.	Videokonferenz	[ ] vorhanden	[ ] 3rdParty	[ ] nicht vorhanden
4.2.4.	Audiokonferenz	[ ] vorhanden	[ ] 3rdParty	[ ] nicht vorhanden
4.2.5.	Archivierung von Textinhalten	[ ] vorhanden	[ ] nicht vorhanden	

4.3. Asynchrone Kommunikation

FRAGEBOGEN
EVALUATION VON LERNPLATTFORMEN FÜR DIE HAMBURGER HOCHSCHULEN

4.3.1.	E-Mail	[ ] vorhanden	[ ] 3rdParty	[ ] nicht vorhanden	
4.3.2.	Bulletin Board	[ ] ein	[ ] mehrere	[ ] keine	
4.3.3.	New Group	[ ] vorhanden	[ ] 3rdParty	[ ] nicht vorhanden	

5. Technik
5.1. Allgemein

5.1.1.	Anbindung an Bilbliothek systeme	[ ] vorhanden	[ ] nicht vorhanden	
5.1.2.	Anwendungsprotokolle und Schnittstellen	[ ] FTP	[ ] HTTP	[ ] XML [ ] ODBC [ ] JDBC
			[ ] LDAP	[ ] Andere_____
5.1.3.	API (Advanced Programming Interface)	[ ] vorhanden	[ ] nicht vorhanden	
5.1.4.	Darstellung von Dateiformaten	[ ] HTML	[ ] PDF	[ ] DOC [ ] PPT [ ] XLS
			[ ] GIF	[ ] JPG [ ] QT [ ] Real [ ] AVI
			[ ] MP3	[ ] WAV [ ] Flash [ ] Shockwave
			[ ] Java-Applet	[ ] Andere_____

5.2. Skalierbarkeit

5.2.1.	Maximale Anzahl von Studenten	[ ] unbegrenzt	[ ] Wert_____
5.2.2.	Maximale Anzahl von Kursen	[ ] unbegrenzt	[ ] Wert_____
5.2.3.	Maximale Anzahl von Online Usern (Verbindungen)	[ ] unbegrenzt	[ ] Wert_____

5.3. Sicherheit

5.3.1.	Authentifizierung / Login	[ ] vorhanden	[ ] nicht vorhanden
5.3.2.	Datenübertragung verschlüsselt	[ ] vorhanden	[ ] nicht vorhanden

5.4. Server

5.4.1.	Server-OS	[ ] Unix	[ ] Solaris	[ ] Win9x
			[ ] WinNT/2000	[ ] WinXP
			[ ] MacOS X	

5.4.2. Softwaretechnische Basis

5.4.2.1.	Webserver	[ ] Apache	[ ] Andere_____		
5.4.2.2.	Scriptsystem	[ ] PHP	[ ] Perl	[ ] ASP [ ] TCL	
			[ ] Andere_____		
5.4.2.3.	Datenbanken	[ ] Oracle	[ ] MS-SQL	[ ] mySQL	[ ] postgreSQL
			[ ] 4D	[ ] Sybase [ ] Andere_____	
5.4.2.4.	Andere integr. System (z.B. WebObjects)	[ ] Wert_____			

5.5. Client

5.5.1.	Client-OS	[ ] Unix	[ ] Solaris	[ ] Win9x [ ] WinNT/2000	
			[ ] WinXP	[ ] MacOS 9	[ ] MacOS X
5.5.2.	Proprietäre Client Software notwendig	[ ] Ja	[ ] Nein		
5.5.3.	Client ist web-basiert (Browser)	[ ] Ja	[ ] Nein		
5.5.4.	Proprietäre Plug-In notwendig	[ ] Ja	[ ] Nein		

5.6. Normen und Standards

5.6.1.	Unicode support	[ ] vorhanden	[ ] nicht vorhanden

5.6.2. IMS

5.6.2.1.	IMS MetaData Content Portability Packaging	[ ] konform	[ ] zertifiziert	[ ] Nein

FRAGEBOGEN
EVALUATION VON LERNPLATTFORMEN FÜR DIE HAMBURGER HOCHSCHULEN

5.6.2.2.	IMS MetaData Information Modell / LOM	[ ] konform	[ ] zertifiziert	[ ] Nein
5.6.2.3.	IMS MetaData XML Binding Spec	[ ] konform	[ ] zertifiziert	[ ] Nein
5.6.2.4.	IMS MetaData Learner Information Package Data	[ ] konform	[ ] zertifiziert	[ ] Nein
5.6.2.5.	IMS MetaData Zugang für Behinderte (ADA)	[ ] konform	[ ] zertifiziert	[ ] Nein
5.6.2.6.	IMS Que tion and Te t Interoperability	[ ] konform	[ ] zertifiziert	[ ] Nein

5.6.3. AICC

5.6.3.1.	AICC AGR-002 - Cour eware Delivery Station	[ ] konform	[ ] Nein	
5.6.3.2.	AICC AGR-003 - Digital Audio	[ ] konform	[ ] Nein	
5.6.3.3.	AICC AGR-004 - Operating / Windowing Sy tem	[ ] konform	[ ] Nein	
5.6.3.4.	AICC AGR-005 - CBT Peripheral Device	[ ] konform	[ ] Nein	
5.6.3.5.	AICC AGR-006 - Communication CMI/CBT File Ba ed	[ ] konform	[ ] zertifiziert	[ ] Nein
5.6.3.6.	AICC AGR-007 - Cour eware Interchange	[ ] konform	[ ] Nein	
5.6.3.7.	AICC AGR-008 - Digital Video	[ ] konform	[ ] Nein	
5.6.3.8.	AICC AGR-009 - Icon Standard and Interface	[ ] konform	[ ] Nein	
5.6.3.9.	AICC AGR-010 - Communication CMI/CBT Web Ba ed	[ ] konform	[ ] zertifiziert	[ ] Nein

6. Wirtschaftl. Gesichtspunkte
6.1. Lizenzen

6.1.1.	OpenSource GPL	[ ] vorhanden	[ ] Wert_____	[ ] nicht vorhanden
6.1.2.	ASP-Modell (Application Sharing Provider)	[ ] vorhanden	[ ] Wert_____	[ ] nicht vorhanden
6.1.3.	Lande weite Lizenz (Bunde land / Bunde taat)	[ ] vorhanden	[ ] Wert_____	[ ] nicht vorhanden
6.1.4.	Site-Lizenz	[ ] vorhanden	[ ] Wert_____	[ ] nicht vorhanden
6.1.5.	Lizenz per Studierende	[ ] vorhanden	[ ] Wert_____	[ ] nicht vorhanden
6.1.6.	Fremde Urheberrechte enthalten	[ ] Ja	[ ] Nein	
6.1.7.	Demo oder Te tlizenz erhältlich	[ ] vorhanden	[ ] Wert_____	[ ] nicht vorhanden

6.2. Hersteller

6.2.1.	Firma _____
6.2.2.	An prechpartner _____
6.2.3.	Adre e _____
6.2.4.	Telefon _____
6.2.5.	Telefax _____
6.2.6.	E-Mail _____
6.2.7.	WWW Adre e _____
6.2.8.	Mitarbeiterzahl _____

6.3. Distributor

6.3.1.	Firma _____
6.3.2.	An prechpartner _____
6.3.3.	Adre e _____
6.3.4.	Telefon _____
6.3.5.	Telefax _____
6.3.6.	E-Mail _____

Die Untersuchung

FRAGEBOGEN
EVALUATION VON LERNPLATTFORMEN FÜR DIE HAMBURGER HOCHSCHULEN

6.3.7.	WWW Adr ss		
6.4. Support			
6.4.1.	G dru kt D kum ntati n	[ ] v rhand n	[ ] ni ht v rhand n
6.4.2.	S hulung n	[ ] v rhand n	[ ] W rt____ z itl. B gr nz. [ ] ni ht v rhand n
6.4.3.	V r-Ort S rvi	[ ] v rhand n	[ ] W rt____ [ ] z itl. B gr nz. [ ] ni ht v rhand n
6.4.4.	E-Mail S rvi	[ ] v rhand n	[ ] W rt____ [ ] z itl. B gr nz. [ ] ni ht v rhand n
6.4.5.	H tlin für Stud nt n	[ ] v rhand n	[ ] W rt____ [ ] z itl. B gr nz. [ ] ni ht v rhand n
6.4.6.	H tlin für Administrat r n (T hnis h r Supp rt)	[ ] v rhand n	[ ] W rt____ [ ] z itl. B gr nz. [ ] ni ht v rhand n
6.5. Referenzen			
6.5.1.	Zahl d r v rhand n n Installati n n		
6.5.2.	Größt v rhand n Installati n n		
6.5.3.	R f r nzpr j kt		

Bitte geben Sie an, welche Funktionalitäten, Erweiterungen und Spezifikationen in der Zukunft geplant sind.

Abb. 4 Fragebogen für die Hersteller von Learning Management Systemen

Im Nachherein, nachdem die ersten Antworten eingetroffen waren, hätte ich mir noch das eine oder andere Item gewünscht, die eine oder andere Präzisierung gern hinzugefügt. Aber der Aufwand des Ausfüllens war ohnehin schon sehr groß. Aufgrund der Länge des Fragebogens wurde auch weitgehend auf zusätzliche Erklärungen in Freitextform verzichtet.

Rücklauf und Rücklaufprobleme

Es lagen bei Ablauf der Befragungsfrist 62 von den Herstellern selbst ausgefüllte Fragebögen vor. Einige Hersteller waren zum Zeitpunkt der Befragung schon nicht mehr existent, einige Produkte waren in anderen aufgegangen. Einige der angeschriebenen Hersteller haben deutlich Desinteresse bezüglich der Teilnahme an der Befragung signalisiert entweder, weil sie ihr Produkt nur als ASP anbieten oder weil sie ihr Produkt selbst nicht als LMS betrachten. Aufgrund der Ergebnisse und Rückmeldungen zur Befragung muß die Stichprobe um 29 Produkte reduziert werden, die entweder aufgekauft wurden oder nicht mehr existierten oder deren Hersteller zwar reagiert, z.B. den Empfang des Fragebogens bestätigt haben, aber trotzdem den Fragebogen nicht beantwortet oder nicht zurückgeschickt haben. Wir hatten 134 Firmen per Post angeschrieben und 37 per Email kontaktiert. Von 171 angeschriebenen Firmen sind 66 Fragebögen vollständig zurückgekommen. Davon sind 62 Fragebögen für die Untersuchung auswertbar. Vier weitere konnten dem Anschreiben nicht zugeordnet werden oder waren Doppelte. Die 109 ausgebliebenen Fragebögen setzen sich wie folgt zusammen:

- 29 Firmen bzw. deren Produkte waren nicht mehr existent oder die Produkte waren kein LMS,
- 46 Firmen haben trotz Nachfrage per Email oder Telefon keinen Fragebogen zurückgeschickt, obwohl etliche den Empfang per Email bestätigt haben,
- von den restlichen 34 Herstellern, die mangels Email-Adresse oder Telefonnummer nur postalisch angeschrieben werden konnten, haben wir keine Antwort erhalten, obwohl wir die Post nicht als unzustellbar zurückbekommen haben.

Rücklaufquote

Die Rücklaufquote beträgt damit fast 50 Prozent. Ich rechne damit, daß die Befragung mit etwa 100 erreichten Firmen und Distributoren den Kreis der interessierten Hersteller von Lernplattformen zu etwa 90% ausgeschöpft hat. Es ist ebenfalls zu vermuten, daß es sich bei den Herstellern, die sich nicht rückgemeldet haben, zum Teil nicht um Produzenten eines LMS, sondern um Provider von ASP-Diensten bzw. anderer Software handelt. Es liegen auf jeden Fall von den Firmen Daten vor, die wir als Marktführer von Learning Management-Systemen vorab angenommen hatten (bis auf IBM mit Lotus Learning Space), so daß eine Entscheidung über die Auswahl der Plattformen getroffen werden konnte. Der Rest des Rücklaufs ist vermutlich von rein wissenschaftlichem Interesse.

Fortgang der Untersuchung

Um den Kreis der infrage kommenden Plattformen stärker einzuschränken, wurden im nächsten Schritt erstens eine Reihe von K.O.-Kriterien definiert (s. Kapitel 4.1 „Erläuterung der K.O.-Kriterien" (S. 77)) und zweitens wurde eine Gewichtung der Unterkriterien vorgenommen (s. Kapitel 2.5 „Die Kriterien von EVA:LERN" (S. 46)). Verständlicherweise machen beide Methoden eine Vergleichsstudie stärker angreifbar und kritisierbar, und es kommt dann ganz darauf an, die eigene Parteilichkeit möglichst transparent zu machen und die Methode der Kriterienauswahl und Kriterienbewertung bestmöglichst zu begründen. Das wird das Ergebnis nicht einer Angreifbarkeit und Kritisierbarkeit entziehen, aber um so eher in einen wissenschaftlichen Diskurs überführen. Dies soll im Kapitel 3 „Die Kriterien" (S. 55) und im Kapitel 4 „Die K.O.-Kriterien" (S. 77) geschehen.

KAPITEL 3

Die Kriterien

3.1 Der generelle Kriterienrahmen

Ich sagte eingangs (s. Kapitel 1.3 „Definitionsversuche" (S. 9)), daß sich Learning Management Systeme durch fünf Bereiche von Funktionen oder Grundfunktionen auszeichnen und von anderen Software-Systemen unterscheiden:

- Eine Benutzerverwaltung
- Eine Kursverwaltung
- Eine Rollen und Rechtevergabe mit differenzierten Rechten
- Kommunikationsmethoden und Werkzeuge für das Lernen
- Die Darstellung der Kursinhalte, Lernobjekte und Medien in einem netzwerkfähigen Browser.

Das Vorhandensein der fünf Grundfunktionen wurde als unabdingbar angenommen. Das Fehlen eines dieser Grundfunktionen schließt folglich ein Produkt von der Aufnahme in die engere Auswahl für diese Untersuchung aus. Diese fünf Funktionen stellen also harte K.O.-Kriterien dar.

Innerhalb der fünf Funktionsbereiche werden eine Reihe von Funktionen unterschieden, die in Anzahl und Bedeutung für ein LMS variieren können. Durch die unterschiedliche Form ihrer Realisierung können sich zusätzliche Qualitätsdifferenzen ergeben. Diese Funktionen sind deshalb relativ zu unserem Untersuchungsinteresse und zu den Rahmenbedingungen der Studie zu gewichten. Darauf wird an späterer Stelle noch näher eingegangen (s. „Die Gewichtung der Kriterien" S. 67).

Merkmals oder Funktionsbereiche

Die wichtigsten Merkmale von Lernplattformen teile ich in zehn Kategorien auf (selbstverständlich lassen sich andere Einteilungen oder Klassifikationen wählen):

Administration	hierzu zählen die Benutzerverwaltung, die Rollenvergabe und Rechtedifferenzierung, das Einloggen nach Sicherheitsstandards, evtl. ein Abrechnungswesen für kostenpflichtige Kurse, Backup Routinen, Batch Funktionen, Import und Exportfunktionen, länderspezifische Daten für Währung, Zeitzonen etc.
Kursmanagement	hierunter werden die Portabilität der Kursinhalte und Lernobjekte gefaßt, die Ressourcenverwaltung, das Repository, Autorenwerkzeuge, die Verwaltung der Lehrpläne etc.
Didaktik	umfaßt den weiten Bereich der Werkzeuge für Lehrende und Lernende: Online Hilfen, Lesezeichen, Annotationen, Notizbücher, Kalender, Sitemap Übersichten, History, FAQ, Whiteboard, Tests und vor allem die Möglichkeit für Studierende, eigene Inhalte als Bestandteile von Kursen in die Plattform einzustellen, etc.
Kommunikation	gliedert sich in asynchrone und synchrone Methoden: Foren, Email, Chat, Newsgroups, Bulletin Boards, Audio und Videokonferenz, Awareness Funktion
Medien	welche Formate kann die Plattform verarbeiten: Filme, Grafik, Simulationen etc.
Design	dies betrifft die Gestaltungsmöglichkeiten der Umgebung nach Corporate Identity Konzepten oder individuellen Bedürfnissen der Lehrenden
Evaluation	hierunter fallen die Nutzer und Anwesenheitsstatistik, die Testauswertung und die Prüfungsstatistik
Technologie & Technik	dies betrifft die Server und Client Technologie, die Datenbankbasis, die Skalierbarkeit, die Sicherheit, die Beachtung internationaler Standards, die Anbindung an andere Systeme u.a.m.

Tab. 13 Funktionsbereiche von Lernplattformen

Die Kriterien

Support	betrifft Dokumentation, Schulungsangebote, technischen Service, Referenzbasis
Wirtschaftliche Gesichtspunkte	Lizenzpolitik und Preise, Stand der Firma

Tab. 13 Funktionsbereiche von Lernplattformen

Diese Kategorien wurden wie folgt in sechs Funktionsgruppen zusammengefaßt und in 31 Merkmalsgruppen untergliedert. In Klammern hinter der Merkmalsgruppe steht die Zahl der auf der nächsten Stufe untergliederten Items, wobei zwei Zahlen meinen, daß einige der betreffenden Merkmale zweistufig untergliedert wurden:

Administration, Design	Didaktik	Evaluation	Kommunikation	Technologie & Medien	Wirtschaftl. Aspekte, Support
Allgemein (6)	Allgemein (3)	Lernerpfade (4)	Allgemein (1)	Allgemein (4)	Lizenzbedingungen (7)
Finanzverwaltung (2)	Institutionell (11)	Berichte (3)	Synchrone Kommunikation (5)	Skalierbarkeit (3)	Firma (8)
Benutzerverwaltung (5)	Werkzeuge (3; 31)	Statistiken (3)	Asynchrone Kommunikation (3)	Sicherheit (2)	Distributor (7)
Autorenfunktion (5)	Curriculumverwaltung (3)			Server (1)	Support (6)
Kursverwaltung (5)	Tests & Übungen (3; 15)			Software Basis (4)	Referenzen (3)
Rollen & Rechte (3)				Clients (4)	
Länderspezifika (4)				Normen und Standards (3; 16)	
Corporate Identity (3)					

Tab. 14 Funktionsgruppen und deren Untergliederung

3.2 Vergleich der Kriterien mit anderen Katalogen

Die Kriterienliste
Im folgenden gebe ich die EVA:LERN-Kriterienliste komplett wieder. Die linke Spalte enthält das Kriterium, die Spalte „Wert" verzeichnet die K.O.-Kriterien und die Gewichtungsfaktoren, die wir den Soll- und Kann-Kriterien gegeben haben. In den beiden weiteren Spalten wird die Kriterienliste mit zwei weiteren Kriterienkatalogen verglichen, die im Verlauf des Projekts bekannt wurden:

- Bei der ersten Kriterienliste handelt es sich um Kriterien, die von einer Arbeitsgruppe von Hochschullehrern der TU Hamburg-Harburg, die sich an dem Projekt EVA:LERN beteiligte, ohne Kenntnis unseres Fragebogens formuliert wurden. Bei dieser Kriterienliste handelt es sich nicht um einen vollständigen Kriterienkatalog, sondern um die Angabe von Prioritäten aus der Sicht engagierter Ingenieure.

- Die zweite Kriterienliste stammt aus der Ausschreibungsunterlage für das Bildungsportal Sachsen, die mir allerdings erst nach Erstellung des Fragebogens und nach Abschluß der Umfrage bekannt wurde. Es handelt sich bei diesem Fragebogen um die vermutlich beste und vollständigste Kriterienaufstellung, die meines Wissens bisher noch nicht veröffentlicht wurde.

Es lohnt sich ein ausführlicher Vergleich mit diesen beiden Kriterienlisten, weil daraus deutlich wird, daß im Projekt EVA:LERN fast alle relevanten Kriterien erfaßt wurden. Dieser Vergleich kann als ein Versuch nachträglicher Qualitätssicherung gelten:

Fragebogen-Items für EVA:LERN	Wert	TUH	Sachsen
1. Administration			
1.1. Allgemein			
1.1.1. Logging (Aktionen der Benutzer werden gespeichert)	K.O.		118
1.1.2. Administrativer Remote Access (Webaccess)	5		
1.1.3. Backup / Safety Tools	K.O.		121
1.1.4. Ressourcenverwaltung (Räume, Materialien,...)	0.3		
1.1.5. Guest account	0.1		
1.2. Abrechnung / Rechnungsverwaltung			
1.2.1. eCommerce Komponente (Gebührenabrechnung)	K.O.		84 85
1.2.2. ERP/HRIS Anbindung			

Tab. 15 Kriterien der Studie EVA:LERN mit Gewichtungsfaktoren

Fragebogen-Items für EVA:LERN	Wert	TUH	Sachsen
1.3. Benutzerverwaltung			
1.3.1. Kernfunktionen Benutzerverwaltung	K.O.	wichtig	22
1.3.2. Batchfunktionen	4		
1.3.3. ERP/HRIS Anbindung	K.O.		
1.3.4. Import und Exportfunktionen		wichtig	23
1.3.5. Online Registrierung	s. 1.5.5		27, 48
1.4. Authoring			
1.4.1. Autorenwerkzeuge für HTML	0.2	notwendig	98
1.4.2. Autorenwerkzeug Wizards	0.3	wichtig	
1.4.3. Debugfunktionen (Student Ansicht für Autoren)	5	wichtig	103
1.4.4. Templates	4		104
1.4.5. Offline Authoring	5		101
1.5. Kursverwaltung			
1.5.1. Kernfunktionen Kursverwaltung	K.O.		9,10
1.5.2. Portabilität (Übernahme von Material aus anderem LMS)	K.O.	notwendig	
1.5.3. Übernahme von Teilnehmern aus anderen Kursen	K.O.		23
1.5.4. Batchfunktionen zum Einlesen von Teilnehmern	2		
1.5.5. Online Anmeldung	K.O.		
1.6. Rollen und Rechte			
1.6.1. Rollen [ ] Administrator [ ] Verwalter [ ] Dozent [ ] Tutor [ ] Designer [ ] Student [ ] Assistent [ ] Andere	K.O.	notwendig	30,31,32
1.6.2. Differenzierte Rechtevergabe	K.O.		30,31,32
1.6.3. Gruppierung innerhalb einer Rolle	K.O.		29
1.7. Länderspezifische Daten			
1.7.1. System Sprachen [ ] Englisch [ ] Deutsch [ ] Andere	K.O.	notwendig	7
1.7.2. Währungen [ ] eine [ ] mehrere [ ] keine	2		
1.7.3. Zeitzonen [ ] eine [ ] mehrere [ ] keine	3		
1.7.4. Steuersätze [ ] eine [ ] mehrere [ ] keine	2		
1.8. Corporate Identity	K.O.		124
1.8.1. Individuelle Farben			

Tab. 15 Kriterien der Studie EVA:LERN mit Gewichtungsfaktoren

Fragebogen-Items für EVA:LERN	Wert	TUH	Sachsen
1.8.2. Individueller Seitenaufbau/Layout			
1.8.3. Templates	+ 3		
2. Didaktik			
2.1. Allgemein			
2.1.1. Metaphorik orientiert sich an [ ] Desktop [ ] Räume [ ] Werkzeug [ ] Buch [ ] Anderes	0.5		
2.1.2. Votingfunktion	4		
2.1.3. Virtuelles Klassenzimmer	5	wichtig	57
2.2. Institutionelles			
2.2.1. Online Hilfe	K.O.		2
2.2.2. Kontextsensitive Online Hilfe	0.1		
2.2.3. Lesezeichen	3	wichtig	
2.2.4. Annotationen	0.1		
2.2.5. Glossar	4	notwendig	
2.2.6. Suchfunktion / Suchmaschine	5	wichtig	20
2.2.7. Automatische Indizierung von Inhalten	+ 0.2		
2.2.8. FAQ	0.3	wichtig	
2.2.9. Sitemap	02		
2.2.10. Wiederaufsetzen von Sessions	5		x
2.2.11. Datei / Verzeichnisverwaltung	4		x
2.3. Werkzeuge / Tools			
2.3.1. Kooperative Werkzeuge			
2.3.1.1. Whiteboard	K.O.		57
2.3.1.2. Kalenderfunktionen (Gruppenterminkalender)	2	notwendig	3
2.3.1.3. Application Sharing (Gemeinsamer Bildinhalt)	0.1	wichtig	
2.3.1.4. Foren			
2.3.1.4.1. Foren	K.O.		57, 62 67
2.3.1.4.2. Maximale Anzahl Foren pro Kurs	n		
2.3.1.4.3. Maximale Anzahl Foren pro Seite	n		
2.3.1.4.4. Maximale Anzahl Foren pro Teilnehmer	n		

Tab. 15 Kriterien der Studie EVA:LERN mit Gewichtungsfaktoren

Fragebogen-Items für EVA:LERN	Wert	TUH	Sachsen
2.3.1.4.5. Maximale Anzahl Foren pro Arbeitsgruppe	n		
2.3.1.4.6. Leichte Identifizierung neuer Inhalte (New Function)	4		
2.3.2. Werkzeuge für Studenten			
2.3.2.1. Eigene Annotationen	5		
2.3.2.2. Eigene Homepage	0.1		5
2.3.2.3. Eigene Lesezeichen	K.O.		
2.3.2.4. Eigene Notizen	5	wichtig	4
2.3.2.5. Eigener Kalender	0.4		3
2.3.2.6. Eigenes Verzeichnis	0.4		
2.3.2.7. Erinnerungsfunktion	0.2		21
2.3.2.8. Fortschrittsverfolgung	2	nice to have	
2.3.2.9. Selbstbewertung	0.1	notwendig	
2.3.2.10. Historie	3		
2.3.2.11. Portal (Startseite mit indiv. Kursliste)	K.O.		
2.3.2.12. Publizieren eigener Inhalte/Ergebnisse zu Kursen	K.O.	wichtig	
2.3.3. Werkzeuge für Lehrende			
2.3.3.1. Eigene Annotationen	1		
2.3.3.2. Eigene Lesezeichen	3		
2.3.3.3. Eigene Notizen	2		4
2.3.3.4. Eigener Kalender	0.4		3
2.3.3.5. Eigenes Verzeichnis	0.4		
2.3.3.6. Individuelle Rückmeldungen	5		
2.3.3.7. Versionskontrolle	3	wichtig	
2.3.3.8. Benachrichtigung bei Aufgabenerledigung	0.3		
2.3.3.9. Ankündigungen / Announcements	5	wichtig	
2.3.3.10. Erinnerungsfunktion	0.2		21
2.4. Curriculum Management			
2.4.1. Lehrpläne verwalten	0.1		
2.4.2. Lehrpläne erstellen	0.1		
2.4.3. Lehrpläne auswerten			

Tab. 15 Kriterien der Studie EVA:LERN mit Gewichtungsfaktoren

Fragebogen-Items für EVA:LERN	Wert	TUH	Sachsen
2.5. Tests und Übungen			
2.5.1. Allgemein			105
2.5.1.1. Interaktive Tests & Übungen	K.O.		
2.5.1.2. Zeitabhängige Tests			
2.5.1.3. Rückmeldeformulare	n.b.		
2.5.1.4. Selbsttest für Studenten	0.5		
2.5.1.5. Auswertung von Testergebnissen	0.3		
2.5.1.6. Integrierte Autorenwerkzeuge für Tests	5	wichtig	
2.5.2. Testtypen			
2.5.2.1. Multiple Choice Test	0.5		106
2.5.2.2. Drag & Drop Tests	0.5		
2.5.2.3. True/False Tests	0.1		
2.5.2.4. Lückentest	0.3		106
2.5.2.5. Bildertests	0.5		
2.5.2.6. Puzzles	0.5		
2.5.2.7. Andere Testtypen	0.5		106
2.5.3. Benotung			
2.5.3.1. Benotungs / Bewertungsfunktionalität	2	nice to have	
2.5.3.2. Student kann eigene Noten einsehen	2	nice to have	
3. Evaluation			
3.1. Lernwege Management			
3.1.1. Definition von Lernwegen	5	wichtig	37,38
3.1.2. Definition von Pre und Postbedingungen	3		
3.1.3. Verfolgen von Lernwegen	3	wichtig	
3.1.4. Analyse von Lernwegen	0.3		
3.2. Reports			54
3.2.1. Tools zur Erstellung von Reports	0.3		
3.2.2. Grafische Reports	0.2		
3.2.3. Individuelle Reports	0.2		
3.3. Statistiken			

Tab. 15 Kriterien der Studie EVA:LERN mit Gewichtungsfaktoren

Fragebogen-Items für EVA:LERN	Wert	TUH	Sachsen
3.3.1. Anwesenheitsstatistik	K.O.	wichtig	
3.3.2. Prüfungsstatistik		notwendig	
3.3.3. Aufgabenstatistik		notwendig	
4. Kommunikation			
4.1. Allgemein			
4.1. Anbindung externer Kommunikationstools	0.3		58
4.2. Synchrone Kommunikation			
4.2.1. Chat	K.O. +	wichtig	57, 68 71
4.2.2. Messenger System (Awareness)	4		
4.2.3. Videokonferenz	0.3	nice to have	57
4.2.4. Audiokonferenz	0.3		57
4.2.5. Archivierung von Textinhalten	0.2		
4.3. Asynchrone Kommunikation			
4.3.1. Email	5	wichtig	57, 59 61
4.3.2. Bulletin Board	5	nice to have	
4.3.3. NewsGroups	0.3	wichtig	
5. Technik			
5.1. Allgemein			
5.1.1. Anbindung an Bibliothekssysteme	0.3		6
5.1.2. Anwendungsprotokolle und Schnittstellen [ ] FTP [ ] HTTP [ ] XML [ ] ODBC [ ] JDBC [ ] LDAP [ ] Andere	5		
5.1.3. API (Advanced Programming Interface)	1		114, 129
5.1.4. Darstellung von Dateiformaten [ ] HTML [ ] PDF [ ] DOC [ ] PPT [ ] XLS [ ] GIF [ ] JPG [ ] QT [ ] Real [ ] AVI [ ] MP3 [ ] WAV [ ] Flash [ ] Shockwave [ ] JavaApplets [ ] Andere	K.O.	notwendig	99
5.2. Skalierbarkeit			115
5.2.1. Maximale Anzahl von Studenten	5		
5.2.2. Maximale Anzahl von Kursen	5		
5.2.3. Maximale Anzahl von Online Usern (Verbindungen)	5		
5.3. Sicherheit			
5.3.1. Authentifizierung / Login	K.O.	notwendig	120

Tab. 15 Kriterien der Studie EVA:LERN mit Gewichtungsfaktoren

Fragebogen-Items für EVA:LERN	Wert	TUH	Sachsen
5.3.2. Datenübertragung verschlüsselt	K.O.	notwendig	120
5.4. Server			
5.4.1. Server OS [ ] Unix [ ] Solaris [ ] Win9x [ ] WinNT/2000 [ ] WinXP [ ] MacOSX	mind. Unix K.O.		112
5.4.2. Softwaretechnische Basis			
5.4.2.1. Webserver [ ] Apache [ ] Andere	text		125
5.4.2.2. Scriptsystem [ ] PHP [ ] Perl [ ] ASP [ ] TCL [ ] Andere	text		126
5.4.2.3. Datenbanken [ ] Oracle [ ] MSSQL [ ] mySQL [ ] postgreSQL [ ] 4D [ ] Sybase[ ] Andere	text		127
5.4.2.4. Anderes integriertes System (z.B. WebObjects)			
5.5. Client			
5.5.1. ClientOS [ ] Unix [ ] Solaris [ ] Win9x [ ] WinNT/2000 [ ] WinXP [ ] MacOS 9 [ ] MacOS X	K.O.		131
5.5.2. Proprietäre Client Software notwendig	K.O.		
5.5.3. Client ist webbasiert (Browser)	K.O.	notwendig	1
5.5.4. Proprietäres PlugIn notwendig	K.O.		
5.6. Normen und Standards			
5.6.1. Unicode Support	4		
5.6.2. IMS			11,19,100
5.6.2.1. IMS MetaData Content Portability/Packaging	K.O.		
5.6.2.2. IMS MetaData Information Modell / LOM			
5.6.2.3. IMS MetaData XML Binding Specs			
5.6.2.4. IMS MetaData Learner Information Package Data			
5.6.2.5. IMS MetaData Zugang für Behinderte (ADA)			
5.6.2.6. IMS Question and Test Interoperability			
5.6.3. AICC			11,19,100

Tab. 15 Kriterien der Studie EVA:LERN mit Gewichtungsfaktoren

Fragebogen-Items für EVA:LERN	Wert	TUH	Sachsen
5.6.3.1 AICC AGR002 Courseware Delivery Stations	K.O.		
5.6.3.2. AICC AGR003 Digital Audio			
5.6.3.3. AICC AGR004 Operating / Windowing System			
5.6.3.4. AICC AGR005 CBT Peripheral Devices			
5.6.3.5. AICC AGR006 Communication CMI/CBT File Based			
5.6.3.6. AICC AGR007 Courseware Interchange			
5.6.3.7. AICC AGR008 Digital Video			
5.6.3.8. AICC AGR009 Icon Standards and Interface			
5.6.3.9. AICC AGR010 Communication CMI/CBT Web Based			
6. Wirtschaftliche Gesichtspunkte			
6.1. Lizenzen			
6.1.1. OpenSource GPL	n.b.	wichtig	
6.1.2. ASP Modell (Application Sharing Provider)	K.O.		
6.1.3. Landesweite Lizenz (Bundesland / Bundesstaat)	K.O.		
6.1.4. Site Lizenz	n.b.	wichtig	
6.1.5. Lizenz per Studierende	n.b.		
6.1.6. Fremde Urheberrechte enthalten	K.O.		
6.1.7. Demo oder Testlizenz erhältlich	n.b.		
Die Fragekomplexe 6.2 zum Hersteller und 6.3 zur Firma (Gründung, Zahl der Mitarbeiter, Distributoren usw.) werden an dieser Stelle nicht wiedergegeben			138 142
6.4. Support			136
6.4.1. Gedruckte Dokumentation		wichtig	119
6.4.2. Schulungen		wichtig	
6.4.3. Vor Ort Service			133
6.4.4. Email Service		wichtig	
6.4.5. Hotline für Studenten			
6.4.6. Hotline für Administratoren (Technischer Support)			135
6.5. Referenzen			
6.5.1. Zahl der vorhandenen Installationen			
6.5.2. Größte vorhandene Installation			

Tab. 15 Kriterien der Studie EVA:LERN mit Gewichtungsfaktoren

Fragebogen-Items für EVA:LERN	Wert	TUH	Sachsen
6.5.3. Referenzprojekte			142
Weitere Kriterien [Bildungsportal Sachsen]			
Log Out			8
Metadaten Edieren in Plattform möglich			12 16
Metadaten für User			24 26
Berechtigungen für Rollen nach Objekttypen einschränkbar			33, 35
mandantenfähig			36
Skill Verwaltung (Competencies)			73 76
Marketing & Sales, Details zum Warenwirtschaftssystem			84 97
Weitere Kriterien [TUH]			
Integrierter Formeleditor, LaTeX Unterstützung		notwendig	

Tab. 15 Kriterien der Studie EVA:LERN mit Gewichtungsfaktoren

Zum Vergleich führe ich im folgenden die Kriterien der Untersuchung von Baumgartner und Häfele an (http://virtuallearning.weblogger.com/Ergebnisse/ GewichtungKriterienQGS; zuletzt gelesen 7.10.2001), die nicht so formuliert (formalisiert) definiert wurden, daß sie einen direkten Vergleich in der obigen Tabelle zulassen. Die Kriterien wurden wie folgt gewichtet: * = äußerst wichtig; # = sehr wichtig; + = wichtig; 1 = weniger wichtig; 0 = nicht wichtig.

Kommunikation, Kooperation und Kollaboration	Didaktik
synchron *	Lässt verschiedene Lehr- und Lernmodelle zu *
asynchron *	Interaktive Tests #
Annotationen #	Interaktive Übungen #
Gruppenbildung durch Rollen *	Modularisierung *
Kommunikationstools durch externe Produkte ersetzbar #	Feedback zum Lernfortschritt #
	Autorenfunktionen +
	Learningflow-Management #

Tab. 16 Kriterien der Studie von Baumgartner und Häfele (2002)

Die Kriterien

Administration	Technik
Tracking von Usern #	Anpassbarkeit *
Rechnungsverwaltung +	Erweiterbarkeit *
Personalisierung *	Skalierbarkeit *
	Distributierbarkeit *
	Entspricht Standards *
	opensource Serverbetriebssystem #
	Support *
	Dokumentation #
	Lokalisierbarkeit #
	Sicherheit bei Datenweiterreichung *
	Ressourcenbedarf #
	Österreichischer Vertriebspartner #
	Unterstützt Objekttypen und formate *

Tab. 16 Kriterien der Studie von Baumgartner und Häfele (2002)

3.3 Die Gewichtung der Kriterien

Skalierung und Gewichtung

Für EVA:LERN wurden insgesamt 35 K.O.-Kriterien aufgestellt (s. Kapitel 4 „Die K.O.-Kriterien" (S. 77)). Alle anderen Kriterien wurden in Soll-Kriterien und Kann-Kriterien unterschieden, die von den an der Evaluation Beteiligten (Projektleitung, IZHD und EDS) mit Gewichten skaliert wurden. Die Soll-Kriterien wurden mit 1 bis 5 gewichtet. Bei den Soll-Kriterien konnten insgesamt 180 Punkte erreicht werden. Die Kann-Kriterien bezeichneten wünschenswerte Funktionen („nice to have"), die aber nicht unbedingt erforderlich sind, weil sie beispielsweise auch durch externe Programme erfüllt werden können. Die Kann-Kriterien, bei denen 129 Punkte erreicht werden konnten, werden in der Liste als Werte von 0.1 bis 0.5 dargestellt. Insgesamt konnten demnach 35.180.129 Punkte (K.O.|SOLL|KANN) erreicht werden. Die Punktwerte wurden nicht nur über sämliche Kriterien addiert, sondern auch differenziert nach den zehn Funktionsbereichen summiert, so daß die Stärken und Schwächen der Plattformen in den jeweiligen Funktionsbereichen schnell erkannt werden konnten.

Erläuterungen zur Methodik

Die Gewichtungen ermöglichen es, Scores sowohl differenziert für die o.a. Gruppen von Funktionen als auch summativ über alle Funktionsgruppen zu berechnen. Die daraus entstehenden Punktbewertungen der Lernplattformen erlauben zwar kein abschließendes Ranking der Plattformen, weil die Punktwerte für einzelne Funktionsgruppen ungleich hoch sind und die Funktionsgruppen nicht gegeneinander ausgespielt werden sollten, aber die Scores ermöglichen einen raschen Überblick über starke und schwache Kandidaten differenziert nach Funktionsgruppen, Merkmalsgruppen und sogar einzelnen Subgruppen von Kriterien. Die Skalierung ist also aus heuristischer Sicht hilfreich für die qualitative Bewertung der Lernplattformen. Diese Methode möchte ich im folgenden erläutern.

Item	Mögliche Punktzahl			Erreichte Punktzahl		
	K.O.	SOLL	KANN	X	Y	Z
a	0.0.0	0.5.0	0.0.0	0.0.0	0.5.0	0.3.0
b	0.0.0	0.0.0	0.0.2	0.0.0	0.0.2	0.0.1
c	1.0.0	0.0.0	0.0.0	1.0.0	1.0.0	1.0.0
d	1.0.0	0.0.0	0.0.0	0.0.0	1.0.0	1.0.0
e	0.0.0	0.3.0	0.0.0	0.3.0	0.3.0	0.2.0
f	0.0.0	0.0.0	0.0.3	0.0.3	0.0.3	0.0.2
.	.	.	.	.	.	.
.	.	.	.	.	.	.
.	.	.	.	.	.	.
Σ	2.0.0	0.15.0	0.0.7	1.3.3	2.15.7	2.12.5
$\Sigma\Sigma$		2.15.7				

Das anonymisierte Beispiel soll die Methode der Berechnung der Punktwerte an einer einzelnen Funktionsgruppe (z.B. eine Subgruppe aus der Funktionsgruppe Didaktik) veranschaulichen. In der dargestellten Funktionsgruppe sind insgesamt 2.15.7 Punkte erreichbar. Das Produkt X erzielt nur 1.3.3, das Produkt Y hingegen die volle Punktzahl, während das dritte Produkt Z nur einen Teil der möglichen Werte erreicht. Als Schlußfolgerung liegt nahe, daß es sich bei dem Produkt X entweder um eine noch unvollkommen entwickelte Plattform oder einen anderen Software-Typus handelt, während das Produkt Z zwar eine Plattform ist, aber noch nicht über alle Soll-Funktionen verfügt.

Die Kriterien

Verteilung der Punktwerte auf Kriteriengruppen

Die 35.180.129 in der Befragung erreichbaren Punkte verteilen sich auf die sechs Funktionsgruppen wie folgt:

	K.O.	SOLL	KANN
Administration (Rechnungsw., Benutzerverw., Authoring, Inhaltsverw., Rollen, länderspez. Daten, Corp. Ident.	14	45	9
Didaktik (Institutionell, Werkzeuge f. Stud., Autor, Koll., Curr.verw., Tests)	7	85	94
Evaluation	1	11	9
Kommunikation	1	14	14
Technologie & Technik	9	25	3
Wirtschaftliche Aspekte	3	0	0
Σ	35	180	129

Tab. 17 Maximal Scores für die sechs Funktionsgruppen differenziert nach K.O., Soll und Kann Kriterien

Die Funktionsgruppen Administration und Technologie nehmen mehr als die Hälfte der K.O.-Kriterien ein, während die Funktionsgruppe Didaktik überproportional viele Soll- und Kann-Kriterien an sich zieht. Diese Gewichtungsmethode ermöglicht es, die Lernplattformen differenziert nach ihren Schwerpunkten in den sechs Funktionsgruppen zu bewerten. Auch hierzu ein anonymisiertes Beispiel:

	LMS A	LMS B	LMS C
Administration	14.32.6	10.16.3	14.43.9
Didaktik	7.85.63	6.51.38	6.76.77
Evaluation	1.11.9	0.5.0	1.8.3
Kommunikation	1.15.7	0.9.2	1.15.7
Technologie	9.22.0	8.21.0	9.24.0
Wirtschaftliche Aspekte	3.0.0	1.0.0	3.0.0
Σ	35.165.85	25.102.43	34.166.96

Tab. 18 Scores dreier Plattformen (anonymisiert) nach Funktionsgruppen

Differenzierung in Kriteriengruppen

Man erkennt an dem Beispiel deutlich, daß das LMS A alle K.O.-Kriterien erfüllt, das LMS C alle mit einer Ausnahme, und daß beide Plattformen sich nur durch die unterschiedliche Gewichtung der Funktionsgruppen unterscheiden, während die mittlere Plattform schon bei den K.O.-Kriterien, aber erst recht bei den Soll-Kriterien deutliche Defizite aufweist. Die erste Plattform A zeigt bessere Werte für Didaktik, die dritte C für Administration. Diese beiden Plattformen nähern sich den Maximalwerten und wurden in den Test einbezogen. Die mittlere Plattform ist eines jener open source-Produkte, die in der Stichprobe erfaßt wurden, die aber von ihrem Funktionsumfang noch nicht mit den kommerziellen Lösungen mithalten können.

Kritik an der Gewichtungsmethode

Die hier gewählte Methode vermeidet die Probleme, die von Baumgartner und Payr (1997) als Schwächen der „Numerical Weight and Sum (NWS)"-Methode kritisiert werden:

> „a) By attributing and adding numerical values, this method assumes a linear scale of utility for all criteria. But this assumption is clearly wrong! At the moment there is no normed, tested, standardized and agreed linear scale for the quality of educational (or academic) software and it is doubtful if there will ever be one. As it stands, the different components or dimensions must not be added up to a single final number.
>
> b) The multiplication used for weighting also presupposes a metrical scale where a zero value makes empirical sense, which is not the case with many criteria. It could maybe make sense, for example, with the criterion of ‚documentation' (from ‚no documentation at all' to ‚all features are documented')., but any other question like ‚is the documentation adequate, clear and useful?' can only be answered on an ordinal scale (like: ‚sufficient   good   excellent') that allows ranking, but not calculation."

Entgegnung

Die hier angewandte Methode nähert sich der von Baumgartner und Payr als „Qualitative Weight and Sum (QWS)" bezeichneten Methode. Die Unterscheidung von K.O.-, Soll- und Kann-Kriterien ist eine erste Form der Gewichtung. Die K.O.-Kriterien sortieren die nicht infrage kommenden Kandidaten aus. Die für die Soll- und Kann-Kriterien vergebenen Punktwerte können für gesamte Funktionsgruppen oder kleinere Kriteriengruppen summiert werden. Die erreichten Werte sagen dann etwas über den Grad der Erfüllung der Kriterien aus. Eine Multiplikation der Gewichte mit den Scores wird nicht mehr vorgenommen und ist aufgrund der zweistufigen Gewichtung auch nicht notwendig. Ein Ranking der Untersuchungsobjekte wird nicht aufgrund der Score-Summen vorgenommen, sondern erst aufgrund einer differenzierten Betrachtung der erreichten Werte in den einzelnen Funktionsgruppen und deren 31 Merkmalsgruppen. Auf diese Weise führt diese Methode nicht zu der von Baumgartner und Payr kritisierten einzelnen finalen Summe als Ausdruck

Die Kriterien

für den Rang eines getesteten Objekts, sondern zu einem differenzierten Profil der Plattformen für alle abgefragten Funktionskategorien.

Die folgende Tabelle soll dies illustrieren. Es wurden sechs Kriteriengruppen aus den 31 Merkmalsgruppen für die Tabelle ausgewählt und zwar die folgenden: Interface-Sprachen, Werkzeuge für Studierende, Rollen & Rechte, Testmethoden, Kommunikationswerkzeuge und Technik. Die Tabelle enthält nur solche Lernplattformen, die in keiner der sechs Kriteriengruppen Null-Scores erreicht haben:

Lernplattform	Gesamt	Spra	Tools	Rolle	Tests	Kom	Tech
Aspen LMS	27.135.76	1.3.0	2.15.8	3.5.0	1.9.27	0.2.7	8.22.0
Bildungswerkzeug	28.109.58	1.0.0	2.12.1	2.1.0	1.9.17	0.10.0	8.24.3
Blackboard	33.146.99	1.4.0	2.15.2	3.4.0	1.9.30	1.14.10	9.19.3
Boniva Enterprise	32.147.88	1.12.0	3.15.11	3.5.0	1.9.22	1.7.6	9.24.0
C4Knowledge	33.152.88	1.9.0	3.15.8	3.3.0	1.9.29	1.12.12	9.18.3
Centra Knowledge Center	27.127.105	1.6.0	3.10.10	1.2.0	1.9.35	1.0.9	7.21.0
CLIX Campus	34.166.102	1.10.0	3.15.12	3.5.0	1.7.29	1.15.10	9.24.3
Credencia	23.100.70	1.8.0	1.12.8	1.0.0	1.9.32	0.6.11	6.23.0
DigitalThink LMS	30.115.96	0.7.0	2.5.11	2.1.0	1.4.28	1.9.14	9.22.0
DLS DistanceLearningSystem	34.150.109	1.4.0	3.5.6	3.5.0	1.9.32	1.12.14	9.24.3
Docent	28.108.68	1.12.0	0.2.11	3.5.0	1.9.32	0.2.6	9.21.3
eCollege Teaching Solutions	30.165.103	0.4.0	3.15.8	3.5.0	1.9.32	1.15.8	5.24.3
eWebClassroom	30.162.99	0.7.0	2.15.12	3.5.0	1.9.29	1.10.7	7.24.3
H.U.T Verdi	30.151.96	1.6.0	3.10.12	2.5.0	1.9.22	1.10.8	8.25.0
Hyperwave eLearning Suite	32.134.94	1.3.0	3.7.12	3.1.0	1.5.27	1.12.10	9.25.0
IBT Server eLearning Suite	33.174.116	1.8.0	3.15.12	3.5.0	1.9.33	1.15.10	8.25.3
iLearning (Oracle)	32.133.87	1.7.0	2.10.12	3.5.0	1.9.17	1.11.8	9.25.3
ILF	31.137.96	1.6.0	2.10.11	3.5.0	1.9.29	1.15.14	8.23.0
ILIAS	27.102.44	1.3.0	3.13.0	3.0.0	1.5.19	0.9.2	8.21.0
Interwise ECP	26.113.78	0.5.0	1.3.12	3.5.0	1.5.12	1.9.11	6.24.3
IntraLearn	35.170.103	1.12.0	3.15.12	3.2.0	1.9.29	1.12.10	9.25.0
JaTek	19.85.54	1.7.0	0.10.1	2.1.0	1.5.25	1.6.6	6.21.0

Tab. 19 Erreichte Punktwerte in sechs Kriteriengruppen

Lernplattform	Gesamt	Spra	Tools	Rolle	Tests	Kom	Tech
Learnframe Nebo	29.123.46	1.6.0	1.10.11	3.5.0	1.4.6	0.9.6	8.25.3
LearnLinc	24.78.52	1.0.0	0.5.0	3.2.0	1.9.17	1.6.6	3.19.0
Luminis Product Family	28.129.53	1.7.0	3.10.8	3.5.0	0.2.0	1.11.8	8.20.3
LUVIT	28.145.100	1.5.0	2.10.12	3.5.0	1.9.28	1.15.10	7.24.0
mGen Enterprise	33.159.98	1.3.0	3.15.8	3.5.0	1.9.24	1.12.10	9.21.3
NetCoach	30.131.78	1.6.0	2.15.6	3.1.0	1.9.25	1.10.10	7.17.0
Pathlore	28.126.91	1.6.0	1.10.12	3.1.0	1.9.32	1.11.8	7.5.3
Pegasys.at	23.101.59	0.4.0	2.15.7	1.1.0	1.5.13	1.10.5	5.3.0
Perception	26.113.65	1.5.0	1.7.1	3.2.0	1.9.37	0.5.5	7.20.3
Profis	30.147.99	1.0.0	1.10.9	3.5.0	1.9.36	1.19.8	8.24.3
Saba	35.167.89	1.7.0	3.15.6	3.5.0	1.9.27	1.15.8	9.25.3
SiteScape Enterprise Forum	23.102.68	1.2.0	2.7.2	3.2.0	1.5.10	1.19.10	2.5.3
Sitos	29.106.44	1.4.0	2.2.1	3.2.0	1.0.8	1.11.6	7.22.0
SmartForce Global LMS	27.132.57	1.12.0	1.10.8	3.0.0	1.9.18	1.5.5	6.25.0
The Learning Manager	27.136.76	1.1.0	1.10.1	3.2.0	1.9.23	1.5.8	6.23.3
Theorix	29.128.86	1.6.0	2.12.11	3.2.0	1.9.33	1.7.5	6.22.3
Thinktanx	31.135.104	1.0.0	2.7.10	3.5.0	1.9.37	1.15.10	9.24.3
TopClass	31.141.111	1.8.0	2.10.12	3.0.0	1.9.31	0.11.10	8.20.3
trainer42	27.125.71	1.4.0	2.15.8	2.2.0	0.5.24	1.6.6	9.25.3
u4all.com	19.103.46	0.4.0	0.5.3	2.1.0	0.4.17	1.11.8	6.17.0
UniOpen Platform	30.108.61	1.2.0	1.2.4	3.3.0	1.9.9	1.12.8	8.18.3
Virtual Worlds Platform	33.160.106	1.4.0	3.15.12	3.5.0	1.9.28	1.11.10	9.20.3
WBT Manager	27.54.34	1.2.0	1.2.10	3.0.0	1.9.24	0.0.5	8.23.0
WebAssign	26.83.48	1.0.0	2.5.1	3.2.0	1.9.24	0.5.6	8.19.0
WebCT Campus Edition	34.168.96	1.5.0	3.15.12	3.2.0	1.9.22	1.15.10	9.22.0
WebMentor Enterprise Server	29.115.80	0.1.0	1.5.11	2.3.0	1.9.25	1.12.8	8.18.0
YnotManage	31.151.94	1.4.0	2.7.12	3.5.0	1.9.24	1.15.10	7.24.3

Tab. 19 Erreichte Punktwerte in sechs Kriteriengruppen

Es ist logisch, daß die Spitzenreiter im Gesamtscore, die fast alle K.O.-Kriterien bestanden haben, auch hohe Werte im Durchschnitt in den Merkmalsgruppen aufweisen müssen. Da hier allerdings nicht alle Merkmalsgruppen aufgeführt sind, kann es bei Betrachtung aller Merkmalsgruppen zu Abweichungen kommen, die interessant sein können. Ich will einige Beispiele herausgreifen, wobei ich in der jeweiligen Funktionsgruppe nur solche Produkte betrachte, die alle K.O.-Kriterien der jeweiligen Kriteriengruppe bestanden haben. Die Differenzierung in Spitzenreiter und Schlußlichter wird nach dem Score durchführt, den die Plattformen bei den Soll-Kriterien erzielt haben:

	Sprachen	**Tools**	**Rollen**	**Tests**	**Kommunikation**
Spitzenreiter	boniva Docent SmartForce	CLIX IBT IntraLearn Virtual Worlds WebCT	Viele LMS bieten mehrere Rollen und eine hohe Differenzierung der Rechtevergabe	Perception ThinkTanx Profis	SiteScape Profis
Schlußlichter	Bildungswerkzeug LearnLinc Profis ThinkTanx WebAssign	DLS Hyperwave	Hyperwave ILIAS	Sitos Learnframe DigitalThink SiteScape Interwise	Centra SmartForce JaTek LearnLinc boniva

Tab. 20 Spitzenreiter und Schlußlichter nach Kriteriengruppen

Gegenüberstellung von LMS nach Kriteriengruppen

Ich habe bislang nur Produkte einbezogen, die fast alle K.O.-Kriterien erfüllt haben. Die Gegensätze zwischen den starken und den schwachen Vertretern einer Kriteriengruppe werden stärker, wenn man auch die Systeme in die Analyse einbezieht, die in einer oder mehreren Merkmalsgruppen Null-Scores aufweisen. Dann läßt sich an der Verteilung deutlicher ablesen, welchen Software-Typ das jeweilige System vertritt. Die nächste Tabelle stellt die Kriteriengruppen „Werkzeuge für Studierende (Tools)" und „Repertoire an Testmethoden" einander gegenüber. Die Scores wurden in vier Viertel von sehr stark bis sehr schwach unterteilt (+ +, +, -, - -):

	Tests ++	**Tests +**	**Tests -**	**Tests --**
Tools + +	IBT Virtual Worlds WebCT	Hyperwave ILIAS	TeleWiFi	Luminis
Tools +	DLS Blackboard Theorix	DigitalThink Pegasys SiteScape		BSCW CoSE trainer42

Tab. 21 Spitzenreiter und Schlußlichter nach Kriteriengruppen Tools und Tests

	Tests ++	Tests +	Tests -	Tests --
Tools -	credencia Pathlore WebAssign	LearnFrame	Sitos	
Tools - -	Docent LearnLinc UniOpen WebMentor	Interwise JaTek WBT Manager	Trainersoft	CoMentor Training M. u4all.com

Tab. 21 Spitzenreiter und Schlußlichter nach Kriteriengruppen Tools und Tests

Wenn ein System entweder bei den Werkzeugen für Studierende oder bei den Tests oder in beiden Kategorien schwach ist, so kann das darauf hindeuten, daß das Produkt entweder noch nicht voll entwickelt ist (z.B. ILIAS) oder eine andere Software-Gattung vertritt, z.B. eher eine Kommunikationsplattfom ist (z.B. CoMentor). Die nächste Tabelle vergleicht auf dieselbe Weise die Gruppe „Werkzeuge für Studierende" mit der Gruppe „Kommunikationswerkzeuge":

	Komm ++	Komm +	Komm	Komm
Tools ++	IBT CLIX Hyperwave SABA WebCT	boniva TeleWifi Virtual Worlds	Centra ILIAS	ThinQ
Tools +	Luvit ILF SiteScape	BSCW eCollege iLearning NetCoach	Bildungsw. Theorix TopClass tainer42	Aspen WebAssign
Tools	Chatspace Open USS Profis	Sitos Pathlore	Scholion LearnFrame SmartForce	credencia Perception
Tools	CoMentor	UniOpen u4all.com	JaTek LearnLinc	Docent Training M. Trainersoft WBTManager

Tab. 22 Spitzenreiter und Schlußlichter nach Tools und Kommunikation

Die voll ausgebauten Plattformen verfügen sowohl über starke Werkzeuge für Studierende als auch über Kommunikationsmethoden. Systeme, die beides

Die Kriterien

nicht haben, dienen offenbar anderen Zwecken (z.B. JaTek) oder befinden sich noch in der Entwicklung (ILIAS). Bei einigen Produkten (CoMentor, Chatspace) handelt es sich um deutlich andere Software-Typen, die eher für die Kommunikation und weniger als Lernplattform gedacht sind. WebAssign beispielsweise ist ein Übungssystem und keine Plattform. Diese Differenzierung der Produkte nach Software-Gattungen wird in der Verteilung deutlich erkennbar. Dieser Effekt wird möglicherweise noch extremer bei der Gegenüberstellung zweier weiterer Variablengruppen: „Testmethoden" versus „Kommunikationsmethoden":

	Komm ++	**Komm +**	**Komm**	**Komm**
Tests + +	Blackboard eCollege IBT Profis	DLS eWeb Classr. Theorix Virtual Worlds	Bildungsw. Centra SmartForce TopClass	Credencia Docent ThinQ WebAssign
Tests +	CLIX IntraLearn SiteScape	Pegasys Hyperwave	ILIAS JaTek	Aspen SmartForce
Tests		Sitos TeleWiFi	trainer 42	Trainersoft
Tests	Chatspace Open USS	CoSE CoMentor Luminis u4all.com	BSCW Scholion	Training M.

Tab. 23 Spitzenreiter und Schlußlichter nach Kriteriengruppen

Einige offenbar typische instruktionalistische Plattformen wie Centra, Docent und TopClass brillieren in der Zahl der angebotenen Testmethoden, legen aber geringen Wert auf Kommunikationsmethoden. WebAssign als Übungssystem benötigt keine Kommunikationsmethoden, eine Austauschplattform wie BSCW verfügt nicht über Testmethoden, wofür auch. Die englischen Plattformen wie CoSE dienen dem Projektstudium, in dem Tests didaktisch unangebracht sind.

Nutzen der kriterienorientierten Evaluation

Es wird deutlich, in welcher Weise die Gewichtung der Kriterien und die Möglichkeit, die Scores separat nach Kriterien- und Merkmalsgruppen auszuwerten, wertvolle heuristische Gesichtspunkte für die Analyse der großen Datenmenge liefern kann, die mit der kriterienorientierten Befragung der Hersteller von Lernplattformen erhoben wurde.

KAPITEL 4
Die K.O.-Kriterien

4.1 Erläuterung der K.O.-Kriterien

Es wurde eine Liste mit K.O.-Kriterien erstellt. Die K.O.-Kriterien spiegeln wichtige Anforderungen aus der Sicht der Hamburger Hochschulen, ihrer Rechenzentren und den Anforderungen von Hochschullehrern und Studierenden (s. Kapitel 2.1 „Rahmenbedingungen für die Untersuchung" (S. 31)), beispielsweise die Portabilität der Daten oder die Migration von Studierendendaten gemäß internationalen Standards, die von den Rechenzentren benötigte Breite im Bereich der Betriebssysteme, aber auch das Vorhandensein bestimmter Kommunikationsmethoden sowie asynchroner und synchroner Werkzeuge für die Studierenden. Die K.O.-Kriterien haben dazu geführt, daß ein paar namhafte Produkte für eine Beschaffung nicht infrage kommen.

Nach Anwendung der K.O.-Kriterien und Vergleich der Gewichtungen im Fragebogen kamen etwa zehn Produkte in Betracht. Durch einen feineren Vergleich der Funktionsbereiche wurden fünf Produkte ausgewählt, mit deren Herstellern eine Teststellung vereinbart wurde. Im folgenden werden die Kriterienbereiche nacheinander besprochen und ihre K.O.-Kriterien begründet.

ADMINISTRATION

Import und Export von Benutzern und Benutzerdaten

Ein wichtiges K.O.-Kriterium ergibt sich aus der Tatsache, daß die Lernplattformen in einer Umgebung eingesetzt werden sollen, in der Benutzer und Benutzerdaten

- in einer Lernplattform vorhanden sind und in eine weitere problemlos übernommen werden sollen
- in einem Kurs vorhanden sind und in einen weiteren Kurs übernommen werden sollen
- in einer Verwaltungssoftware (z.B. SAP, HIS) für die gesamte Hochschule vorhanden sind (zum Beispiel nach der Immatrikulation) und damit nicht ständig neu eingegeben werden müssen.

Migration der Benutzerdaten

Diese Datenmobilität, auch als Migration der Benutzerdaten bezeichnet, muß bei den auszuwählenden Plattformen reibungslos möglich sein (K.O.-Kriterium). Es ist absehbar, daß die meisten Plattformen hinsichtlich Datenmobilität zukünftig nach den Standards von IMS und AICC oder SCORM verfahren werden. Das Label „IMS compliant" oder „SCORM compliant" (s. Schulmeister 2001) setzt sich sowohl bei den Plattform-Produzenten als auch bei den Web-Site-Betreibern immer mehr durch, wobei einige Hersteller bisher nur wenige Standards implementiert haben.

Unter anderem aus Gründen fehlender oder ungenügender Migration der Benutzer und Benutzerdaten sind folgende Plattformen ausgeschieden:

Aspen	ILIAS	JaTek
mGen	ORBIS NetCoach	Pegasys
Sitos	u4all	

ROLLEN UND RECHTE

An Rollen sollten mindestens Administrator, Autor (Dozent), Tutor und Studierende vorgesehen werden. Die Eingabe auf diese Frage bestand aus freiem Text. Es ist deshalb nicht ganz eindeutig, ob es auf die Freitexteingabe zurückzuführen ist, daß viele Hersteller die Rolle des Tutors nicht erwähnen, oder ob sie wirklich nicht implementiert wurde. Stattdessen erscheint häufig eine Rolle Gast, die für reguläre Kurse der Hochschulen nicht benötigt wird, die wohl aber für die Demos der Hersteller gewünscht ist. Wünschenswert waren ferner eine detaillierte Rechtevergabe für die Rollen und die Möglichkeit, innerhalb von Rollen Arbeitsgruppen zu bilden. Die Rechtevergabe sollte auf diese Differenzierung Rücksicht nehmen. Mangelhafte Realisierungen meistens war keine Gruppenbildung innerhalb der Rollen möglich wurden bei folgenden Plattformen angetroffen:

Bildungswerkzeug	Centra	DigitalThink
H.U.T.	JaTek	OpenUSS
Pegasys	Trainer42	Trainersoft
WebBoard	WebMentor	

ONLINE-REGISTRIERUNG

Eine Online-Registrierung von Kursteilnehmern sollte möglich sein. Bei Kursen mit beschränkten Teilnehmerzahlen sollte auch eine automatische Kontrolle und Rückmeldung erfolgen. Einige Plattformen haben diese Methode nicht vorgesehen, weshalb dort die Anmeldung der Studierenden stets über den Administrator, der in einem Rechenzentrum loziert ist, oder über den Dozenten im Fachbereich erfolgen müßte. Folgende Plattformen gestatten keine Online-Registrierung:

| Bildungswerkzeug | Luminis |
| SAP Learning Solution | UCone |

SICHERHEIT

Als Sicherheitsmechanismus für die Registrierung und das Einloggen hatten wir zwei Kriterien gefordert: Eine gültige Methode für die Authentifizierung (authentification) und für die Codierung der Daten (encryption). Die meisten Plattformen führen eine Authentifizierung und eine Verschlüsselung mit RC4 oder SSLHTTP durch. Einige wenige Systeme benutzen eine eigene Verschlüssungsmethode, mache Plattformen verfügen jedoch über keine Methode der Verschlüsselung der Daten:

| coMentor | ILIAS |
| ORBIS NetCoach | Theorix |

KURSMANAGEMENT

Import und Export von Kursinhalten

Der Import und Export von Daten spielt auch im Funktionsbereich Kursmanagement und Content Management eine wichtige Rolle. Es ist absehbar, daß von den Hamburger Hochschulen, einzelnen Fachbereichen und einigen Instituten zukünftig mehrere Plattformen parallel eingesetzt werden, zwischen denen die Kursinhalte bei Wechsel der Plattform übertragen werden müssen (Portabilität zwischen Kursen und Plattformen). Es gibt mehrere plausible Gründe für den Einsatz mehrerer Plattformen:

- es kann sein, daß Fachbereiche oder Hochschullehrer eine andere als die von der Hochschule angebotene Plattform nutzen wollen, weil diese den Bedürfnissen ihres Faches oder ihrer Lehrkultur stärker entgegenkommt, beispielsweise eine Plattform, die spezialisiert ist für ein projektorientiertes Studium
- bei Beteiligung an Lehrprojekten zusammen mit Hochschulen aus anderen Ländern kann es notwendig sein, mit diesen zusammen eine andere Plattform einzusetzen
- sobald virtuelle Bildungsangebote im internationalen Markt angeboten werden sollen und ausländische Institutionen dabei einbezogen werden, kann es vorkommen, daß man sich auf eine andere Plattform einigt.

Die Portabilität der Kursinhalte

Die Portabilität der Kursinhalte muß bei den auszuwählenden Plattformen reibungslos möglich sein (K.O.-Kriterium). Es ist absehbar, daß die meisten Plattformen auch hinsichtlich der Portabilität zukünftig nach den Standards von IMS (z.B. Content Packaging) oder SCORM verfahren werden. Es gilt auch hier, was zum Gesichtspunkt der Datenmobilität gesagt wurde: Das Kriterium „IMS compliant" setzt sich bei den Plattform-Produzenten immer mehr durch, wobei die meisten erst wenige Standards implementiert haben. Einige Hersteller haben zwar ihre Beteiligung an der SCORM-Initiative betont, aber noch keines ihrer Konzepte realisiert.

Unter anderem aus Gründen fehlender oder mangelhafter Implementation der Portabilität von Content sind folgende Plattformen ausgeschieden worden:

Anlon	Interwise	JaTek
Profis	SiteScape	u4all
UCone	UniOpen Hagen	WebAssign

SPRACHEN, ZEITZONEN UND WÄHRUNGEN

Deutsch und Englisch

Die Bedingung, die wir zum K.O.-Kriterium gemacht hatten, lautet, daß mindestens Deutsch und Englisch als Interfacesprachen zur Verfügung stehen müssen. Wünschenswert waren darüber hinaus natürlich mehrere Interfacesprachen und eine allgemeine Unicode-Fähigkeit (s. „Zusatzkriterien" Seite 90). Ferner wurde es positiv bewertet, wenn das LMS mit mehreren Zeitzonen und Währungen sowie Steuersätzen arbeiten kann. Für das Kriterium „Zeitzonen" gibt es folgende Begründung: Wenn die Teilnehmer eines Kurses sich in einem anderen Land befinden, entweder weil sie von dort stammen oder weil sie mit einem DAAD-Stipendium sich dort zeitweise aufhalten, dann müßten Zeitangaben, Fristsetzungen, Termine für die Eingabe von Aufgaben in die jeweilige Zeitzone des Teilnehmers umgerechnet werden.

Folgende Plattformen müssen aufgrund fehlender lokalisierter Versionen ausscheiden:

Anlon	Aspen	coMentor
CoSE	DigitalThink	eWebClassroom
Interwise	Luminis	mGen
Pegasys	Scholion	TeleWIFI
Trainersoft	Training Management Software	u4all
WebMentor		

AUTHORING

Keine K.O. Kriterien

Die Kriterien im Bereich Authoring wurden nicht als K.O.-Kriterien gewertet, weil außerhalb der Plattformen gute Autorenwerkzeuge für HTML, Flash u.a. Formate zur Verfügung stehen und die meisten Plattformen mit offline produzierten Dokumenten problemlos umgehen können. Zwar bieten einzelne Plattformen eigene nichtintegrierte oder auch integrierte Werkzeuge für Autoren an, aber diese sind häufig nicht besser als die Editoren von Fremdherstellern, und es ist nicht unbedingt von Vorteil, den Autorenprozeß auch noch in die Plattform selbst zu verlegen. Als Autorensysteme kommen HTML-Editoren in Betracht, aber in Zukunft auch solche Editoren, die edierte Lernobjekte mit Metadaten versehen können und die als Pakete von Lernobjekten zum Beispiel nach dem SCORM-Standard produzieren und als ganze Lernpakete in eine Lernplattform integrieren können. Auf das Autorensystem von Giunti, das bisher als einziges eine solche Aufgabe leistet, wird im nächsten Kapitel (s. Kapitel „Autorensysteme" (S. 102)) noch näher eingegangen.

DIDAKTIK

Werkzeuge für Studierende

Auf jeden Fall sollte die Plattform für die Studierenden einige Werkzeuge oder Methoden für die eigene Arbeit anbieten. Ein Whiteboard sollte als K.O.-Kriterium gelten. Ebenso wurden persönliche Annotationen, Notizen und Lesezeichen (Bookmarks) als K.O.-Kriterien gewertet, während andere Werkzeuge oder Methoden (Kalender, individuelles Glossar, individuelle Homepage, History usw.) optional sind, bei der vergleichenden Evaluation aber zu Bewertungsdifferenzen führen können. Wünschenswert ist eine Sitemap für einen Kurs, die die Struktur oder Gliederung des Kurses für den Studierenden transparent macht, sowie die Erstellung einer History für jeden Studierenden, aus der er ersehen kann, wo er bereits gewesen ist und was noch erledigt werden muß. Wünschenswert ist auch ein individueller Kalender, in dem sich Studierende ihre wichtigsten Termine eintragen und ihre Projekte terminlich planen können. Diese Werkzeuge für die Studierenden wurden in der Regel hoch gewichtet, aber nicht als K.O.-Kriterien gewertet. Hingegen haben wir in dieser Sektion neben dem Whiteboard und den Lesezeichen folgende Werkzeuge als weitere K.O.-Kriterien gesetzt:

- Es sollte eine Startseite für Studierende mit allen gebuchten Kursen geben. Dies ist besonders wichtig in Studiengängen, in denen die Studierenden mehrere Haupt und Nebenfächer studieren, die teilweise noch in verschiedenen Fachbereichen loziert sind, wie in der Lehrerausbildung oder in den Magister-Studiengängen. Die Studierenden sollten beim Einloggen in die Plattform alle ihre gebuchten Kurse auf einen Blick sehen können und sich nicht in jeden Kurs erneut einloggen müssen.

- Das Kriterium „publish own content" meint die Möglichkeit für die Studierenden, Inhalte für den Dozenten oder Arbeitsgruppen oder andere Studierende in die Plattform einstellen zu können. Wir gehen bei dieser Bewertung davon aus, daß es über kurz oder lang dazu kommen wird, daß die Studierenden in virtuellen Kursen nicht nur Aufgaben bearbeiten und Tests absolvieren werden, sondern daß man ihnen auch Gelegenheit geben muß, längere Studienarbeiten ins Netz zu stellen (seminaristischer Unterricht und Projektorientierung).

Fehlende oder mangelhafte Werkzeuge für Studierende sind bei folgenden Plattformen angetroffen worden:

Anlon	keine Bookmarks, kein publish own content, keine Start seite für Studierende
Aspen	keine Bookmarks

Bildungswerkzeug	kein Whiteboard, kein publish own content
CoMentor	gar keine Werkzeuge, ist kein volles LMS
CoSE	kein Whiteboard
Credencia	kein Whiteboard, keine Bookmarks, keine Startseite für Studierende
DigitalThink	kein publish own content
EWebClassroom	keine Startseite für Studierende
Docent	keine Bookmarks
ILF	keine Bookmarks u.a.
Interwise	keine Bookmarks, kein publish own content
JaTek	keine Bookmarks u.a. und kein publish own content
LearnFrame	keine Bookmarks u.a. und kein publish own content
LearnLinc	keine Bookmarks, kein publish own content
LearnTone	keine Bookmarks, kein publish own content, keine Startseite für Studierende
LUVIT	keine Startseite für Studierende
OpenUSS	kein Whiteboard, keine Bookmarks und sonstige Tools
Oracle iLearning	kein Whiteboard u.a., kein publish own content
ORBIS NetCoach	Kein Whiteboard, keine Bookmarks
Pathlore	keine Bookmarks, kein publish own content
Pegasys	keine Bookmarks
Perception	kein Whiteboard, keine Bookmarks u.a., kein publish own content
Profis	keine Bookmarks, kein publish own content
SAP Learning Solution	noch in der Entwicklung; keine Bookmarks etc.
SmartForce	keine Bookmarks u.a.
The Learning Manager	keine Bookmarks u.a. und kein publish own content
ThinkTanx	keine Bookmarks u.a.
Training Management Software	gar keine Werkzeuge
u4all	keine Bookmarks u.a. und kein publish own content
UCone	kein Whiteboard, keine Bookmarks, keine Startseite für Studierende
UniOpen Hagen	gar keine Werkzeuge

WebAssign	fast gar keine Werkzeuge
WebMentor	keine Bookmarks u.a. und kein publish own content
YnotManage	keine Bookmarks

Mangelhafte Realisierungen im Bereich der studentischen Werkzeuge wurden bei folgenden Plattformen festgestellt, die die obigen K.O.-Kriterien bestanden hatten:

ILIAS	fehlen Kalender, Directory, Reminder Funktion, progress tracking, selfgrading
Scholion	fehlen viele Werkzeuge
Sitos	fehlen Annotationen, Notizen, Kalender etc.
Trainersoft	fehlen Annotationen, Notizen etc.
WebBoard	fehlen die individuellen Werkzeuge sämtlich

QUIZ UND TEST

Tests sind keine K.O. Kriterien

Wünschenswert sind aus didaktischen Gründen freiere Rückmeldemethoden, die aus dem Inhalt, dem Prozeß oder den interaktiven Übungen heraus erfolgen. Die meisten Plattformen bieten lediglich Quizze und Tests an. Diese Formen werden aus didaktischen Gründen nicht von allen Lehrenden eingesetzt werden, weil sie der behavioristischen Tradition entstammen und nur Wissen abprüfen. Sie können also kein K.O.-Kriterium bilden. Qualitativ hochwertige Übungs- und Testformen sind selten, weil sie zumeist noch einzeln programmiert werden müssen. Freiere Rückmeldemethoden sind noch unterentwickelt, befinden sich im Experimentierstadium und können deshalb zwar zur Bewertung herangezogen, (noch) nicht aber als Soll-Kriterium oder K.O.-Kriterium gewählt werden.

Auf diesem Sektor ergeben sich also nur quantitative und qualitative Differenzen, die nicht zum Ausscheiden einer Plattform führen können. Allerdings erhebt sich die Frage, ob man nicht das Vorhandensein von Testmethoden generell vorsehen sollte, weil es immer Lehrende geben wird, die darauf nicht verzichten wollen, und weil es stets auch Inhalte geben wird, bei denen diese Formen angemessen sein können. Es kommen einige Plattformen vor, die gar keine Tests anbieten. Zwei Produkte bieten nur multiple choice-Tests an. Dies ist entweder ein Indiz für eine alternative Einstellung zu Tests oder ein Hinweis darauf, daß es sich bei dem betreffenden Produkt um einen Softwaretyp (z. B. UniOpen Hagen, WebBoard) handelt:

coMentor	LearnFrame	LearnTone
Luminis	OpenUSS	Pegasys (nur multiple choice)
Scholion	SiteScape	Sitos
UCone	UniOpen Hagen	Training Management Software
WebBoard		

KOMMUNIKATION

Chat und Foren   Hinsichtlich der von den Plattformen angebotenen Kommunikationsmitteln sollten Chat und Foren als unabdingbar vorgesehen werden (K.O.-Kriterien). Bezüglich der Realisierungsform (Qualität und Quantität) kann es Bewertungsdifferenzen geben. So spielt eine Rolle, ob der Chat ubiquitär zur Verfügung steht oder nur an bestimmten Orten im Kurs. Die Anzahl und die Verortung der Foren (pro Plattform, pro Kurs, auf jeder Seite) führt zu deutlichen Unterschieden. Weitere Kommunikationsmittel sind optional, können aber zu unterschiedlichen Bewertungen führen. So sollte Email möglichst aus der Plattform heraus direkt versendet werden können.

Folgende Plattformen bieten entweder gar keine Foren und Chats an oder begrenzen die Zahl der Foren oder Chats in unannehmbarer Weise:

Aspen (kein Chat)	Bildungswerkzeug (kein Chat)
C4Knowledge (nur ein Forum)	Centra (single chat only)
coMentor (single chat only)	Credencia (keine Foren)
Docent (keine Foren, kein Chat)	eWebClassroom (single chat only)
H.U.T. (single chat only)	ILIAS (kein Chat)
Interwise (keine Foren)	LearnFrame (keine Foren, kein Chat)
LearnTone (kein Chat)	Luminis (Forum begrenzt auf 1 pro Kurs)
ORBIS NetCoach (single chat only)	Pathlore (keine Foren, single chat only)
Perception (keine Foren, kein Chat)	SAP (noch in Entwicklung, keine Foren, kein Chat)
TopClass (kein Chat)	Trainer42 (keine Foren, single chat only)
Trainersoft (keine Foren)	Training Manager Software (keine Foren)
Ucone (kein Chat, keine Email)	u4all (keine Foren, kein Chat)

MEDIEN

Eine Lernplattform muß auf jeden Fall folgende Medien in sich integrieren und darstellen können: Text, Bild, Grafik, Film, Audio, Animation, interaktive Übungen (Flash oder Java Applets) sowie andere über Browser-PlugIns lauffähige Zusätze zu fremden Programmen (z.B. MatLab, LaTeX, SimuLink).

Gute Situation bei Medienformaten Hier konnte festgestellt werden, daß fast alle Plattformen alle Dateiformate nutzen, die für gängige Browser zur Verfügung stehen. Insofern ergaben sich keine K.O.-Kriterien. Wünschenswert wären natürlich auch Medien, die durch spezielle Editoren zum Beispiel für Animationen, Simulationen, Moleküldarstellungen etc. generiert werden können. Hier ist die Situation einigermaßen unklar. Meist wird dafür auf Seiten des Benutzers eine spezielle proprietäre Version eines Clients benötigt. Zu diesen sind häufig keine Schnittstellen in Lernplattformen vorhanden und sie können nicht zusammen mit einer Lernplattform benutzt werden, und es ist auch in der Regel kein Application Sharing möglich. Die Hersteller von Lernplattformen gehen offenbar davon aus, daß die Produzenten solcher Software die Aufgabe haben, PlugIns für gängige Browser zur Verfügung zu stellen. Dann wäre für sie die Problematik, eigene Schnittstellen zur Verfügung zu stellen, kostengünstig erledigt.

DESIGN

Corporate Design Ein LMS kann einen unterschiedlichen und variablen Satz an Werkzeugen für Autoren und Designer anbieten, die mit mehr oder weniger Gewicht in die Beurteilung eingehen können. Der Werkzeugbereich für Design an sich kann jedoch kein K.O.-Kriterium sein, wohl aber können einzelne Werkzeuge und deren Realisierungsform hoch bewertete Qualitätsmerkmale darstellen. Einige Plattformen bieten eigene HTML-Editoren und zusätzliche Designer-Optionen an, andere Plattformen verweisen Autoren darauf, daß sie HTML-Seiten in beliebigen Editoren verfassen können. Die Alternative ist im Grunde keine. Es macht in der Regel keinen Unterschied, ob man die Web-Seiten vor Integration in die Plattform oder innerhalb der Plattform gestaltet. Für die Studierenden allerdings kann ein interner HTML-Editor schon sinnvoll sein, da den Studierenden nicht immer und überall Autorenumgebungen zur Verfügung stehen, um eigene Seiten in den Kurs einstellen zu können.

Auf jeden Fall aber muß die Lernplattform dem Autor oder Designer die Möglichkeit bieten, die Aufteilung der Seiten (Templates), die Farben der Komponenten auf der Seite und die Lozierung der Menüs und Icons und anderer Elemente (Funktionen wie Chat, Whiteboard, Foren) auf den Seiten frei arrangieren zu können, damit die betreibende Institution ihr Corporate Design realisieren kann. Diese Fähigkeit muß als K.O.-Kriterium bewertet werden. Ihre Realisierungsform kann dabei unterschiedliche Qualität annehmen. Es gibt nur wenige Plattformen, die keine Gestaltung der Seiten zulassen. Allerdings wird diese Option bei einigen Plattformen, die mit mandantenorientierten Lizenzen arbeiten, manchmal pro Mandant beschränkt. Ansonsten konnten auf diesem Gebiet zwischen den Plattformen kaum Unterschiede festgestellt werden. Über die ästhetischen Qualitäten der angebotenen Optionen bei den einzelnen Plattformen sei damit allerdings noch kein Urteil gefällt.

EVALUATION UND STATISTIK

Nutzerverhalten, Testauswertung und Berichterstellung

In dieser Kategorie fasse ich Funktionen der Lernplattform zusammen wie das Tracking von Benutzerdaten, die Erstellung von Statistiken über das Abschneiden der Teilnehmer in den Tests sowie Berichte zum Nutzerverhalten in der Plattform oder in einem Kurs. Die Lernplattformen sollten mindestens einen Schritt in diese Richtung machen (K.O.-Kriterium). Allerdings ist die genaue Ausgestaltung dieser Funktionen bei den einzelnen Produkten sehr variabel und in der Qualität unterschiedlich, was nur im Vergleich qualitativ bewertet werden kann.

Wir hatten auch danach gefragt, ob aus der Plattform heraus Berichte (Reports) erstellt werden können, die dem Dozenten etwas über den Kursverlauf und die Aktivitäten der Teilnehmer mitteilen. Die meisten Plattform-Hersteller verweisen hier auf 3rd Party-Produkte, mit denen die Reports hergestellt werden können (z.B. Crystal Reports). Da derartige Werkzeuge in der Tat existieren, wurde diesem Kriterium keine entscheidende Bedeutung zugemessen.

Folgende Plattformen verfügen über keine interne statistische Auswertung der Testergebnisse, was dem Dozenten, der diese Tests einsetzt, die Arbeit der Beurteilung der Leistungen erheblich erschweren dürfte:

Centra	CoSE	ILIAS
Interwise	Luminis	OpenUSS
Scholion	TeleWIFI	UCone
u4all		

Folgende Plattformen können keine Reports aus der Plattform heraus generieren:

C4Knowledge	CoSE	OpenUSS
Scholion	The Learning Manager	u4all
UCone		

TECHNOLOGIE UND TECHNIK

Auf der Suche nach weiteren K.O.-Kriterien landet man im technischen Bereich: Sowohl auf Seiten der Server als auf Seiten der Clients kommen nur Lösungen in Frage, die auf mehreren Systemen (cross-platform) betrieben werden können. Dies gilt sowohl für die Server-Technologie, vor allem aber für die Betriebssysteme der Clients.

Server Technologie — Einige Lernplattformen werden sowohl für UNIX-Server als auch Windows-Server, einige sogar für Macintosh-Server angeboten. Die Infrastruktur unserer Hochschulen bedingt, daß ein LMS nur dann infrage kommt, wenn es auf UNIX-Servern betrieben werden kann. Wir verfügen über leistungsfähige UNIX-Server, die alle Voraussetzungen bieten, die man für ein LMS in einer zentralen Funktion benötigt, nämlich Sicherheit, Skalierbarkeit und Geschwindigkeit sowie Fernwartung. Ein LMS, das ausschließlich auf Windows-Servern betrieben werden kann, sollte nicht in Betracht gezogen werden, weil dieselben Maßstäbe, die von unseren Rechenzentren unter UNIX realisiert worden sind, auf Windows-Servern nur unter erheblichen Zusatzkosten realisiert werden können.

Eine ausschließliche Bindung an Windows-Server liegt bei folgenden Plattformen vor, die deshalb ausscheiden mußten:

Aspen	Centra	Credencia
eWebClassroom	Interwise	LearnFrame
LUVIT	Pegasys	Perception
Profis	Scholion	SmartForce
The Learning Manager	Theorix	Trainersoft
WebMentor	YnotManage	Anlon

Die Firma Blackboard bietet zwar mehrere Versionen ihrer Lernplattform an, hat aber, nach einer Investition von 10 Mill. US$ von der Firma Microsoft, durch ihren Chairman Matthew S. Pittinsky öffentlich erklärt, daß sie in Zukunft für die Windows-basierten Versionen eine höhere Funktionalität anbieten wird:

> „All versions will have the same set of basic features, although Blackboard for Microsoft will eventually have more features than Blackboard for Unix or Linux […] It will be more featurerich to run Blackboard out of the box on Microsoft than on other platforms. System administrators will have more options for configuring the Microsoft version of Blackboard than the nonMicrosoft versions. End users will notice a difference between systems run on Microsoft and those run on other platforms". (Michael Arnone, Too Close For Comfort? Some experts fear that ties between Microsoft and Blackboard could diminish colleges' choices. In: Chronicle of Higher Education, http://chronicle.com, Section: Information Technology, Page: A27)

Der Sturm der aufgeregten Stimmen, der daraufhin aus den Hochschulen zu vernehmen war, hat die Firma Blackboard offenbar erschreckt und zu einer Presseerklärung veranlaßt, in der sie betont, daß sie aufgrund ihrer Zusammenarbeit mit den Hochschulen nach wie vor Versionen für alle Betriebssysteme produzieren werde:

> „We develop the Blackboard suite to deliver equivalent functionality on all supported platforms, while maximizing the unique benefits of each as appropriate. We take seriously our commitment that all supported platforms are backed fully to the best of our ability." (Attachment zur Email von Blackboard, nach Beendigung des Projekts EVA:LERN erhalten)

Ob mit diesen Formulierungen die Bedenken der Hochschulen ausgeräumt sind, mag der Leser nach genauem Studium des Wortlauts selbst entscheiden.

Betriebssysteme der Clients
Die Computerlandschaft in den Hochschulen ist eine gemischte Landschaft. Neben der dominanten Windows-Welt existieren bei Lehrenden und Studierenden UNIX-Systeme, vor allem Linux, und Macintosh-Systeme. Ein LMS muß cross-platform in dem Sinne sein, daß es von Clients aller drei Betriebssysteme und deren Browser-Versionen mit gleichem Erfolg und Ergebnis akzessiert werden kann. Es darf nicht sein, daß wir mit der Plattform den Benutzern das System und den Browser vorschreiben und ganze Gruppen der Universität von der Nutzung ausschließen. Aus diesem Grunde mußte folgende Plattform ausgeschlossen werden:

Trainersoft   nur Windows Client

Proprietäre Clients
Es hat sich generell die Ansicht durchgesetzt, daß man sich auf Plattformen beschränken sollte, die ausschließlich mit marktgängigen Browsern arbeiten.

Dies kann die Akzessierbarkeit eines LMS erheblich erleichtern, die Distribution von Kursen vereinfachen sowie besser mit der technologischen Entwicklung harmonisieren, da man für zukünftige Funktionserweiterungen nur die neuen Versionen der Browser abwarten müßte, nicht aber abhängig wäre von der Fertigstellung eines firmenseitig gelieferten speziellen Client-Programms, das von den Studierenden erst runter geladen und installiert werden müßte.

Folgende Plattformen mußten ausscheiden, weil sie nur mit einem proprietären Client-Programm arbeiten:

Interwise (proprietär)	JaTek (proprietär)
Pathlore (proprietär)	u4all (proprietär)

ZUSATZKRITERIEN

Zwei weitere Kriterien haben sich als besonders wichtig in unseren ersten Benutzerbefragungen herausgestellt.

- Mehrsprachigkeit bzw. Unicode-Fähigkeit und
- Fähigkeiten für naturwissenschaftliche und mathematische Anwendungen.

Bei beiden Eigenschaften handelt es sich allerdings um ein großes Defizit bei den meisten der heute angebotenen Plattformen. Der Unicode-Support wurde ausdrücklich erfragt, allerdings haben wir es unterlassen nachzufragen, ob der Unicode-Support nur für die HTML-Seiten gilt oder ob er auch die studentischen Werkzeuge mit umfaßt. Die Mathematik-Fähigkeit sollte in der Antwort auf die beherrschten Datei-Formate sichtbar werden. Hier wurden von den Herstellern merkwürdigerweise kaum Formate der bekannten Mathematikeditoren oder Simulationsprogramme (z.B. LateX, Maple, MatLab, Mathematica, SimuLink) angegeben.

Unicode Fähigkeit Die Fähigkeit, Zwei-Byte-Zeichensätze darstellen zu können, sollte durchgängig für die Web-Seiten, aber auch für andere Werkzeuge gelten, also z.B. auch für die Notizbücher der Studierenden, das Whiteboard oder die Foren. Diese Fähigkeit ist wichtig für Anwendungen in den Sprachwissenschaften, insbesondere für die Orientalistik, das Hebräische und die Arabischen Sprachen, die Japanologie und die Sinologie. Noch nicht unicodefähig sind folgende Plattformen:

Blackboard	C4Knowledge	Centra
CoMentor	CoSE	Docent
OpenUSS	ORBIS NetCoach	Pegasys
Perception	Scholion	TopClass
Trainersoft	UniOpen Hagen	WebAssign

Auch in diesem Punkt sind wir auf die Angaben der Hersteller angewiesen. Es ist kaum zu glauben, daß alle anderen Plattformen bereits Unicode beherrschen. Zumindest darf man annehmen, daß die Unicode-Fähigkeit auf die Web-Seiten beschränkt bleibt und noch nicht in den Notizbüchern, Annotationen, Foren oder im Whiteboard etc. realisiert wurde.

Formeleditor Die Fähigkeit, mit einem Formeleditor innerhalb der Lernplattform zu arbeiten oder MatLab-Dateien (SimuLink) laden und mit ihnen arbeiten zu können, ist besonders wichtig für die Mathematik, die Naturwissenschaften und die Ingenieurwissenschaften. Hier gehen die Wünsche einiger Benutzer sogar weiter. Natürlich kann man stets aus anderen Programmen mathematische Berechnungen in PostScript und dann wieder in HTML, PDF und andere Formate umwandeln und dann wieder auf Web-Seiten darstellen lassen. Sinnvoller ist es jedoch, wenn man „lebende", aktive Formeln haben will und die Studenten auch mit Formeln arbeiten lassen will, daß dann die Hersteller des mathematischen Programms PlugIns für den Browser zur Verfügung stellen. Wir haben die Hersteller der Lernplattformen danach befragt, in der Annahme, daß ihre Benutzer von ihnen derartige Leistungen längst abgefordert hätten, mußten jedoch feststellen, daß auf deren Seite für diese Problematik noch kein Bewußtsein existiert. Wir sehen jedoch im Rahmen dieser Untersuchung unsere Aufgabe nicht darin, dieses fehlende Wissen unsererseits aufzuholen.

Die Campus Edition von WebCT 3.7 ist anscheinend die erste Plattform, die über einen integrierten Formeleditor verfügt. Die Version 3.7 konnte allerdings erst in der Endphase des Projekts installiert werden. Der Formeleditor steht in WebCT 3.7 durchgängig in allen studentischen Werkzeugen zur Verfügung.

Nun wäre es nicht unbedingt nötig, daß beide Eigenschaften in einer Plattform vertreten sind. Man könnte (theoretisch!) mehrere Plattformen beschaffen, darunter eine, die sich wegen ihrer sprachlichen Eigenschaften speziell für die Sprachwissenschaftler eignet, und eine andere, die sich wegen ihrer mathematischen Fähigkeiten speziell für die Naturwissenschaftler eignet, um diese beiden großen Fächergruppen abdecken zu können. Dies ist aufgrund der hohen Preise der Plattformen allerdings kaum möglich. Auf jeden Fall ist es wichtig, daß es Plattformen mit diesen Eigenschaften gibt, da wir sonst Probleme mit der Einbeziehung einer der beiden großen Fächergruppen bekommen könnten.

TECHNISCHE BASIS DER LERNPLATTFORM

Die technischen und softwaretechnischen Grundlagen eines LMS sind in Extremfällen entscheidend für die breite Nutzbarkeit. Auch zu diesem Kriterienbereich finden sich K.O.-Kriterien.

Datenbanken — Einige Plattformen haben sich auf Oracle als Datenbankgrundlage festgelegt, andere sind hier variabel (z.B. auch mySQL). Nun stellt Oracle für die Hamburger Hochschulen kein Problem dar, da Education-Lizenzen vorliegen. Oracle kann allerdings teuer werden, wenn die Plattformen z.B. im Rahmen der Weiterbildung für kostenpflichtige oder kommerzielle Kurse eingesetzt werden, da dann kommerzielle Lizenzen beschafft werden müssen.

Fremdsoftware — Ein weiteres Problem entsteht, wenn ein kommerziell erworbenes Produkt mit fremden Software-Zusätzen ausgeliefert wird, für die der Hersteller kein Copyright besitzt. Damit ist folgendes gemeint: Einige LMS inkorporieren Programmteile (php, asp oder JAVA), die von fremden Autoren entliehen oder erworben (Shareware) wurden oder die aus dem Bereich der open source-Software stammen. Bei einer Weiterentwicklung des LMS kann sich das Unternehmen als von dieser Zusatzsoftware abhängig erweisen. Dieser Gesichtspunkt gilt für kommerzielle LMS, er gilt natürlich nicht für LMS, die selbst open source-Software sind.

Deshalb wurden einige Plattformen kritischer als andere bewertet, die für geforderte K.O.-Kriterien nur auf 3rd Party-Lösungen oder Shareware-Programme verwiesen, z.B. für Foren, für Whiteboards oder für den Chat.

Standard PlugIns — Eine Beschränkung der Lernplattform auf Standard-PlugIns erscheint wichtig. Zusätzlicher Installationsaufwand auf seiten der Clients sollte vermieden werden. Für die eingesetzten PlugIns sollte die Pflege und Wartung garantiert sein. Generell verfügbare und teilweise als Systemzusätze ausgelieferte PlugIns sind damit zulässig (z.B. Java, QuickTime, AVI etc.), zusätzlich käuflich vom Client zu erwerbende PlugIns hingegen nicht.

INTERNATIONALE STANDARDS

Das Thema der Standardisierung ist relativ neu (s. Schulmeister 2001). Die Initiativen von IEEE, IMS, AICC und SCORM sowie die Prometheus-Initiative der Europäischen Kommission haben die öffentliche Diskussion über Standards für Learning Objects Metadata, Content Packaging, Data Migration u.a. vorangetrieben. Viele Hersteller von Lernplattformen haben sich beeilt, diese Standards in ihre Produkte einzubauen und setzen Logos von AICC, IMS oder SCORM auf ihre Seiten.

Einige Plattformen hinken diesem Prozeß hinterher und verfügen über keine oder nur wenige dieser Standards:

Aspen (keine)	Bildungswerkzeug (keine)	Boniva (wenige)
Centra (wenige)	CLIX (wenige)	coMentor (keine)
CoSE (keine)	Credencia (keine)	eCollege (keine)
H.U.T. (keine)	ILIAS (nur IMS LOM)	Interwise (keine)
JaTek (nur IMS LOM)	LearnLinc (keine)	Luminis (keine)
OpenUni Hagen (keine)	ORBIS NetCoach (keine)	Pegasys (keine)
Perception (keine)	Profis (wenige)	SAP Learning Solution (wenige)
Scholion (keine)	SiteScape (keine)	Sitos (wenige)
SmartForce (wenige)	TeleWIFI (keine)	The Learning Manager (wenige)
ThinkTanx (keine)	Training Manager (keine)	u4all (keine)

Aspen (keine)   Bildungswerkzeug (keine)   Boniva (wenige)
WebAssign (keine)   WebBoard (keine)   WebMentor (wenige)
OpenUSS (keine)

Einige dieser Hersteller von Plattformen beteiligen sich an der IMS- oder SCORM-Initiative, haben aber bisher noch keine eigene Realisierung vorliegen. Die Konformität mit Standards ist ein wichtiges K.O.-Kriterium, sollte aber auch nicht überbewertet werden, da zu erwarten ist, daß eine ganze Reihe von Herstellern dieses Defizit in den nächsten bereits für 2002 angekündigten Versionen ihrer Plattform beseitigen werden.

Großbritannien und Cetis — Großbritannien ist in Sachen Standards von Lernsystemen weiter als die Bundesrepublik.

Product	IMS Metadata	IMS Content Packaging	IMS Question and Test	IMS Learner Information	IMS Enterprise	ADL SCORM	AICC
Aspen Learning Management System		Yes?				Yes?	Yes?
CMS Universe	Yes						
Ingenium						Yes	
Learning Environment			Yes	Yes			
Learning Management Server						Yes	Yes
LiveLearning	Yes	Yes	Yes				
Lotus LearningSpace						Yes (API)	AGR-010 Conformance statement
Pathlore Learning Management System						Yes	AGR-010/AGR-006 Certified
Plateau 4						Yes	Yes
TLM 3.2	Yes	Yes					Certified
TopClass 5	??	??	??	??	??	Yes	AGR-010 Certified
TrainingServer	Yes					Yes	Yes
WBT Manager						1.1	AGR010 Certified
WebCT 3.7	Yes	Yes	Yes	No	Yes	No	No
WebMentor	Yes					Yes (1.0)	

Abb. 5 Darstellung von Cetis zur Erfüllung von Standards bei LMS

Die K.O.-Kriterien

Product	IMS Metadata	IMS Content Packaging	IMS Question and Test	IMS Learner Information	IMS Enterprise	ADL SCORM	AICC
LearnWise	Yes	Yes			Yes		
Learning Environment			Yes		Yes		
Learning Management Server						Yes	Yes
Lectora Publisher	Not known	Not known				1.2	AGR-010
LiveLearning	Yes	Yes	Yes				
Lotus LearningSpace						Yes (API)	AGR-010 Conformance statement
Office 2000	Yes						
Pathlore Learning Management System						Yes	AGR-010/AGR-006 Certified
PeopleSoft 8 Student Administration				Yes			
Plateau 4						Yes	Yes
Precision Suite	Yes	Yes	Yes		Yes		
Question Mark Perception for Web			Yes (export, import)				
TLM 3.2	Yes	Yes					Certified
ToolBook						Yes	
TopClass 5	??	??	??	??	??	Yes	AGR-010 Certified

Abb. 6 Darstellung von Cetis zur Erfüllung von Standards bei LMS, Teil 2

Großbritannien fördert mit Cetis aus staatlichen Mitteln eine Institution für die Mitarbeit an den internationalen Standardkommissionen von IMS, ADL, AICC, Prometeus, IEEE, ISO und CEN/ISS. Cetis berichtet auf einer Web-Site über den Stand der Umsetzung von Standards bei einzelnen Produkten (http://www.cetis.ac.uk/directory/products).

Product	IMS Metadata	IMS Content Packaging	IMS Question and Test	IMS Learner Information	IMS Enterprise	ADL SCORM	AICC
TopClass 5	??	??	??	??	??	Yes	AGR-010 Certified
TrainingServer	Yes					Yes	Yes
WBT Manager						1.1	AGR010 Certified
WebCT 3.7	Yes	Yes	Yes	No	Yes	No	No
WebMentor	Yes					Yes (1.0)	
e-Test 3			Yes				
edCenter Online Learning System	Yes	Yes					
iAuthor						Yes	
iX Learning System		Yes					
intraLibrary	Yes	Yes	N/A	N/A	N/A	Yes	N/A

<< previous page

Abb. 7 Darstellung von Cetis zur Erfüllung von Standards bei LMS, Teil 3

Diese Aufgabe der Mitarbeit in den Standardkommissionen und an der Prometeus-Initiative der Europäischen Union wird in der Bundesrepublik dem freiwilligen Engagement einzelner Hochschulen selbst überlassen, die dafür in der Regel keine Mittel aufbringen. Cetis hingegen wird durch JISC finanziert, dem Joint Information Systems Committee of the Higher and Further Education Funding Councils, und durch die University of Wales Bangor betreut.

SUPPORT

Die Entscheidung für eine Lernplattform setzt ein Vertrauen in die wirtschaftliche Solidität und langfristige Existenz der Herstellerfirma voraus. Die Zahl der vorhandenen Kunden und Installationen, sowie die breite Benutzerbasis und die Größe der Firma sind Indikatoren für diese Faktoren. Diese Gesichtspunkte gelten verständlicherweise nicht für open source-Produkte, mit denen die Hochschulen zwar kein finanzielles Risiko, aber dafür ganz andere Risiken eingehen, z.B. kein Support oder die Notwendigkeit eigener Programmierarbeiten. Auf open source-Produkte können sich Fachbereiche einlassen, die über eigenes Know-How auf diesem Gebiet verfügen und die Studienarbeiten und Diplomarbeiten zur Mitarbeit an der Plattform ansetzen können.

Als Indikatoren für guten Support können auch die Qualität der Dokumentation, die Erreichbarkeit des Herstellers und die Existenz von Trainingsangeboten dienen. Support ist ein „weicher" Kriterienbereich, der nur in extremen Fällen als K.O.-Kriterium gewertet werden kann, in der Regel aber qualitativ bewertet und gewichtet werden muß.

Bedauerlich ist allerdings, daß einige pädagogisch interessante Varianten von Lernplattformen, die von (englischen) Universitäten entwickelt wurden, offenbar über keine ausreichende Infrastruktur für Wartung und Weiterentwicklung sowie Support verfügen, so daß deren Beschaffung an Kriterien scheitern würde, welche die Größe der Firma, die Solidität des Supports sowie die Aussicht auf nachhaltige Weiterentwicklung betreffen.

WIRTSCHAFTLICHE GESICHTSPUNKTE

Lizenzbedingungen und Preisstruktur

Ein weiterer wichtiger Bereich ist die Lizenzpolitik der Unternehmen und damit verbunden die Preisstruktur der Produkte. Die Modalitäten variieren von der Vergabe von Lizenzen pro Studierende (Typ A) bis hin zu pauschalen Campuslizenzen (Typ B) oder Lizenzen, die nach Anzahl der Mandanten (Typ C) berechnet werden. Zwischen diesen Lizenzbedingungen öffnet sich eine

Schere: Solange sich Lernplattformen in einer Start oder Erprobungsphase befinden und nur wenige Kurse und Studierende damit arbeiten, ist eine Campuslizenz teurer als eine Lizenz nach Anzahl der Studierenden. Sobald jedoch die Entwicklung weiter fortgeschritten ist und eine größere Zahl von Kursen und Studierenden mit der Lernplattform arbeitet, erweist sich eine Campuslizenz als kostengünstiger. Die Versionen, die mit Preisen pro Mandanten arbeiten (Typ C), liegen irgendwo dazwischen: Sofern die sechs Hamburger Hochschulen nur einen Mandanten bilden, ist der Preis einer solchen Plattform erstaunlich günstig. Wahrscheinlicher ist jedoch, daß in Hamburg die Hochschulen eigene Mandanten bilden wollen, womit der Preis einer Plattform enorm ansteigt. Sollten gar die Fachbereiche Mandanten und die Institute Submandanten bilden wollen, wird eine solche Plattform unbezahlbar.

Das Thema Lernplattform ist deshalb wichtig geworden, weil in Zukunft eine höhere Nutzungsfrequenz für virtuelles Lernen zu erwarten ist. Sollte diese Annahme zutreffen, dann scheint mir in einem Land mit über 60.000 Studierenden, in dem eine Landeslizenz angestrebt wird, generell Vorsicht gegenüber Lizenzmodellen angebracht, die von einem Preis pro Studierenden ausgehen. Dieser Vorbehalt trifft nicht auf kleinere Hochschulen zu, die eine eigene Lizenz anstreben. So kann sich beispielsweise eine kleine Universität eine an der Zahl der Benutzer orientierte Lizenz eher leisten als eine an Mandanten orientierte Lizenz, weil die Studierendenzahl eine bestimmte Größe nicht überschreiten wird. Ob man aus diesen Gründen die Lizenzbedingung als K.O.-Kriterium werten kann, sollte vorsichtig abgewogen werden. Unter Umständen bietet es sich an, Plattformen des Typs A mit der Maßgabe zu beschaffen, daß für ihre Nutzung eine maximale Kapazität gesetzt wird. Die Situation ändert sich, wenn die Lizenz es erlaubt, daß eine große Universität mehrere kleinere Hochschulen mit ihrer Lizenz bedienen darf, soz. als Provider (ASP) für kleinere Hochschulen tätig sein kann.

Die aktuelle Tendenz ist dadurch gekennzeichnet, daß Plattformen, die bisher eher in gewerblichen Bereichen vertreten sind, mit einer Mischung aus Campus-Grundpreis (Typ B) plus Preis für die Zahl der Mandanten (Typ C) arbeiten, während die Plattformen, die im Hochschulbereich vertreten sind, bisher eher das Modell Typ B angeboten hatten, mit den steigenden Nutzerzahlen für virtuelle Studienangebote jetzt aber zunehmend auf das Modell Typ A übergehen. So hatte beispielsweise WebCT mit der Campusedition bisher eine Campuslizenz angeboten, will aber mit der Version Vista 4.0 eine Lizenz nach Zahl der Benutzer einführen.

ASP Lösungen   Ein weiteres K.O.-Kriterium stellt die Anforderung dar, daß die Hamburger Hochschulen die Plattform selbst hosten und administrieren. Die technische und technologische Kapazität für das Betreiben von Lernplattformen und anderen Lernsystemen, die zentral betrieben werden sollten, ist in unseren Rechenzentren vorhanden, und wir sollten sie für diese wichtigen neuen Funktionen der Hochschulen nutzen. Die Benutzerdaten befinden sich zukünftig in einer Verwaltungssoftware (z.B. SAP), und die Verwaltung und der Lehrbetrieb finden darin eine wichtige Schnittstelle. Eine Plattform, die nur als ASP-Lösung (Application Service Provider) angeboten wird, kommt aus diesen Gründen nicht infrage. Folgende Anbieter haben nur eine ASP-Lösung angeboten:

Aspen	Credencia	DLS
eCollege	LearnLinc	Pegasys

ERP/HRIS Connectivity   Dieses Kriterium wurde als Grundlage für Abrechnungswesen genommen. Als gleichwertig wurde eine eigene eCommerce-Komponente angenommen. Es hat sich herausgestellt, daß die Mehrheit der Plattformen auf diesem Gebiet noch nicht weit entwickelt sind. Da dieses Kriterium für die Hochschulen zur Zeit auch nicht unbedingt im Vordergrund steht, solange eLearning noch nicht in großem Maßstab angelaufen ist, wird hier auf das K.O.-Kriterium verzichtet. Es würde zu einem völlig schiefen Bild führen, weil gerade einige der leistungsstärksten Plattformen dieses Kriterium nicht erfüllen, hingegen aber einige der funktionsschwächeren.

4.2 Für den Praxistest ausgewählte Lernplattformen

DIE ERSTEN FÜNF KANDIDATEN

Nach Durchsicht der K.O.-Kriterien und der gewichteten Kriterien wurden folgende Kandidaten für die eingehenden Praxistests ausgewählt:

Produkt	Firma
CLIX	imc
IBT Server	time4you
IntraLearn	IntraLearn
SABA	SABA
WebCT	WebCT

Tab. 24 Für den Praxistest ausgewählte Lernplattformen

FÜNF ERSATZKANDIDATEN

Folgende fünf Plattformen weisen einen ähnlichen Leistungsumfang auf und stellen mit gewissen Einschränkungen gute Ersatzkandidaten dar:

- blaxxun (alle Funktionen vorhanden, einige aber nur als 3rd Party-Software, bisher kein Unicode-Support). blaxxun hat leider kürzlich Insolvenz angemeldet
- Boniva (schwach in Standards IMC und SCORM)
- C4Knowledge (nur ein Forum, kein Unicode-Support, aber sonst guter Funktionsumfang, mit zusätzlicher Video- und Audiokonferenz)
- Hyperwave eLearning Suite (keine Standards)
- mGen (bisher nur in Englisch, geringe Abstriche bei den Werkzeugen für Studierende)

Zusätzlich wurden nach Beendigung von EVA:LERN Testinstallationen folgender Lernplattformen vorgenommen: LearnTone von SUN Microsystems, C4Knowledge und Blackboard.

KAPITEL 5
Ergänzungen zu Lernplattformen

5.1 Wichtige Ergänzungen zu Lernplattformen

Mit der Beschaffung von Lernplattformen allein sind noch nicht alle Voraussetzungen für eLearning geschaffen. Ich will jetzt gar nicht darauf hinaus, daß man in den meisten Fällen eine Oracle-Lizenz, einen leistungsfähigen Server und entsprechende Web-Server-Lizenzen benötigt. Auch die Kosten, die auf die Rechenzentren zukommen für Wartung, Pflege und Administration will ich hier nicht diskutieren. In diesem Kapitel soll es um sinnvolle Software-Zusätze zu den Lernplattformen gehen.

Viele Plattformen werden ohne eigene Autorenwerkzeuge für HTML-Seiten ausgeliefert, einigen fehlen die Kommunikationswerkzeuge, anderen die Testmethoden und die Statistik-Auswertung sowie die Berichte. Für solche Plattformen stehen 3rd Party-Programme zur Verfügung, die extern eingesetzt oder in die Lernplattform integriert werden können und für die meistens geeignete Schnittstellen existieren. Dies betrifft vor allem folgende Funktionen:

- Autorenwerkzeuge und Editoren für Metadaten
- Abrechnungswesen (ERP)
- Audio- und Video-Konferenzsysteme
- WebConferencing-Software
- Virtuelle Klassenräume
- Kooperative Software
- Assessment-Tools
- Report-Generatoren und Statistik-Werkzeuge.

AUTORENSYSTEME

Als Ergänzung zu den Plattformen sind effektive Autorensysteme notwendig. Als solche sind einmal die Multimedia-Editoren wie Macromedia Director und Flash, Macromedia Authorware, Quicktime u.a. bekannt und zum anderen die Web-Editoren oder HTML-Editoren wie Adobe Golive, Microsoft Frontpage, Macromedia Dreamweaver und viele andere.

Ein besonderes Autorenwerkzeug ist learn eXact von Interactive Labs, einer Tochter der Giunti Publishing Group (Interactive Labs, Genua), weil es im Rahmen eines EU-Projekts direkt für die Zuarbeit zu Lernplattformen entwickelt wurde.

learn eXact®
Learning Content Management System

learn eXact ist das erste Autorenwerkzeug und Content Management System, das über die meisten internationalen Standards verfügt (ADL, SCORM, IMS, AICC) und das Lernpakete für bestimmte Plattformen (bisher für WebCT) mit Metadaten versehen und in die Plattform direkt implementieren kann. learn eXact besteht aus folgenden Modulen:

> eXact Packager, client/server software to create and package xml native learning objects, courses and publications that can be delivered on standards compliant platforms and devices (CD, DVD, Web, ebook, mobile, wireless and wearable devices, GPRS / UMTS phones);

> eXact Siter, Webbased software with advanced content management, tracking and delivery features, ideal for the setup and management of eLearning portals and Business to Employee (B2E) knowledge portals;

> eXact Lobster, Learning Objects Storage Repository based on Tamino, the first DBMS xml native by Software AG, to store courses, knowledge and learning objects in native xml format with dynamically redefinable XSL stylesheets enabling multidevice, futureproof, content delivery;

> eXact Tracer to track and report learners' performances following ADLSCORM CMI specifications;

> eXact Stations, 3rd party hardware devices fully integrated with the learn eXact solution for mobile delivery of learning content ideal for justintime training (JITT) and mission critical decision support scenarios (such as industrial maintenaince). eXact Stations will be presented at SMAU01, based upon

CompaQ Ipaq, Fujitsu pen computers, Xybernaut wearable PC and IPMNet eBook devices. (aus der Selbstdarstellung von Giunti Interactive Labs)

Für die Editoren werden folgende Preise angegeben:

Creator for WebCT	7.500€
Creator for IMS	7.500€
Creator for SCORM	7.500€
Creator for AICC	7.500€
Complete Packager	25.000€
LOBSTER Server	50.000€

Jeder Editor kostet für 5 Klienten-Lizenzen jeweils 7.500€. Das Repository (die XML-native Datenbank Tamino von der Software AG) ist optional. Man kann die Learning Objects oder ganze Kurse auch in einem Filesystem ablegen oder eine eigene Datenbank dafür entwickeln. Den gesamten Packager gibt es für 25.000€ für jeweils 5 Klienten. Es wäre sinnvoll, von diesem Editor eine begrenzte, aber doch ausreichende Zahl von Lizenzen zu beschaffen, wobei allerdings der Preis ein Hindernis darstellt, denn bereits bei 50 Lizenzen wären schon 250.000€ zusätzlich zur Plattform aufzubringen, was den Preis der Plattform glatt verdoppeln würde.

Ein anderes Autorenwerkzeug ist Lectora von Trivantis (www.trivantis.com), eine Art PowerPoint mit Animationsfähigkeiten und Objektvererbung, die SCORM compliant ist. Lectora wird beispielsweise von Blackboard als sinnvolle Ergänzung zu ihrer Plattform empfohlen.

KURSENTWICKLUNG

Als weitere Werkzeuge für die Kursentwicklung werden XMetal for Course-Creation und der Sitos Content Creator von einigen Herstellern empfohlen. Es ist nicht bekannt, ob diese Werkzeuge die Standards für das Packaging von Kursmaterial beherrschen. Genannt wurden für Content Creation noch folgende Produkte: OutStart's Evolution, Artesia Repository, Inktomi Content Distribution System, Atomica Knowledge Management.

VIRTUELLES KLASSENZIMMER

Unter einem virtuellen Klassenzimmer werden im allgemeinen Systeme verstanden, die nach der Raummetapher organisiert sind (z.B. Teamwave Workplace; jetzt von Sonexis übernommen) und die in den Räumen eine Reihe von Werkzeugen für asynchrones und synchrones Arbeiten (Whiteboard, Concept Map, Kalender) und für die Kommunikation (Chat) bereit halten.

TEAMWAVE WORKPLACE

Als virtuelles Klassenzimmer wird auch Centra gehandelt, allerdings nicht das Centra Knowledge System, das selbst eine Lernplattform ist, sondern der Virtual Classroom von Centra wird von mehreren Anbietern von Lernplattformen als mögliche Ergänzung genannt. Der Virtual Classroom von Centra verfügt über einige Funktionen von Lernplattformen, z.B. studentische Werkzeuge, Whiteboards und Foren, zusätzlich über Audio- und Videokonferenz, allerdings nur über einen Chat und keine Bulletin Boards. Weitere Systeme, die den Anspruch erheben, einen virtuellen Klassenraum zur Verfügung zu stellen, sind Interwise ECP, LearnLinc von Mentergy, eWebClassroom von eWebUniversity. Einige Hersteller empfehlen auch ein WebConferencing-Werkzeug wie Placeware oder ein Kommunikationswerkzeug wie NetMeeting.

Ein spezielles Werkzeug für interaktiven Unterricht ist Active Dialog der S&K IT GmbH (http://www.sk-hamburg.de). Active Dialog ist ein interaktives Werkzeug für Seminare, Workshops und Konferenzen, mit dem man sowohl den Unterricht in einem Raum mit mehreren Rechnern als auch mit Rechnern durchführen kann, die über mehrere Räume verteilt sind. Active Dialog besteht aus einer Client-Anwendung für die Teilnehmer und einem Serverprogramm für den Dozenten, wobei das Serverprogramm keinen dedizierten Server mit Serversoftware benötigt, sondern auf jedem Arbeitsplatzcomputer oder Notebook laufen kann. Der Dozent kann jeden Teilnehmer und jede Gruppe individuell und unterschiedlich ansprechen und mit verschiedenen Informationen und Medien versorgen. Er kann die Arbeit eines Clients an alle Teilnehmer senden oder im Seminar über den Beamer „veröffentlichen". Jeder

Ergänzungen zu Lernplattformen 105

Client hat ein Zeichenbrett und allen Teilnehmern steht ein gemeinsames Whiteboard zur Verfügung. Der Dozent kann die Tastatur und Maus des Clients übernehmen, um zu helfen. Per Messaging und Chat kann synchron kommuniziert werden. Den Clients können Fragen mit mehreren Antwortformaten geschickt werden, um den Prozeß zu steuern oder ein Seminar zu evaluieren. Die Antworten der Teilnehmer werden umgehend in Statistikgrafiken umgesetzt, die an die Teilnehmer zurückgespiegelt werden können.

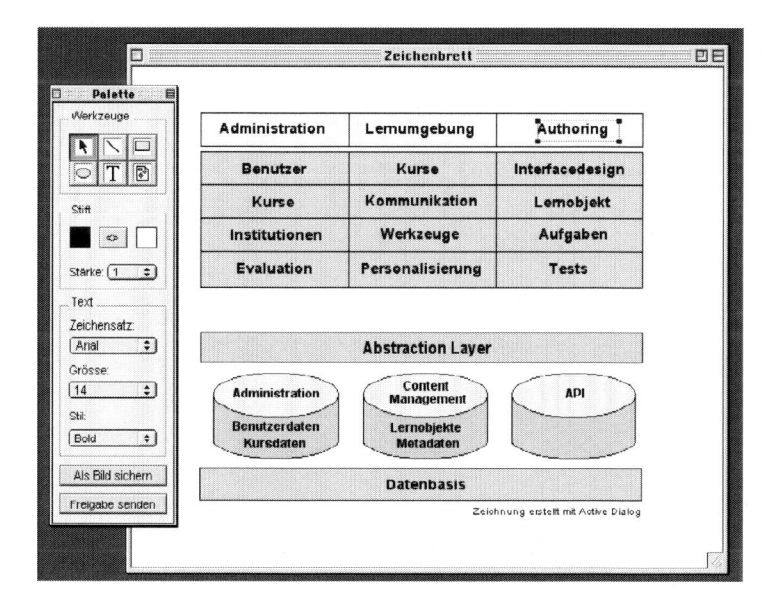

Abb. 8 Zeichenbrett eines Clients in Active Dialog

SPEZIELLE TEST- UND ASSESSMENT-TOOLS

Manche Lernplattformen verfügen über keine eigene Methode, Reports zum Nutzerverhalten und den Tests auszugeben. Die Hersteller empfehlen dann 3rd Party-Programme, die die statistische Auswertung und die Berichterstellung übernehmen, z.B. Perception von QuestionMark und Crystal Reports von crystal decisions (http://www.crystaldecisions.com). Sofern hierfür keine Campuslizenzen bestehen, fallen zusätzliche Kosten für die Beschaffung an. Als Beispiel seien hier die Preise für Perception von QuestionMark (Distributor: Telerat) angeführt. Das Standardpaket kostet

- für Unternehmen: ab 3.900 € zzgl. MwSt

- für Hochschulen: ab 2.595 € zzgl. MwSt
- für Schulen: ab 1.500 € zzgl. MwSt

Der Software-Support-Plan (alle Updates) jährlich beträgt noch einmal 25% des Erstinstallationspakets. Crystal Reports Developer 8.5 kostet 619 US$, Crystal Reports Professional 8.5 kostet 495 US$.

ONLINE-ÜBUNGSSYSTEM

Ein besonderes Programm zum Erstellen von Übungen ist das von der campussource-Initiative NRW als open source-Programm angebotene WebAssign, das ursprünglich an der Fernuniversität Hagen (Prof. Sixt) entwickelt wurde.

KOOPERATIVE SYSTEME

Für die kooperativen Systeme verweise ich auf den Überblick und die diskursive Darstellung von Martin Wessner (2001). In kollaborativen Systemen kann man mit Audio und Videoconferencing für kleine Gruppen arbeiten sowie ein Programm gemeinsam nutzen (shared application), das synchron bedient werden kann (zum Beispiel einen Texteditor oder eine CAD-Anwendung).

Die Hersteller einiger Plattformen verweisen auf folgende Produkte: Placeware und Centra One Collaboration Server, das O'reilly Webboard. Aus der Stichprobe von EVA:LERN kommen für diese Kategorie noch folgende Produkte in Betracht: SiteScape, Serf und WebBoard von ChatSpace.

WEBCONFERENCING-SOFTWARE

Unter WebConferencing-Software wird in der Regel die Übertragung von Präsentationen mit zusätzlicher Audio-Übertragung des Vortrags und einem Chat-Kanal für Rückmeldungen verstanden. Einige Hersteller nennen Placeware als sinnvolle Ergänzung.

SPEZIELLE KOMMUNIKATIONSSOFTWARE

Sollte es der Lernplattform an leistungsfähigen Kommunikationsmethoden mangeln, so lassen sich auch hierfür 3rd-Party-Werkzeuge integrieren, z.B. der Chatspace Community Server oder die Enterprise Communications Platform von Interwise. Auch hier ein Beispiel für die Lizenzpolitik und die Preise: Die Software WebEx wird nach Zeit berechnet und kostet US$ 0,45 pro Minute. Die Software AB Tutor Control kostet pro Stück US$160.

VIDEOCONFERENCING

Für die in den Lernplattformen zumeist nicht integrierte Videokonferenz werden von einigen Herstellern folgende Produkte zur Integration in ihre Plattform empfohlen: NetMeeting, Interwise, Centra und das Polyspan Video Conference System.

INFORMATIONS- UND AUSTAUSCHSYSTEME

Wenn es nur darum geht, Dateien auszutauschen, Projektarbeit zu begleiten und Projektseminare zu betreuen, dann bieten sich Systeme an, die wie ein überregionaler Fileserver arbeiten, z.B. BSCW von der Fraunhofer Gesellschaft (früher GMD-FIT), commsy und UniOpen Hagen.

Die Auswahl der zusätzlichen Software-Systeme oder Werkzeuge für virtuelles Lernen war nicht Aufgabe von EVA:LERN. Es bleibt den Hochschulen und Fachbereichen unbenommen, zusätzlich zu den Lernplattformen diese Software-Systeme einzusetzen. Zwar ist die Austauschfähigkeit dieser Systeme mit den Lernplattformen in der Regel nicht gegeben, aber ihr Einsatz für ganz bestimmte spezifische Lernszenarios bietet sich in einzelnen Fällen an. Die Kosten für diese Systeme sind nicht so hoch wie die Lizenzen der Lernplattformen.

ERP/HRIS-SOFTWARE

Für den Zugriff auf Abrechnungssysteme und externe Datenbanken (Studentenverwaltungssysteme, Bibliothekssysteme) wird häufig auf die Enterprise Software Applications von PeopleSoft (http://www.peoplesoft.com/corp/en/public_index.asp) Bezug genommen.

5.2 Open Source-Software

Eine für den Markt von open Source-Produkten möglicherweise bedeutsame Initiative ist die Open Knowledge Initiative (OKI; http://web.mit.edu/oki/), die vom M.I.T. gemeinsam mit dem Advanced Distributed Learning Network (ADL) und dem IMS Global Learning Consortium (IMS) am 11. Juli 2001 ins Leben gerufen wurde und der folgende weitere Partner angehören:

Cambridge University	Dartmouth College
North Carolina State University	Stanford University
University of Michigan	University of Pennsylvania
University of Wisconsin, Madison	

Das Ziel von OKI ist die Entwicklung einer allgemeinen Architektur und genereller technischer Spezifikationen für open source-Software, die in Abstimmung mit dem Shareable Courseware Object Reference Model (SCORM) von ADL (s. Schulmeister 2001) und der Java in Administration Special Interest Group (JA-SIG) entwickelt werden soll (http://web.mit.edu/oki/ovrvw/whtpapers/arch_overview.html).

OKI ist kein Forschungsprojekt, sondern eine Initiative, die größtenteils in den IMS-Arbeitsgruppen ablaufen wird. Im Zentrum steht die Definition einer Architektur und die Spezifikation und Standardisierung von Schnittstellen für Learning Management Systeme, die sog. Application Programming Interfaces (API). Für Entwickler von open source-Systemen, die diese Standards nutzen, hätte die Verbreitung der Spezifikationen den Vorteil, daß die Module von Lernplattformen leicht austauschbar und transferierbar sind und als Zusatz in andere open source-Produkte integriert werden können.

Die Basisschicht der OKI-Architektur definiert eine Reihe von APIs für gemeinsame Dienste. Die höhren Ebenen der OKI-Architektur und deren API-Spezifikationen definieren höherwertige Leistungen für den pädagogischen

Einsatz von Lernplattformen. Bisher nach über einem Jahr sind allerdings noch nicht viele Spezifikationen für APIs erschienen. Vorgelegt wurden bisher lediglich Spezifikationen für Authentifikation und Authorisierung.

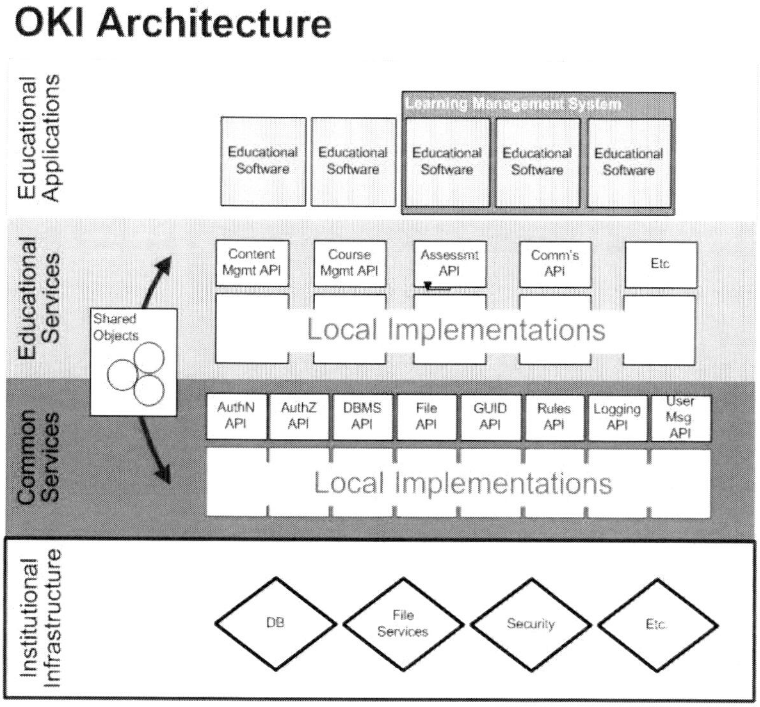

Abb. 9 Skizze der OKI Architektur

OKI plant einen voll funktionsfähigen Prototyp einer ausbaufähigen Lernplattform, die als open source-Produkt distribuiert werden, aber nicht den kommerziellen Herstellern solcher Produkte Konkurrenz machen soll. Deshalb haben selbst Hersteller von LMS-Systemen ein Interesse an Kooperation.

Es ist zu erwarten, daß OKI einen großen Einfluß auf die Entwicklung von open source-Software für Learning Management Systeme ausüben wird. Die Vereinheitlichung der Schnittstellen könnte dazu führen, daß man nicht alles selbst entwickeln muß und daß die kommerziellen und nicht-kommerziellen Systeme besser integriert werden können.

Der Markt der open source-Produkte ist kaum überschaubar, und aus der Ankündigung der Anbieter ist der Leistungsumfang des jeweiligen Systems in der Regel nicht zu erkennen. Zum Abschluß des Kapitels seien noch drei Produkte genannt, die mir erst nach dem Ende der Untersuchung bekannt wurden:

Das Eledge Open Learning Management System der University of Utah wird als freie Software (http://eledge.sourceforge.net/) nach den Regeln der GNU General Public License angeboten.

Das LMS mit dem merkwürdigen Namen .LRN (gesprochen „dotlrn") ist eine open source-Lernplattform (http://dotlrn.mit.edu/) von der Sloan School of Management des M.I.T. .LRN soll über ein gutes Kursmanagement und gute Kommunikationswerkzeuge verfügen und ist noch in der Entwicklung.

MimerDesk (http://mimerdesk.org/community/) ist eine open source-Groupware aus Skandinavien, die über folgende Funktionen verfügt: Kalender, Aufgaben, Foren, Mitteilungen, Chat, Reviews, Voting, Personen-Profile:

> „Mimer comes from the scandinavian viking myhology. It means the center of all information where the tree of life, Yaggrasil rises. Desk means the way you work in MimerDesk. The 'i' in Mimer is pronounced like 'i' in 'Still', not like 'y' in 'My'.

KAPITEL 6
Die Lernplattformen im Praxistest

6.1 Installation und Betrieb der Plattformen

Es ist verständlich, wenn angesichts der Vielzahl kommerzieller LMS auf dem Markt die Hersteller sichtlich um Produktabsatz bemüht sind. So mag es zu erklären sein, daß nicht alle Angaben, die im Fragebogen gemacht wurden, korrekt waren und einer Überprüfung standhielten. Auch scheuen sich einige Hersteller nicht, auf Nachfrage nach versprochenen Funktionen 3rdParty-Software zu empfehlen, die nicht mitgeliefert wurde, obwohl sie für den Praxistest wichtig und nötig gewesen wäre – auch im Interesse der Hersteller. Erst nach weiteren Nachfragen und eigenem Einsatz (Download und Installation von Fremdprodukten) ließen sich einige Produkte überhaupt testen. Teilweise wurden notwendige Zusätze zur Lernplattform, zum Beispiel spezielle Management-Programme oder eigene Editoren, erst aufgrund beharrlichen Insistierens geliefert oder trotz Nachfassens nicht geliefert.

Von den Systemen, die wir im Test hatten, besitzt nur WebCT viel Erfahrung mit Hochschulen und eine große Referenzbasis in den Hochschulen. Die anderen Systeme waren bisher eher in der Industrie verbreitet. Von daher ist verständlich, daß einige Hersteller oder Distributoren auf die Präsentation und Einführung der Systeme in einer Hochschule nicht vorbereitet waren. Teilweise hatten die Firmenvertreter, obwohl sie alle eine Hochschulausbildung hatten, deutliche Schwierigkeiten, bei der Präsentation ihres Produkts die Interface-Sprache ihres LMS für den Hochschulkontext zu interpretieren. Die Demonstrationsbeispiele, sofern es überhaupt welche gab, hatten zumeist keinen Realitätsbezug, und die Testversionen der Lernplattformen waren in einigen Fällen nicht vollständig konfiguriert. Eine Anbindung des LMS an andere

Systeme und Fremdanbietersoftware wurde von keinem Hersteller demonstriert.

Man hätte eigentlich erwarten können, daß die Hersteller oder Distributoren alles daran setzen würden, ihre Software bestens zu präsentieren. Diese Erwartung wurde enttäuscht. Einen zusätzlichen Aufwand, um sein Produkt hochschulnah zu präsentieren, hat keiner der Hersteller auf sich genommen.

INSTALLATION DER SYSTEME

Die Plattformen SABA, CLIX und IBT wurden im Regionalen Rechenzentrum der Universität Hamburg auf einer Sun-Station mit 4 Prozessoren installiert. Die Installation von IBT war sehr einfach, während die Installationen von CLIX und SABA sich als sehr schwierig erwiesen, da hierzu in hohem Masse spezielles Know-How über die Konfiguration der einzelnen Softwarebasiskomponenten erforderlich war (siehe „Erfahrungen mit CLIX" S. 257 und siehe „Erfahrungen mit SABA" S. 241).

Die richtige Konfiguration der Oracle 8i-Datenbank für beide Systeme (CLIX und SABA) war kompliziert. Die Konfiguration war selbst nach Abschluß der Installation nicht vollständig realisiert worden, so daß beim Zugriff auf die Datenbank immer wieder Verzögerungen entstanden.

Die Installation der Plattformen IntraLearn und WebCT wurde vom Rechenzentrum der TU Harburg übernommen. Auch hier gab es Probleme bei der Installation, so daß ein Mitarbeiter des Distributors Smartlingua mehrfach vor Ort sein mußte. IntraLearn erwies sich aufgrund des darunterliegenden Serversystems (WinNT) als sehr offen und wurde bereits in den ersten Tagen nach der Installation durch Hacker lahmgelegt (siehe „Erfahrungen mit IntraLearn" S. 275).

Installations routinen — Die Installationsroutinen einiger LMS, sofern überhaupt welche vorhanden waren, müssen erhebliche Kritik vertragen. Während die Installation von IBT und WebCT aufgrund vorhandener Installationsprogramme recht einfach verlief, war bei den anderen Systemen aufwendige manuelle Tätigkeit notwendig. Die Hersteller lieferten keine vollständige Installationsroutine, die im Anschluß auch die Basiskonfiguration übernimmt. Von anderen Systemen (z.B. mySQL-Installation inklusive Admin, Startup etc.) ist bekannt, daß die Entwicklung eines vernünftigen und effektiven Installationsprogramms durchaus kein Problem darstellen muß.

KONFIGURATION DER SYSTEME

Grundsätzlich sieht es so aus, daß alle von uns getesteten Systeme in den bereits vorhandenen Funktionalitäten schon wieder (oder noch immer?) Überholungsbedarf haben. Diese Aussage bezieht sich vorwiegend auf die Realisierung der Funktionsvielfalt, aber auch auf das teilweise antiquierte Design und/oder das umständliche Benutzerinterface.

Die Gesamtfunktionalität läßt ebenfalls zu wünschen übrig. So hat kaum eines der Systeme alle Anforderungen aus sich selbst heraus realisieren können, sondern nur mit Hilfe von Zusätzen. Es gibt ferner Unterschiede im Leistungsumfang der Lernplattformen. Es gibt Plattformen mit integrierter Content-Erstellung (und rudimentärem HTML-Editor) und solche ohne integrierte Content-Erstellung. Ebenfalls unterscheiden die Plattformen sich im Komfort für die Autoren. So mußte man bei IntraLearn und IBT Server einen gesonderten FTP-Zugang nutzen, um Kursmaterial auf den Server zu bringen.

Um ein Rundumpaket zu bekommen, ist es notwendig, verschiedene Drittanbietersoftware anzubinden, die ich (s. Kapitel 5 „Ergänzungen zu Lernplattformen" S. 101) bereits erwähnt habe. Hierzu gehören z.B.:

Multimediaeditoren	HTML Editoren
Testdesign und Management Tools	SCORM Content Designer Tools
Report Generatoren	Kommunikationstools
Virtual Classroom Software	WebConferencing Software

Sofern für deratige Software keine Campuslizenzen vorhanden sind, fallen zusätzliche Kosten für die Beschaffung an.

DAS BENUTZERINTERFACE DER SYSTEME

Um eine praktische Nutzung in den Hochschulen zu ermöglichen, müssen einige Systeme mehr oder weniger aufwendig angepaßt und in ein bestehendes Portal eingebunden werden, welches die fehlende Funktionalität ggf. ergänzt. Dieser Anpassungsprozeß muß bei einigen Produkten vom Hersteller wahrgenommen und zusätzlich bezahlt werden (SABA, CLIX). Bei einigen Systemen, insbesondere mandantenorientierten Systemen, ist die Möglichkeit, das Design von Kursen zu variieren und den jeweiligen Institutionen und Zwekken anzupassen, relativ beschränkt.

WebCT und CLIX	Die Systeme, die nach der Installation und der Einführung bei dem Projektteam den besten Gesamteindruck hinterlassen haben, sind WebCT und CLIX, mit einigem Abstand IBT, während eines der von seiner technischen Grundlage her an sich leistungsfähigsten Systeme im Test, SABA, unverdientermaßen schlecht abschnitt – aufgrund der aufwendigen Installation, der geringen Hochschulnähe im Benutzerinterface und der geringen Fähigkeit der Support-Mitarbeiter, sich in hochschulnahe Anwendungen einzudenken. Dies war nicht nur der Eindruck meines Teams, sondern dieser Eindruck wurde in den Schulungen für die beteiligten Hochschullehrerinnen und Hochschullehrer und durch das Abschneiden bei der Usability-Befragung nach dem Praxistest nachdrücklich bestätigt (s. Kapitel 6.3 „Die Usability-Untersuchung" S. 119).
CLIX	Der modulare Aufbau von CLIX und vor allem die immer gleich bleibende Bedienungsmethode haben bei technisch versierten Personen einen guten Eindruck hinterlassen. Interessant war auch die Beobachtung, daß die „algorithmischen" Bedienungsabläufe von CLIX einige Hochschullehrer sogar über die Tatsache haben hinwegsehen lassen, daß für viele Operationen in CLIX mehr Schritte benötigt werden als in anderen Systemen (siehe „Erfahrungen mit CLIX" S. 257).
IBT Server	Das Benutzerinterface bei IBT Server wurde stark kritisiert. Zu bemängeln ist die umständliche Handhabung bei begrenztem Funktionsumfang (siehe „Erfahrungen mit IBT Server" S. 265).
IntraLearn	IntraLearn zeigte zwar ebenfalls gravierende Schwächen, besticht aber durch einfache Bedienungsweise bei allerdings geringerem Funktionsumfang (siehe „Erfahrungen mit IntraLearn" S. 275).
WebCT	Das Benutzerinterface von WebCT wurde als besonders leicht erlernbar beurteilt, was insbesondere für technisch unerfahrene Nutzer vorteilhaft ist. Das Design hingegen hat ein etwas konservatives Look & Feel. Besonders erwähnt wurden in den Kommentaren der Testautoren

- die hervorragende Course Map, eine desktop-artige Orientierungshilfe als Überblick über alle Kursseiten, deren Reihenfolge per Drag & Drop modifizierbar ist
- der leichte Wechsel per Mausklick zwischen den Designer-Optionen und der Benutzer-Ansicht
- die Möglichkeit, das Design pro Kurs zu wechseln
- der gelungene Überblick über und schnelle Zugriff auf alle Designer-Funktionen.

Die Systemstabilität der Plattformen

Besorgniserregend ist bei einigen Systemen die Fehlerfrequenz und Instabilität der Technologie. Die Hersteller betonten zwar, daß die Systeme, die wir geliefert bekommen hatten, nicht in dieser Form an Kunden verkauft werden und daß jedes System normalerweise für den Kunden individuell angepaßt und eingerichtet wird (wofür zusätzliche Kosten anfallen). Aber man fragt sich, warum dann für einen derart wichtigen Test für ein Bundesland seitens der Hersteller nicht mehr Anstrengungen unternommen wurden.

Mangelhafte Anpassung der LMS

Bei einigen Plattformen wirkte sich die fehlende Anpassung nur auf Kleinigkeiten aus (hauptsächlich Design), bei anderen Systemen hingegen waren schon gravierende Fehler zu erkennen (Programmteile funktionierten nicht). Die Fehler waren auch nicht durch eine Anpassung zu beseitigen. Einige Systeme haben offenbar noch echte Bugs: Bei einer Plattform war ein versehentliches Löschen von Dateien möglich, weil unter bestimmten Umständen keine zusätzliche Warnung erfolgte, bei einer anderen Plattform konnte man Systembestandteile löschen und dadurch das gesamte System zusammenbrechen lassen. Bei IntraLearn wurden eine fehlerhafte Lernwegeführung (Pre- und Postbedingungen funktionierten nicht richtig) und Datumslokalisierung festgestellt. Bei IBT Server funktionierte das Anlegen von Modulvorlagen nicht unter Internet Explorer 5.0 (Win2K). Auch bei den anderen Systemen funktionierte einiges nicht, allerdings konnten wir nicht in allen Fällen verifizieren, ob diese Systemfehler auf das LMS oder auf die unvollständige oder nicht ganz „saubere" Installation und Anbindung an unsere Oracle-Version zurückzuführen sind, was die Hersteller behaupteten.

Die positive Ausnahme war WebCT. Bei WebCT wurden keine nennenswerten Fehler festgestellt (siehe „Erfahrungen mit WebCT" S. 249).

Zusammenfassende Bewertung

Die folgende Tabelle gibt einen schematischen Überblick über die Verteilung der Vor- und Nachteile der Plattformen hinsichtlich Kompetenz, Präsentation,

Installationsaufwand, Konfigurationsaufwand, Benutzerinterface und Systemstabilität:

	WebCT	CLIX	IBT	SABA	Intra-Learn
Support, Kompetenz	+	+	±	±	
Präsentation, Schulung	+	+	+		
Installationsaufwand	±		+		
Konfiguration, Administration	±	+			±
Benutzerinterface	+	+			+
Fehler, Systemstabilität	+	±	±	±	

Tab. 25 Eigenschaften der LMS im Test, + gut, ± OK,   schlecht,   ganz schlecht

Detaillierte Installationsberichte zu den fünf getesteten Plattformen finden sich in den Anhängen. Im folgenden führe ich einige Daten zu den fünf getesteten Plattformen an, und zwar zur technischen Basis und Server-Technologie der Plattformen, zum Installationsaufwand und zum Aufwand für die Administration der Plattformen:

Technische Basis	**WebCT 3.6.3**	**CLIX 2.2**	**IBT Server 5.0**	**SABA 3.4**	**IntraLearn 3.1**
Server OS	Unix, Solaris, WinNT/2000	Unix, Solaris, Win9x, WinNT/2000, WinXP, Mac OS 9, Mac OS X	Unix, Solaris, WinNT/2000, Win9x, Mac OSX	Unix, Solaris, WinNT/2000, WinXP, Linux RedHat	(Unix,Solaris), WinNT/2000
Webserver	Apache	Apache, MS Internet Information Server 4.0+, Netscape Enterprise 4.0+	Apache u.a.	Apache, Microsoft ILS, Netscape NES	Apache, MS IIS
Scriptsystem	Perl	Benutzung von JavaScript	TCL, JSP, JavaScript, Python	PHP, Perl, ASP, TCL	Coldfusion 5.0
Datenbanken	MDB	Oracle, MSSQL, Sybase	Oracle, MSSQL, mySQL, Sybase, HSQL	Oracle, MS SQL	Oracle, MS SQL 8.0, mySQL

Tab. 26 Technische Basis und Server Technologie der getesteten Lernplattformen

Die Lernplattformen im Praxistest

Technische Basis	WebCT 3.6.3	CLIX 2.2	IBT Server 5.0	SABA 3.4	IntraLearn 3.1
notwendige zusätzliche Software		Tomcat		Oracle Client, Saba Manager	
Versionen		Oracle 8.1.7, Solaris 8, Tomcat 3.3, JDK 1.3	Solaris 8, IBTServer 5.0	Oracle 8.1.7, Solaris 8, JRun 2.3.3	Coldfusion 5.0, MSSQL 8.0

Tab. 26 Technische Basis und Server Technologie der getesteten Lernplattformen

Unix und Solaris sind bei IntraLearn eingeklammert, weil die Firma SmartLingua keine UNIX-Version liefern konnte.

Installationsaufwand	WebCT 3.6.3	CLIX 2.2	IBT Server 5.0	SABA 3.4	IntraLearn 3.1
Installationszeit	3 Stunden	> 48 Stunden	10 Minuten	> 48 Stunden	7 Stunden
Installation durchgeführt von	systemfremde Person	Person mit Systemkenntnissen	systemfremde Person	Person mit Systemkenntnissen	Person mit Systemkenntnissen
Installation mußte mehrfach durchgeführt werden	Nein	Ja	Nur aufgrund anderweitiger Umstände	Ja	Ja
Nachbesserungen	Nein	Nein	Nein	Ja	Ja

Tab. 27 Installationsaufwand für die getesteten Lernplattformen

Die technische Basis und die Servertechnologie sind dabei nicht allein verantwortlich für den Installationsaufwand, wie das Beispiel IBT Server zeigt. IBT nutzt dieselbe Technologie wie SABA und CLIX und war trotzdem in zehn Minuten zu installieren. Kommt das System mit einer vernünftigen Installationsroutine, hält sich der Aufwand in Grenzen und der Hersteller muß nicht bemüht werden. Hier sind bei CLIX und SABA noch deutliche Defizite festzustellen.

Administration	CLIX 2.2	SABA 3.4	IntraLearn 3.1
Zur Administration notwendige Software und Voraussetzungen	Ein Windows System ist zur Administration empfehlenswert	Oracle Client Software, Saba Client	Zur vollen Nutzung aller Funktionen wird ein Windows System benötigt

Tab. 28 Voraussetzungen für die Administration der getesteten Lernplattformen

6.2 Die Lernplattformen im Test mit Autoren

Die ausgewählten fünf Lernplattformen wurden von Januar bis April 2002 einem Praxistest unterzogen. Im Praxistest sollten die Erfahrungen gesammelt werden, die Hochschullehrerinnen und Hochschullehrer als Autoren mit den Lernplattformen machen. Aufgrund der Kürze der Projektzeit war zu erwarten, daß es den Autoren nur in wenigen Fällen gelingen würde, lohnenswerte Mengen von Inhalten in die Plattformen zu integrieren. Deshalb war es nicht vorgesehen, Praxistests mit größeren Gruppen von Studierenden als Benutzern durchzuführen. Der Praxistest war also eher als ein Experiment für die Dozenten geplant. Es sollte herausgefunden werden, welche Plattform bei Hochschullehrerinnen und Hochschullehrern, die als Fachautoren und didaktische Designer tätig werden, die höhere Akzeptanz erreicht.

Projekte im Test   Es wurden alle Hochschullehrerinnen und Hochschullehrer der Hamburger Hochschulen angeschrieben und gefragt, wer sich an einer Evaluation der Plattformen beteiligen möchte. 45 Personen hatten zunächst ihr Interesse angemeldet. Nach drei Treffen, in denen die Ziele des Projekts EVA:LERN und der Ablaufplan erläutert wurden, haben dann noch 29 Personen eine oder zwei Projektskizzen abgeliefert (Summe 31 Projekte).

Die Aufgabe der Projekte war es, Lernmaterialien für eine Lehrveranstaltung in die jeweilige Lernplattform einzustellen und so den Anfang für eine virtuelle Lehrveranstaltung zu machen, wobei es den Projekten überlassen blieb, ob die finale Nutzung der Inhalte für ein Selbststudium gedacht war, integriert in einer Präsenzlehrveranstaltung eingesetzt werden sollte oder der Beginn einer rein virtuellen Veranstaltung sein sollte (zu den Einsatzformen s. Kapitel 9 „Szenarien netzbasierten Lernens" S. 163).

Hochschule	Projekte	Fächer
Uni HH	17	Biologie (3), Psychologie (2), Informatik (2), Bodenkunde (1), AWW (1), Erziehungsw. (1), Sportw. (1), Kunstgesch.(1), Phil. und Geschichtsw.(2), Sprachw. (2), IBW (1)
HAW	5	ETechnik u. Inf. (3),Ökotrophologie (1), Bibliotheksw. (1)
TU HH	5	Fertigungstechnik (1), Stadtökologie (2), Computergrafik(1), Partikeltechnologie (1)
HWP	2	VWL (2)
HfbK	2	
Gesamt	31	

Tab. 29 Am Praxistest für die Plattformen beteiligte Projekte

Damit war ein relativ breites Spektrum an Fächern aus den Geisteswissenschaften, Sozialwissenschaften, Naturwissenschaften und Ingenieurwissenschaften am Praxistest beteiligt. Die Zuordnung der Projekte zu den fünf im Test befindlichen Lernplattformen erfolgte zunächst nach Gesichtspunkten, die aus den kurzen Projektbeschreibungen der Interessenten hervorgingen. Dieses Konzept ging jedoch nicht auf, denn kurz nach Bekanntwerden der Termine für die einführenden Schulungen, entschieden sich die Interessenten nach den angebotenen Terminen für die Einführungsveranstaltungen und nicht nach der Plattform. Insofern ist am Ende eher unfreiwillig eine Zufallszuordnung von Projekten zu Plattformen zustande gekommen.

6.3 Die Usability-Untersuchung

Zur Befragung der in die Testphase involvierten Personen wurde nach holländischen Vorbildern ein Usability-Fragebogen von Fred van den Anker entwickelt. Der Fragebogen konnte auf einer Web-Site beantwortet werden. Er bestand aus vier Teilen:

1. Allgemeine Daten
2. Benutzung (wie oft, wofür und wie die Lernplattform benutzt wurde/ wird)
3. Benutzbarkeit der Lernplattform
4. Nützlichkeit der Lernplattform.

Der Fragebogen umfaßte 66 Items in skalierter Form und eine Reihe von Feldern für freie Textantworten. Alle Items in den Teilen 2 bis 4 wurden wie folgt skaliert (Likert-Skala):

Inwieweit treffen folgende Aussagen zu?	Trifft gar nicht zu (1)	Trifft kaum zu (2)	Trifft teilweise zu (3)	Trifft meistens zu (4)	Trifft völlig zu (5)	Keine Angabe (0)

Tab. 30 Skala des Usability Fragebogens

Die Lernplattformen im Praxistest

Systematics AG   Universität Hamburg, IZHD

EVA:LERN
EVALUATION OF LEARNING MANAGEMENT SYSTEMS

Fragebogen zur Bewertung von Lernplattformen für die Hamburger Hochschulen

Der Ihnen vorliegende Fragebogen dient der Bewertung der Lernplattform, mit der Sie gerade gearbeitet haben oder immer noch arbeiten. Der Fragebogen ist entwickelt worden, um verschiedene Lernplattformen für die Hamburger Hochschulen hinsichtlich ihrer Benutzbarkeit zu beurteilen. Ihre Antworten tragen zu der Auswahl von einer oder mehreren Lernplattform(en) für die Hamburger Hochschulen bei. Wir bitten Sie, den Fragebogen vollständig auszufüllen und zurückzusenden.

Der Fragebogen besteht aus vier Teilen: (1) Allgemeine Daten; (2) Benutzung' (wie oft, wofür und wie die Lernplattform benutzt wurde/ wird); (3) 'Benutzbarkeit' der Lernplattform; (4) 'Nützlichkeit' der Lernplattform für Ihre Arbeit
Die Teile (2) bis (4) enthalten hauptsächlich Fragen, bei denen Sie jeweils eine der angegebenen Optionen auswählen sollen

Beispiel

Inwieweit trifft die folgende Aussage zu?   Trifft gar nicht zu (1), Trifft kaum zu (2), Trifft teilweise zu (3), Trifft meistens zu (4), Trifft völlig zu (5), Keine Angabe (0)

Die Lernplattform unterstützt meine Arbeit   ○ 1   ○ 2   ● 3   ○ 4   ○ 5   ○ 0

Teilweise werden Sie auch gebeten, freie Textangaben zu machen. Dies erkennen Sie an den jeweiligen Textboxen. Diese Informationen sind für die Bewertung der Lernplattformen von besonderer Bedeutung.

Wichtig: Es geht um die Bewertung der Lernplattform und nicht um die Bewertung Ihrer Kompetenzen im Umgang mit der Lernplattform! Uns interessiert das Ausmaß, in dem die Lernplattform Sie bei Ihren Tätigkeiten unterstützt.
Bitte füllen Sie den Fragebogen nur dann aus, wenn Sie die Lernplattform tatsächlich benutzt haben (auch die Schulung zählt).

1. ALLGEMEINE DATEN

Im Folgenden werden Sie nach Ihren persönlichen Daten gefragt und nach allgemeinen Angaben zur Benutzung von Software-Anwendungen. Sie können Ihren Name angeben oder anonym bleiben (dann nennen Sie ein anonymes, persönliches Kennwort) (siehe Frage 1). Vergessen Sie bitte nicht anzugeben, welche Lernplattform Sie benutzt haben (Frage 7).

1. Ihr Name: _____

2. Ihr Geschlecht: ○ männlich   ○ weiblich

3. Ihr Alter: _____

4. Ihre derzeitige Berufstätigkeit bzw. Ihr derzeitiges Studium: _____

5. Name der Hochschule, an der Sie studieren bzw. arbeiten: _____

6. Fachbereich / Fachrichtung: _____

7. Welche Lernplattform haben Sie benutzt: ○ Intralearn   ○ WebCT   ○ Saba   ○ IBT   ○ Clix

8. Mit welchen Software-Programmen arbeiten Sie? (z.B. MS Office Programme)
_____

9. Hatten Sie vor der Erprobung der o.g. Lernplattform bereits Erfahrung mit Lernplattformen oder ähnlichen Anwendungen?

    ○ Yes   ○ No
    Wenn ja, mit welchen genau?

Systematics AG   Universität Hamburg, IZHD

EVA:LERN
EVALUATION OF LEARNING MANAGEMENT SYSTEMS

2. BENUTZUNG

Die folgenden Fragen beziehen sich auf die Häufigkeit und Art der Lernplattformbenutzung.

1. Haben Sie an der Schulung für die Lernplattform teilgenommen? ○ Yes ○ No

   Wie lange?   ○ 1/2   ○ 1   ○ 1 1/2   ○ 2   Tage

2. Wie gut beherrschen Sie die für Ihre Tätigkeiten benötigten Funktionen der Lernplattform nach der Schulung?
   ○ Schlecht   ○ Kaum   ○ Einigermassen   ○ Gut

3. Wie oft haben Sie die Lernplattform nach der Schulung benutzt?
   ○ 1 mal   ○ 2-5 mal   ○ 6-10 mal   ○ mehr als 10 mal   ○ gar nicht

   (Warum haben Sie die Plattform nicht benutzt?)

4. Wieviele Stunden haben Sie die Lernplattform nach der Schulung insgesamt benutzt?
   ○ 1 Stunde   ○ 2-5 Stunden   ○ 6-10 Stunden   ○ mehr als 10 Stunden

5. Geben Sie bitte eine kurze Beschreibung, wofür und wie Sie die Lernplattform benutzt haben? (wie die Erprobung stattgefunden hat, welche Aufgaben Sie erledigt haben, welche Funktionalitäten Sie benutzt haben):

6. Haben Sie der Lernplattfom selbst Dateien hinzugefügt? ○ Yes ○ No
7. Haben Sie bereitgestellte Dateien benutzt (z.B. heruntergeladen, gelesen)? ○ Yes ○ No
8. Welche Art von Dateien bzw. Anwendungen haben Sie in Kombination mit der Lernplattform benutzt (z.B. Word, Powerpoint, HTML oder vielleicht das Plattform-eigene Authoring Tool)?

9. Welche Medien haben Sie benutzt?

Die Lernplattformen im Praxistest

EDS
Systematics AG

UH
Universität Hamburg, IZHD

EVA:LERN
EVALUATION OF LEARNING MANAGEMENT SYSTEMS

3. BENUTZBARKEIT

Dieser Teil bezieht sich auf die von Ihnen erfahrene Benutzbarkeit ('usability') der von Ihnen erprobten Funktionen der Lernplattform. Vielleicht sind manche Fragen schwierig zu beantworten, v.a. wenn Sie die Lernplattform nicht mehr erproben. Wenn Sie Schwierigkeiten haben, manche Fragen zu beantworten, bitten wir Sie nochmal in die Lernplattform zu schauen. Wenn Sie sich zu bestimmten Aussagen nicht äußern möchten, haben Sie die Möglichkeit 'keine Angabe' anzukreuzen.

Inwieweit trifft die folgende Aussage zu?

[Trifft gar nicht zu (1), Trifft kaum zu (2), Trifft teilweise zu (3), Trifft meistens zu (4), Trifft völlig zu (5), Keine Angabe (0)]

Aussage	1	2	3	4	5	0
Im allgemeinen bin ich mit der Lernplattform zufrieden	○	○	●	○	○	○
Die Lernplattform hat es mir ermöglicht, meine Arbeit schnell zu erledigen	○	○	○	○	○	○
Die Lernplattform hat es mir ermöglicht, meine Arbeit erfolgreich zu erledigen	○	○	○	○	○	○
Die Lernplattform ist einfach zu benutzen	○	○	○	○	○	○
Ich würde diese Lernplattform anderen empfehlen	○	○	○	○	○	○
Bei der Entwicklung dieser Lernplattform sind die Benutzerbedürfnisse ausreichend berücksichtigt worden	○	○	○	○	○	○
Ich würde diese Lernplattform in dieser Form lieber nicht so oft benutzen	○	○	○	○	○	○
Es ist frustrierend, mit dieser Lernplattform zu arbeiten	○	○	○	○	○	○
Die Benutzung der Lernplattform ist schwer zu erlernen	○	○	○	○	○	○
Die Lernplattform lädt dazu ein, neue Funktionen durch Ausprobieren zu erlernen	○	○	○	○	○	○
Man vergisst leicht, wie man die Lernplattform zu bedienen hat	○	○	○	○	○	○
Die Lernplattform erfordert oft zu viele Operationen für die Erledigung einer Aufgabe	○	○	○	○	○	○
Es ist leicht, der Lernplattform Dateien hinzuzufügen	○	○	○	○	○	○
Es ist leicht, bereitgestellte Dateien zu benutzen (z.B. lesen, herunterladen)	○	○	○	○	○	○
Es ist leicht, Dateien mit der Lernplattform zu bearbeiten	○	○	○	○	○	○
Es ist schwierig, die für die Aufgabe benötigten Informationen und Funktionen in der Lernplattform zu finden	○	○	○	○	○	○
Man muss sich an zu viele Details (z.B. Namen von Dokumenten) erinnern, um Aufgaben erledigen zu können	○	○	○	○	○	○
Die von der Lernplattform angebotenen Funktionen sind gut zu verstehen	○	○	○	○	○	○
Die Lernplattform verwendet verständliche Begriffe, Zeichen und Symbole	○	○	○	○	○	○
Ohne die "Hilfe"- Funktion und/ oder das Benutzermanual ist die Lernplattform schwer zu benutzen	○	○	○	○	○	○

Systematics AG Universität Hamburg, IZHD

EVA:LERN
EVALUATION OF LEARNING MANAGEMENT SYSTEMS

Inwieweit trifft die folgende Aussage zu?

[Trifft gar nicht zu (1), Trifft kaum zu (2), Trifft teilweise zu (3), Trifft meistens zu (4), Trifft völlig zu (5), Keine Angabe (0)]

Aussage	1	2	3	4	5	0
Ich bekomme auf dem Bildschirm mehr Informationen angezeigt als ich benötige	○	○	○	○	○	○
Die Informationen und Funktionen sind auf dem Bildschirm logisch angeordnet	○	○	○	○	○	○
Die Lernplattform hat eine ansprechende Aufmachung	○	○	○	○	○	○
Die Lernplattform bietet eine gute Orientierung, wo ich mich jeweils in dem Programm befinde	○	○	○	○	○	○
Während der Benutzung, ist mir immer klar, was ich als nächstes machen muss, um meine Arbeitsaufgabe voranzubringen	○	○	○	○	○	○
Die Lernplattform macht nicht immer das, was ich erwarte	○	○	○	○	○	○
Ich habe keinen Einfluss darauf, welche und wie Informationen auf dem Bildschirm dargeboten werden	○	○	○	○	○	○
Die Lernplattform stört die Art und Weise, in der ich meine Aufgaben erledigen möchte	○	○	○	○	○	○
Die Lernplattform gibt mir ausreichend und rechtzeitig Rückmeldungen über die Bearbeitung meiner Eingaben und deren Ergebnisse	○	○	○	○	○	○
Die Lernplattform gibt mir die Möglichkeit, Änderungen in Dateien zu verfolgen	○	○	○	○	○	○
Man macht leicht Fehler mit dieser Lernplattform	○	○	○	○	○	○
Wenn ich einen Fehler mache, ist es einfach diesen Fehler zu korrigieren	○	○	○	○	○	○
Kleine Fehler bei der Arbeit mit dieser Lernplattform können große Folgen haben	○	○	○	○	○	○
Die von der Lernplattform gelieferte "Hilfe"- Funktion und "Hilfe"-Meldungen sind nützlich	○	○	○	○	○	○
Das Benutzermanual zu der Lernplattform ist hilfreich	○	○	○	○	○	○
Die Lernplattform ist so gestaltet, daß ich sie leicht an meine individuellen Bedürfnisse anpassen kann	○	○	○	○	○	○
Die Lernplattform schließt gut an meine Kenntnisse und Fähigkeiten an	○	○	○	○	○	○
Die Lernplattform ist zuverlässig (keine Störungen)	○	○	○	○	○	○
Die Lernplattform reagiert mit langen Bearbeitungszeiten auf meine Eingaben	○	○	○	○	○	○

Systematics AG
Universität Hamburg, IZHD

EVA:LERN
EVALUATION OF LEARNING MANAGEMENT SYSTEMS

Und nun bitten wir Sie anzugeben, was Ihnen am besten an der Lernplattform gefallen hat:

Und nun bitten wir Sie anzugeben, was Ihnen am wenigsten an der Lernplattform gefallen hat:

Können Sie sich noch an kritische Situationen erinnern, in denen Sie Probleme mit der Benutzung der Lernplattform hatten? Bitte beschreiben Sie diese Situationen möglichst konkret:

4. NÜTZLICHKEIT UND KONTEXTANGEMESSENHEIT

Die folgenden Aussagen betreffen die wahrgenommene Nützlichkeit ('perceived usefulness') der Lernplattform für ihre Arbeits- und/ oder Lernaktivitäten.

Machen Sie Ihre Aussagen aufgrund Ihrer Erfahrungen mit den Arbeitsaufgaben, die Sie mit der Lernplattform bereits erledigt haben.

Bitte erläutern Sie Ihre Antworten jeweils innerhalb der freien Textfelder.

Inwieweit trifft die folgende Aussage zu?
[Trifft gar nicht zu (1), Trifft kaum zu (2), Trifft teilweise zu (3), Trifft meistens zu (4), Trifft völlig zu (5), Keine Angabe (0)]

Die Benutzung der Lernplattform würde mir bei meiner Arbeit (oder meinem Studium) Zeit ersparen ○1 ○2 ○3 ○4 ○5 ○0

Erläuterung:

Die Benutzung der Lernplattform würde die Qualität meiner Arbeit bzw. meines Lernens steigern ○1 ○2 ○3 ○4 ○5 ○0

Erläuterung:

Systematics AG — Universität Hamburg, IZHD

EVA:LERN
EVALUATION OF LEARNING MANAGEMENT SYSTEMS

Im allgemeinen wäre die Lernplattform für mich ein nützliches Arbeits- bzw. Lernmittel   ○1 ○2 ○3 ○4 ○5 ○0

Erläuterung:

Die folgenden Aussagen betreffen das Ausmaß, in dem die Lernplattform zu Ihrem Arbeitskontext passt.

Machen Sie Ihre Aussagen aufgrund Ihrer Erfahrungen mit den Arbeitsaufgaben, die Sie mit der Lernplattform bereits erledigt haben.

Die Lernplattform hat mir alle Funktionen geboten, um meine Aufgaben auszuführen   ○1 ○2 ○3 ○4 ○5 ○0

Erläuterung:

Die Lernplattform ist gut auf die Anforderungen des Lehrbetriebes zugeschnitten (z.B. für Prozeduren der Einschreibung und Prüfungen der Studierenden, gängige Prozeduren des Informations-austausches, der Kommunikation/ Kooperation)   ○1 ○2 ○3 ○4 ○5 ○0

Erläuterung:

Die Lernplattform passt gut zu den verschiedenen Formen meiner Lehrveranstaltungen und deren Methoden (z.B. Vorlesungen, Referate und Präsentationen, Seminare mit Übungen und/ oder Gruppenarbeit)   ○1 ○2 ○3 ○4 ○5 ○0

Erläuterung:

Die Lernplattform ist gut auf die Anforderungen meines Fachgebietes (z.B. Psychologie, Mathematik) zugeschnitten   ○1 ○2 ○3 ○4 ○5 ○0

Erläuterung:

Systematics AG   **Universität Hamburg, IZHD**

EVA:LERN
EVALUATION OF LEARNING MANAGEMENT SYSTEMS

Die Lernplattform läßt sich gut mit anderen Anwendungen kombinieren   ○ 1 ○ 2 ○ 3 ○ 4 ○ 5 ○ 0

Erläuterung:

Nennen Sie bitte die Aktivitäten, für die Sie die Lernplattform benutzen möchten (z.B. Bereitstellen von Dokumenten, Folien, Literatur; Ko-operation/ Gruppenarbeit; Kommunikation/ Chat; Sprechstunde; Prüfungen; Lehrveranstaltungsevaluation):

Welche Funktionen kann die Lernplattform Ihrer Meinung nach erfüllen?

* z.B. sehen Sie die Lernplattform als eine Ergänzung zu Ihren Lehrveranstaltungen?(d.h. die Lehrveranstaltungen bleiben so wie sie sind; lediglich weiterführende Literatur, etc. wird in der Lernplattform bereitgestellt)
* oder sehen Sie die Lernplattform als einen integrierten Bestandteil Ihrer Lehrveranstaltungen an (z.B. Bereitstellung von Folien, Unterstützung von Gruppenarbeit)?
* oder kann die Lernplattform sogar ganze Teile Ihrer Lehrveranstaltungen ersetzen (z.B. durch Selbstlernmaterialien)?

Abb. 10 Der Usability Fragebogen

Die Ergebnisse der Befragung beziehen sich auf jeweils eine Plattform. Sie besitzen eine hohe Aussagekraft für die jeweilige Plattform, da die Übereinstimmung der Bewertungen sehr hoch und die Streubreite der Urteile sehr gering ist. Die statistischen Werte für die fünf Plattformen in den einzelnen Items können aber nicht untereinander verglichen werden, weil nur wenige der Projektgruppen bzw. befragten Lehrenden Einsicht in mehrere Plattformen hatten und die meisten sich auf die Arbeit mit einer Plattform konzentriert haben. Ich werde im folgenden versuchen, die Reaktionen auf die Fragen und die freien Textkommentare auszuwerten und zu verallgemeinern.

Alle beteiligten 31 Projekte haben an der Befragung teilgenommen. Einige Projekte haben sich sogar mit mehreren Personen (eingesetzte Mitarbeiter, Tutoren, Hilfskräfte oder Testuser) an der Befragung beteiligt, während andere Projekte nur eine einzige Bewertung abgegeben haben. Dadurch kommt natürlich ein schiefes Bild zustande, da beispielsweise eine Projektgruppe allein fünf Fragebögen zu einer Plattform beantwortet hat und angesichts der generell kleinen Zahlen bei relativ einheitlicher Antworttendenz, die Mittelwerte für diese Plattform erhöhen konnte. Insgesamt sind 58 Fragebögen beantwortet worden.

	Uni HH	**TU HH**	**HAW**	**HWP**	**HfbK**	**∑**
SABA	2	3	0	1	2	8
CLIX	4	7	2	1	0	14
WebCT	9	6	3	0	2	20
IBT Server	10	0	0	0	0	10
IntraLearn	5	1	0	0	0	6
Gesamt	30	17	5	2	4	58

Tab. 31 Teilnehmer am Usability Test nach Hochschulen und Lernplattformen

Zunächst zu den allgemeinen Angaben. In der Regel ist der Fragebogen von den Personen beantwortet worden, die Projekte angemeldet hatten und die auch an der Schulung teilgenommen haben. Dies ist nicht der Fall bei der Plattform CLIX. Hier haben weniger Personen an der Schulung teilgenommen als den Fragebogen beantwortet haben, d.h. einige Personen sind von Projektbeteiligten zusätzlich als Benutzer in den Test einbezogen worden.

An Schulung teilgenommen?	**CLIX**	**WebCT**	**SABA**	**IBT Server**	**IntraLearn**
Ja	6	15	8	8	5
Nein	8	5	0	2	1

Tab. 32 An der Schulung und Einführung beteiligte Personen nach Plattform

Es mag Folgen für die Beurteilung einer Plattform durch einen Usability-Fragebogen haben, wenn man die Plattform als Benutzer, nicht aber als Autor genutzt hat. Deshalb fragten wir auch danach, ob von den Antwortenden auch

Die Lernplattformen im Praxistest 129

die Autorenfunktionen ausgenutzt wurden oder nicht. Die Antworten sind eindeutig:

Dateien eingestellt?	CLIX	WebCT	SABA	IBT Server	Intra-Learn
Ja	6	18	6	8	5
Nein	8	2	2	2	0
keine Angabe	0	0	0	0	1

Tab. 33   Aktives Autorenverhalten pro Lernplattform

Während bei allen Plattformen diejenigen Personen überwiegen, die als Autoren agiert haben, ist dies nur bei weniger als 50% der CLIX-Benutzer der Fall. Mit anderen Worten: Im Fall von CLIX haben sich im Vergleich zu den anderen Plattformen überproportional Studierende an der Befragung beteiligt, die nicht an der Schulung teilgenommen und keine Autorenfunktion wahrgenommen haben. Deshalb müssen auch die anderen Daten für CLIX mit Vorsicht betrachtet werden.

IntraLearn   IntraLearn muß bereits aus dem Grunde ausfallen, daß bis heute keine UNIX-Version geliefert wurde und installiert werden konnte. Abgesehen davon gab es aus technischer Sicht erhebliche Kritikpunkte (siehe „Erfahrungen mit IntraLearn" S. 275). Die Usability-Daten sind für diese Plattform am schlechtesten ausgefallen.

SABA   SABA entwickelte sich aus mehreren Gründen zu einem problematischen Fall im Test: Die Plattform war besonders schwer zu installieren und erforderte die meiste Hilfe seitens des Herstellers, die gelieferte Testversion war zudem so wenig an die Organisationsprinzipien und Strukturen einer Universität angepaßt, daß es sowohl dem Referenten des Herstellers als auch den Teilnehmern an der Schulung schwer fiel, sich in die mögliche Adaptation der Plattform an die Lehr-Lernkultur einer Hochschule und die Bedürfnisse von Hochschullehrern und Studierenden einzudenken (siehe „Erfahrungen mit SABA" S. 241). Die Leistungsfähigkeit der Plattform steht an den Leistungsdaten gemessen außer Frage, aber der Weg zum Einsatz dieser Plattform in einer Hochschule setzt einen aufwendigen und langwierigen Anpassungsprozeß voraus. Diese Umstände erklären die weitgehend negativen Rückmeldungen der Projektteilnehmer. Es bietet sich eventuell an, SABA als Portal zu wählen, wie es das Bildungsportal des Landes Sachsen tut. Das Land Sachsen hat sich in einer beschränkten Ausschreibung mit einem exzellenten Fragebogen (s. die Angaben weiter oben) für SABA entschieden. Für diese Funktion mag die Anpassung durch Professionelle sinnvoll sein. Für Hochschullehrer, die mit e-Learning beginnen, ist die hohe Funktionsvielfalt im Bereich der Administrationsfunktionen jedoch eher abschreckend und wenig einleuchtend.

IBT Server Die Plattform IBT Server der Firma time4you hatte sich durch die leichteste und schnellste Installation ausgezeichnet. Sie schien zwar eine ungünstige Dateistruktur aufzuweisen (siehe „Erfahrungen mit IBT Server" S. 265), zeigte aber sonst kein auffälliges Verhalten. Erstaunlicherweise hat diese Plattform bei der Usability-Befragung überwiegend negative Werte erhalten. Es ist nicht auszuschließen, daß dies an der besonderen Selektion der Projekte liegt, die diese Plattform getestet haben, was bei den kleinen Gruppen, die die Plattformen getestet haben, nicht verwundern dürfte. Aber dieses Argument gilt schließlich für alle getesteten Plattformen. Jedenfalls sprechen die Usability-Daten ein klares Wort gegen IBT Server.

CLIX und WebCT Es verblieben demnach zwei Plattformen in der Untersuchung, die sowohl die K.O.-Kriterien überstanden, hohe Werte bei den Soll-Kriterien in allen Merkmalsgruppen erhalten haben als auch von den Projektteilnehmern positive Rückmeldung bekommen haben: CLIX und WebCT. Deren Werte in der Usability-Befragung sind relativ ähnlich, in einigen Items sogar identisch. Aus diesem Grunde habe ich mir die empirische Verteilung der Daten angeschaut und festgestellt, daß die Verteilung bimodal ist.

Bei CLIX und WebCT wurden die Mittelwerte deshalb zusätzlich getrennt nach Geistes und Sozialwissenschaft (GW) und Technik und Naturwissenschaft (TN) berechnet, weil die beiden Subgruppen völlig unterschiedlich geurteilt haben (zur Diskussion dieser Problematik weiter unten):

Fragen / Plattformen	SABA	CLIX GW	CLIX NT	WebCT GW	WebCT NT	IBT	Intra-Learn
Im allgemeinen bin ich mit der Lernplattform zufrieden	1,63	3,44		3,29		2,1	2,4
		2,67	4,22	3,91	2,67		
Die Lernplattform hat es mir ermöglicht, meine Arbeit schnell zu erledigen	1,5	2,72		2,44		2,1	2,0
		2,0	3,44	3,0	1,89		
Die Lernplattform hat es mir ermöglicht, meine Arbeit erfolgreich zu erledigen	2,13	3,17		2,69		2,6	2,6
		3,0	3,33	3,27	2,11		

Tab. 34 Ergebnisse der Usability Befragung

Plattformen / Fragen	SABA	CLIX		WebCT		IBT	Intra-Learn
		GW	NT	GW	NT		
Die Lernplattform ist einfach zu be nutzen	2,0	3,61		2,93		2,8	3,2
		3,33	3,89	3,64	2,22		
Ich würde diese Lernplattform an deren empfehlen	1,13	3,61		2,78		1,1	1,6
		3,67	3,56	4,0	1,56		
Bei der Entwicklung dieser Lern plattform sind Benutzerbedürfnisse ausreichend berücksichtigt worden	1,63	3,06		2,45		1,7	2,0
		2,33	3,78	2,91	2,0		
Ich würde diese Lernplattform in dieser Form lieber nicht so oft be nutzen	4,0	2,33		2,69		3,6	3,4
		2,33	2,33	2,27	3,11		
Es ist frustrierend, mit dieser Lern plattform zu arbeiten	3,75	1,5		2,31		3,2	3,8
		1,67	1,33	1,73	2,89		
Die Benutzung der Lernplattform ist schwer zu erlernen	3,63	1,78		1,78		3,0	1,6
		1,33	2,22	2,0	1,56		
Die Lernplattform lädt dazu ein, neue Funktionen durch Ausprobie ren zu erlernen	2,88	3,56		2,73		2,3	2,6
		3,67	3,44	2,91	2,56		
Man vergisst leicht, wie man die Lernplattform zu bedienen hat	3,75	1,83		2,17		2,6	2,0
		1,33	2,33	2,45	1,89		
Die Lernplattform erfordert oft zu viele Operationen für die Erledi gung einer Aufgabe	4,38	2,83		3,52		3,3	3,4
		3,0	2,67	2,82	4,22		
Es ist leicht, der Lernplattform Da teien hinzuzufügen	3,38	3,0		3,31		2,9	2,4
		3,67	2,33	3,73	2,89		
Es ist leicht, bereitgestellte Dateien zu benutzen (z.B. lesen, herunterla den)	3,0	4,17		3,3		3,2	2,6
		4,0	4,33	3,82	2,78		
Es ist leicht, Dateien mit der Lern plattform zu bearbeiten	1,0	1,72		2,64		2,3	2,0
		1,67	1,78	2,73	2,56		
Es ist schwierig, die für die Aufgabe benötigten Informationen und Funk tionen in der Plattform zu finden	3,5	2,44		2,85		3,3	2,6
		2,33	2,56	2,89	2,82		

Tab. 34 Ergebnisse der Usability Befragung

Plattformen\\Fragen	SABA	CLIX GW	CLIX NT	WebCT GW	WebCT NT	IBT	Intra-Learn
Man muss sich an zu viele Details (z.B. Namen von Dateien) erinnern, um Aufgaben erledigen zu können	2,75	1,89		2,36		2,6	3,6
		2,0	1,78	2,27	2,44		
Die von der Plattform angebotenen Funktionen sind gut zu verstehen	2,5	4,0		4,0		2,6	3,4
		4,0	4,0	4,0	4,0		
Die Lernplattform verwendet verständliche Begriffe, Zeichen und Symbole	2,43	4,56		3,89		2,5	3,2
		5,0	4,11	4,0	3,78		
Ohne die „Hilfe" Funktion und/oder das Benutzermanual ist die Lernplattform schwer zu benutzen	3,75	2,28		2,37		2,6	1,6
		2,0	2,56	2,64	2,11		
Ich bekomme auf dem Bildschirm mehr Informationen angezeigt als ich benötige	4,13	2,0		2,24		2,3	2,2
		1,67	2,33	1,82	2,67		
Die Informationen und Funktionen sind auf dem Bildschirm logisch an geordnet	3,5	3,89		3,53		2,3	3,0
		3,67	4,11	3,73	3,33		
Die Lernplattform hat eine ansprechende Aufmachung	3,13	4,33		3,41		2,7	2,8
		4,67	4,0	3,27	3,56		
Die Lernplattform bietet eine gute Orientierung, wo ich mich jeweils in dem Programm befinde	3,25	3,94		3,5		3,2	2,4
		4,33	3,56	4,0	3,0		
Während der Benutzung ist mir immer klar, was ich als nächstes machen muss, um meine Aufgabe voranzubringen	2,13	2,61		3,15		2,2	2,6
		2,0	3,22	3,18	3,11		
Die Lernplattform macht nicht immer das, was ich erwarte	2,88	2,56		2,61		3,4	3,0
		2,44	2,67	2,0	3,22		
Ich habe keinen Einfluss darauf, welche und wie Informationen auf dem Bildschirm dargeboten werden	2,25	2,44		2,34		2,2	2,4
		2,33	2,56	1,91	2,78		
Die Lernplattform stört die Art und Weise, in der ich meine Aufgaben erledigen möchte	2,63	1,94		2,47		3,4	3,0
		2,33	1,56	1,73	3,22		

Tab. 34 Ergebnisse der Usability Befragung

Plattformen / Fragen	SABA	CLIX GW	CLIX NT	WebCT GW	WebCT NT	IBT	Intra-Learn
Die Lernplattform gibt mir ausreichend und rechtzeitig Rückmeldungen über die Bearbeitung meiner Eingaben und deren Ergebnisse	3,13	2,61		2,75		2,2	3,0
		2,33	2,89	3,27	2,22		
Die Lernplattform gibt mir die Möglichkeit, Änderungen in Dateien zu verfolgen	0,88	1,33		1,73		1,6	1,2
		1,67	1,0	1,09	2,38		
Man macht leicht Fehler mit dieser Lernplattform	2,88	2,28		2,38		2,8	3,6
		2,67	1,89	2,09	2,67		
Wenn ich einen Fehler mache, ist es einfach diesen Fehler zu korrigieren	2,63	3,33		2,42		2,6	1,6
		3,67	3,0	2,73	2,11		
Kleine Fehler bei der Arbeit mit dieser Lernplattform können große Folgen haben	2,0	2,28		1,81		2,9	2,0
		3.33	1,22	1,18	2,24		
Die von der Lernplattform gelieferte „Hilfe" Funktion und „Hilfe" Meldungen sind nützlich	2,75	3,17		2,47		1,5	1,2
		2,67	3,67	3,27	1,67		
Das Benutzermanual zu der Lernplattform ist hilfreich	2,5	3,44		2,68		1,8	1,0
		3,0	3,89	2,36	3,0		
Die Lernplattform ist so gestaltet, daß ich sie leicht an meine individuellen Bedürfnisse anpassen kann	1,5	3,06		2,11		1,7	1,4
		2,33	3,78	2,55	1,67		
Die Lernplattform schließt gut an meine Kenntnisse und Fähigkeiten an	2,75	3,28		2,44		2,6	3,2
		3,0	3,56	3,0	1,89		
Die Lernplattform ist zuverlässig (keine Störungen)	2,25	2,78		2,89		1,9	0,8
		3,0	2,56	3,0	2,78		
Die Lernplattform reagiert mit langen Bearbeitungszeiten auf meine Eingaben	3,0	2,61		2,71		2,8	2,0
		2,33	2,89	2,09	3,33		

Tab. 34 Ergebnisse der Usability Befragung

Für die allgemeine Tendenz der Usability-Befragung ist gleich das erste Item repräsentativ:

Plattformen Fragen	SABA	CLIX		WebCT		IBT	Intra-Learn
		GW	NT	GW	NT		
Im allgemeinen bin ich mit der Lernplattform zufrieden	1,63	3,44		3,29		2,1	2,4
		2,67	4,22	3,91	2,67		

Die Mittelwerte für CLIX und WebCT sind in etwa vergleichbar, bei zwei Fragen sogar identisch, während die Mittelwerte der anderen drei Plattformen häufig um eineinhalb bis fast zwei Skalenwerte niedriger oder höher (je nach Fragerichtung) liegen. Dieser Trend trifft bis auf wenige Ausnahmen zu. So ist IntraLearn offenbar recht leicht zu erlernen und recht einfach zu benutzen (Item 9 und 5), und zwar so leicht, daß die Hilfe-Funktion fast überflüssig zu sein scheint (Item 20). SABA ist besonders gut im Geben von Rückmeldungen (Item 6 und 29), SABA ist aber zugleich „Spitzenreiter" im Anzeigen von zu viel Informationen auf dem Bildschirm (Item 21).

Bei vielen Fragen fällt auf, daß die Mittelwerte von WebCT und CLIX ähnlich sind, obwohl sie es eigentlich nicht sein dürften, weil durchaus objektive Differenzen in den Eigenschaften der beiden Systeme vorliegen. Ich habe deshalb einmal die Verteilung untersucht und festgestellt, daß die Daten durchweg bimodal verteilt sind. Bimodalität ist ein in der Regel sicheres Zeichen dafür, daß sich in der Stichprobe zwei unterschiedliche Substichproben verbergen. Wie kam dies zustande?

An der Evaluation der beiden Plattformen CLIX und WebCT waren 34 Personen aus fünf Hochschulen beteiligt, wobei die Verteilung über die Hochschulen sehr ungleich ausgefallen ist:

Plattform	Uni HH	HAW	TU HH	HWP	HfbK	Σ
CLIX	4	7	2	1	0	14
WebCT	9	6	3	0	2	20
Σ	13	13	5	1	2	34

Trennt man die Mittelwerte nach Hochschulen (bzw. Fächergruppen), so zeigt sich eine klare Tendenz: Die Mitglieder der TU Harburg (technische Fächer) und der HAW (technische Fächer) geben CLIX deutlich positivere Werte und

WebCT deutlich negativere Werte, während die Mitglieder der Universität Hamburg (überwiegend geistes und sozialwissenschaftliche Fächer) WebCT deutlich positivere Werte zuschreiben und CLIX deutlich negativer bewerten:

Plattformen / Fragen	SABA	CLIX GW	CLIX NT	WebCT GW	WebCT NT	IBT	Intra-Learn
Die Lernplattform hat es mir ermöglicht, meine Arbeit schnell zu erledigen	1,5	2,72		2,44		2,1	2,0
		2,0	3,44	3,0	1,89		

Teilweise bewerten beide Gruppen CLIX ähnlich, während ihre Einschätzung von WebCT stark differiert:

Die Lernplattform ist einfach zu benutzen	2,0	3,61		2,93		2,8	3,2
		3,33	3,89	3,64	2,22		

Die Substichprobe aus den Ingenieurwissenschaften und naturwissenschaftlich-technischen Fächern, im folgenden NT-Gruppe genannt, beurteilt CLIX positiver als die Substichprobe der Geistes und Sozialwissenschaftler, im folgenden GW-Gruppe genannt, während es für WebCT genau umgekehrt der Fall ist. Es ist daher problematisch, die beiden Plattformen auf der Basis der Gesamtmittelwerte zu beurteilen. Das zeigt sich an folgendem Beispiel:

Ich würde diese Lernplattform an deren empfehlen	1,13	3,61		2,78		1,1	1,6
		3,67	3,56	4,0	1,56		

Die Gesamtmittelwerte scheinen für CLIX zu sprechen. Teilt man jedoch die Werte nach den beiden Substichproben, ist der Wert für WebCT der höchste. Der Grund für den niedrigen Gesamtmittelwert ist demnach darin zu sehen, daß die NT-Gruppe hier WebCT extrem negativ beurteilt hat. Die negative (Vor-)Einstellung der NT-Gruppe gegenüber WebCT wird an einigen weiteren Beispielen sehr deutlich, z.B. an der folgenden Frage:

Die Lernplattform erfordert oft zu viele Operationen für die Erledigung einer Aufgabe	4,38	2,83		3,52		3,3	3,4
		3,0	2,67	2,82	4,22		

Bei einer objektiven Analyse der Anzahl der Schritte, die für die Erledigung von einigen Standardaufgaben in den Plattformen (z.B. Umschalten von Design auf Ansicht, Einstellen von HTML-Seiten, Ändern der Reihenfolge von Lektionen) notwendig sind, schneidet WebCT fast immer besser ab. Trotzdem beurteilen die NT-Mitglieder WebCT schlechter und CLIX besser. Die Werte der GW-Gruppe sind da schon realitätsgerechter und gegenüber CLIX in keiner Weise „feindlich". Dies gilt auch für die Frage „Die Lernplattform reagiert mit langen Bearbeitungszeiten auf meine Eingaben". Hier weist die NT-Gruppe WebCT die längeren Antwortzeiten zu, obwohl die Reaktionszeiten von WebCT objektiv kürzer sind. Da scheint das Antwortverhalten der GW-Gruppe adäquater zu sein. Eine ähnlich merkwürdige Antworttendenz finden wir bei der Frage „Die Lernplattform ist so gestaltet, daß ich sie leicht an meine individuellen Bedürfnisse anpassen kann". CLIX ist aufgrund des Mandanten-Konzepts nur mit Einschränkungen anpaßbar, während WebCT pro Fach oder gar Kurs modifizierbar ist. Die GW-Gruppe antwortet hier zutreffender als die NT-Gruppe.

Unterschiedliche Fachkulturen Man muß also davon ausgehen, daß in dieser Usability-Befragung zwei Fachkulturen aufeinander prallen: Die Angehörigen der technischen Wissenschaften favorisieren die technisch und designmäßig modernere Plattform und neigen dazu, die etwas konservativere Plattform abzuwerten, während die Angehörigen der geistes- und sozialwissenschaftlichen Fächer die etwas schwieriger und aufwendiger zu behandelnde Software nicht ganz so negativ beurteilen, aber doch die Sicherheit eines einfachen Interfaces zu schätzen wissen.

Verstehbarkeit der Plattform ist offenbar kein Kriterium, in dem sich die Einschätzung der beiden Gruppen unterscheidet. Hier sind sich ausnahmsweise alle Beteiligten bis auf die Stelle hinter dem Komma einig und kommen bei beiden Plattformen zu demselben Resultat. Das gilt auch für Kriterien wie leichte Erlernbarkeit, Verständlichkeit der verwendeten Symbole etc.

Was mögen denn die Kriterien sein, an denen sich die Bewertung der Gruppen deutlich unterscheidet? Ich vermute, daß in der Einschätzung von WebCT durch die GW-Gruppe Gründe eine Rolle gespielt haben wie die gute Orientierung in der Plattform, die Sicherheit im Umgang mit Funktionen und die Toleranz beim Fehler machen und Fehler beseitigen, ebenso die Leichtigkeit der Benutzung, was am Wechsel zwischen Designermodus und Benutzermodus besonders deutlich wird. Wichtig erscheint mir auch die Transparenz der Schnittstelle, die den Autor sofort sehen läßt, was nach Einfügen, Verschieben und Löschen von Dateien erfolgt. Auch ergibt ein Vergleich der Anzahl notwendiger Schritte für eine bestimmte Operation und der dafür benötigten Zeit, deutliche Vorteile für WebCT. Diese Gesichtspunkte kommen zwar im Fragebogen nicht so deutlich heraus, weil kein direkter Vergleich angestrebt war, und nur wenige Personen die Gelegenheit hatten, die beiden Plattformen vergleichend zu testen, sie sind aber gut belegbar.

Die differierenden Meinungen der beiden Gruppen sind ein kritisches Moment für die Usability-Studie. Würde man nur diese Ergebnisse einer Entscheidung für eine der beiden Plattformen zugrunde legen, müßte man eine Entscheidung pro und contra technische versus geisteswissenschaftliche Fächer treffen. Nun gehen allerdings auch noch weitere Gesichtspunkte in die Entscheidung ein, die aus der Installationsphase, der Schulung und der Lizenzpolitik stammen und die gegeneinander abgewogen werden müssen.

6.4 Ungeschminkte Benutzer-Eindrücke

Ich gebe im folgenden die Eindrücke eines Hochschullehrers wieder, der beide Plattformen, CLIX und WebCT ausgiebig getestet und darüber jeweils einen Bericht geschrieben hat. Nicht alle Aussagen des Kollegen über vorhandene oder nicht-vorhandene Funktionen sind zutreffend, weil ihm nicht alle Informationen zur Verfügung standen und die Funktionen teilweise nicht implementiert waren, aber im großen und ganzen spiegeln seine Berichte recht gut und lebendiger als Befragungsergebnisse den Eindruck, den ein kundiger Benutzer von den beiden Plattformen gewinnen konnte:

Erste Eindrücke zu Clix Campus	Erste Eindrücke zu WebCT
Gesamteindruck	**Gesamteindruck**
Clix ist ein beeindruckendes Produkt, das wohl durchdacht und sehr gut strukturiert ist. Allerdings entsteht bei der Durchsicht der Funktionen der Eindruck, daß ein Hauptaugenmerk den umfangreichen Funktionalitäten zur Ordnung und Wiedergabe von WBT ähnlichen Lerninhalten gilt und Kommunikation sowie Gruppenarbeit unter Teilnehmern eher als Zusatzangebot betrachtet wird.	WebCT ist ein funktionales Produkt, das eine Grundausstattung bietet mit der sich viele Formen des eLearning in verschiedenen Kontexten realisieren lassen. Ein großer Bereich ist der Kommunikation in Foren gewidmet. Hier stehen sehr ausgeklügelte Funktionen zur Verfügung, die einen guten Informationsfluss erlauben. Hingegen sind Funktionen für kollaboratives Arbeiten nicht explizit vorgesehen.
Bewertung einzelner Aspekte:	**Bewertung einzelner Aspekte:**

Tab. 35 Ungeschminkte Benutzer Eindrücke

Erste Eindrücke zu Clix Campus	Erste Eindrücke zu WebCT
Äußeres Erscheinungsbild:	*Äußeres Erscheinungsbild:*
modernes, zurückhaltendes Look & Feel	etwas karges, konservatives Look & Feel
starke Strukturierung	einfache Strukturierung mit wenigen Ebenen (nur Navigationsleiste und Hauptfenster)
sehr gut: Wegweiser – so kann man jederzeit heraus finden, wo man ist	sehr gut: Course Map (ähnlich einer Sitemap) mit allen Kursseiten als Orientierungshilfe sowie Anzeige, auf welcher Seite man sich befindet
vielfältige Funktionen sowie Möglichkeiten der Individualisierung (gut für versierte Online Lerner, schlecht für Anfänger)	Anzahl der Funktionen ist auch für Anfänger auf einen Blick überschaubar
Nutzung/Handhabung:	*Nutzung/Handhabung:*
Anmeldung einfach und schnell. Passwortänderung leicht	Anmeldung einfach und schnell
schlechte Performance bei Nutzung eines 56k Modems (Minimum ISDN erforderlich für gute Ladezeiten)	gute Performance auch noch bei Nutzung eines 56k Modems
erfordert verschiedene Browsereinstellungen bzw. plug ins zur Wiedergabe von Animationen, Video, Audio (keine hilfreichen Fehlermeldungen, wenn nicht das passende installiert ist)	erfordert verschiedene Browsereinstellungen bzw. plug ins zur Wiedergabe von Animationen, Video, Audio (keine hilfreichen Fehlermeldungen, wenn nicht das passende installiert ist)
keine integrierte Hilfefunktion zum System (muss über FAQs im Bereich Kommunikation gelöst werden)	integrierte Hilfefunktion zum System auf jeder Seite durch einen Klick aufrufbar
keine Compile Funktion, um druckfähige Versionen der Lerninhalte (z.B. pdf Dateien) zu erstellen (m.E. ein Nachteil für alle, die nicht am Bildschirm lesen wollen)	Compile Funktion, um druckfähige Versionen der Lerninhalte (z.B. pdf Dateien) zu erstellen
leider können durch die Verwendung von Frames nicht einzelne Inhaltsseiten mit Bookmarks versehen werden (es soll jetzt aber eine Markerfunktion im Contentbereich geben – wie diese aufgerufen wird, habe ich noch nicht herausgefunden...)	leider können durch die Verwendung von Frames nicht einzelne Inhaltsseiten mit Bookmarks versehen werden[a]
	Individualisierung möglich (my WebCT)
	Benutzer tracking (angesehene Seiten, Beiträge) sowie Notendarstellung auch für den Nutzer einsehbar
Darstellung von (multimedialen) Lerneinheiten:	*Darstellung von (multimedialen) Lerneinheiten:*

Tab. 35 Ungeschminkte Benutzer Eindrücke

Erste Eindrücke zu Clix Campus	Erste Eindrücke zu WebCT
fünf Klicks notwendig (!), um zur Übersichtsseite einer Lerneinheit zu kommen	Übersicht über Kursinhalte von der Homepage mit einem Klick aufrufbar
kein Kurskalender vorgesehen, der z.B. tabellarisch angibt: Kursteil 1 läuft vom 17. 23.5. und dazu gehören die Materialien a, b, c, die Aufgaben 5 11 sowie der Test xy usw. usw. Diese Infos sind alle verstreut zu finden.	keine Übersichtsseite vorgesehen, die alle Daten, Kursinhalte, Lehrmaterialien und Prüfungen integriert (in verschiedenen Einzelfunktionen realisierbar)
Einbindung von Video und Audio und bestehenden HTML Seiten als Autor problemlos	Einbindung von Video und Audio und bestehenden HTML Seiten sowie anderer Dateiformate als Autor problemlos
gute Möglichkeiten zur Einbindung von Aufgaben und Tests in eine Lerneinheit	Möglichkeit zur Einbindung von Aufgaben und Tests in eine Lerneinheit beschränkt (nur multiple choice), aber Anbindung an externe Systeme (z.B. Question mark) möglich
schwache Auswahl an Möglichkeiten für Tests (nur multiple choice) gibt es hier eine Schnittstelle für externe Systeme?	Tool zur Entwicklung von Fragebögen und einfachen multiple choice Tests vorhanden, Einbindung auf Inhaltsebene und übergeordnet möglich
als Möglichkeit für animierte Aufgaben steht nur die Zuordnung in Tabellen per drag & drop zur Verfügung	keine Möglichkeit für die Erstellung animierter Aufgaben wie z.B. Zuordnung in Tabellen per drag & drop (hier wäre wiederum z.B. Questionmark erforderlich)
keine Notizzettel Funktion für Anmerkungen/Fragen zum Lernmaterial	keine Notizzettel Funktion für Anmerkungen/Fragen zum Lernmaterial
Kommunikationsmöglichkeiten:	*Kommunikationsmöglichkeiten:*
a) Forum	a) Forum
sehr schlichte Ausstattung: keine Anzeige aller Nachrichten im Volltext, keine „nur ungelesene Nachrichten zeigen" Funktion (m.E. ein extremes Manko für Kurse, in denen Fachdiskussionen online geführt werden sollen, spätestens nach 15 Nachrichten ist jeder Teilnehmende genervt vom Klicken, Warten, Lesen)	gute Ausstattung: keine Anzeige aller Nachrichten im Volltext, aber Funktionen wie die Markierung neuer Nachrichten mit „neu", „nur ungelesene Nachrichten zeigen" und Funktion für individuelles Markieren
mangelnde Übersichtlichkeit bei mehreren Diskussionssträngen in einem Forum, da keine gute räumliche Trennung	Übersichtlichkeit bleibt auch bei mehreren Diskussionssträngen in einem Forum erhalten, da gute räumliche Trennung

Tab. 35 Ungeschminkte Benutzer Eindrücke

Erste Eindrücke zu Clix Campus	Erste Eindrücke zu WebCT
bei Verwendung vieler Foren (> 5) könnte es leicht zu einer Überfrachtung/Unübersichtlichkeit der Navigationsleiste kommen	bei Verwendung vieler Foren (> 5) ist die Forenübersicht hilfreich
gut: einzelne Beiträge können jeweils eigenen Titel tragen	schlecht: einzelne Antwort Beiträge können keinen eigenen Titel tragen
sehr schlecht: keine Zitierfunktion, so dass ich mich nicht explizit auf Teile eines vorherigen Beitrags beziehen kann (m.E. wiederum eine herbe Einschränkung bei Fachdskussionen)	gut: verschiedene Antwortoptionen auf Beiträge, z.B. Zitierfunktion, so daß explizit auf Teile eines vorherigen Beitrags geantwortet werden kann
b) Chat	b) Chat
Standardchat, der durch eine Auswahl von emoticons aufgepeppt ist. Nach einer Weile sind die „Blinkedinger" sicherlich weniger lustig als beim ersten Mal...	Standardchat mit allen Funktionen zur guten Strukturierung (verschiedene Räume)
c) Pinnwand	c) Whiteboard
funktional sehr schlicht, wie im Forum vermisse ich die Volltextanzeige aller Nachrichten	vorhanden, aber leider nicht mit Chat verbunden, so daß Zusammenarbeit mit mehreren Personen sicher nicht leicht zu realisieren ist
d) Terminkalender	d) interne Mailfunktion
wird auch im persönlichen Lernbereich angezeigt, evtl. nützlich für selbst bestimmte Termine in Arbeitsgruppen während eines Kurses	Kursteilnehmende nutzen i.d.R. ohnehin vorhandenes mail account (meine Erfahrung)
sicherlich nützlich, um Termine für Testate, Expertendiskussionsrunden etc. jedem im Kurs sicher bekannt zu geben	nützlich für Kursleitende, um Termine für Testate, Expertendiskussionsrunden etc. an alle über automatisch erstellten Verteiler bekannt zu geben
Möglichkeiten für Gruppenarbeit:	*Möglichkeiten für Gruppenarbeit:*
gutes und einfach zu bedienendes Archiv zum Dokumentenaustausch (sehr wichtig!!!!)	kein Archiv zum Dokumentenaustausch in der Grundausstattung, aber angeblich einbindbar (großer Nachteil, wenn nicht vorhanden und in Gruppen gearbeitet werden soll, da aller Dokumentenaustausch dann über mail laufen muss!)[b]
Forum und Pinnwand für Gruppen sind gleich gestaltet wie bei den allgemeinen Kommunikationsmöglichkeiten beschrieben	Gruppen können keine eigenen Foren einrichten, es lassen sich aber durch den Referenten private Foren für Gruppen einrichten

Tab. 35 Ungeschminkte Benutzer Eindrücke

Erste Eindrücke zu Clix Campus	Erste Eindrücke zu WebCT
kein Chat mit Whiteboard für Gruppen möglich (da mit entfallen Lehr Lernmethoden wie Brainstorming etc.)	nur jeweils Chat oder Whiteboard Nutzung für Gruppen möglich
Fehlende Funktionen:	*Fehlende Funktionen:*
keine Profile von Teilnehmenden, Lehrenden etc. vorgesehen (schade, damit verliert ein Online Kurs m.E. eine wichtige Möglichkeit für einen „human touch" zu sorgen)	shared document space (wie bei Gruppenarbeit beschrieben)[c]
kein „progress tracking" für die Teilnehmenden ein sehbar	keine virtuellen Sprechstunden von Referenten möglich
Literatur ist den Lerneinheiten jeweils zugeordnet, aber wo sollen übergreifende Literaturangaben, Online Bibliotheken etc. untergebracht werden?	
keine interne Suchmaschine (sondern link auf google), um Stichworte in den Kursunterlagen wie derzufinden	

Tab. 35 Ungeschminkte Benutzer Eindrücke

a. ist möglich mit der rechten Maustaste
b. Gemeinsame Bereiche für Dokumente sind pro Kurs möglich
c. siehe b.

KAPITEL 7

Das Ergebnis der Studie

7.1 Schlußfolgerungen

Lernplattformen sind nicht alles, was zukünftig für die virtuelle Lehre benötigt wird. Zunächst reicht eine Plattform, solange das Angebot an virtuellen Kursen noch gering ist. Sobald allerdings die Benutzerzahlen rasch ansteigen und das Angebot in einer Hochschulregion oder einem Hochschulverbund stattfindet, wird ein gemeinsames Portal für die Region oder den Verbund notwendig. Unterscheidet man zwischen der Ebene, auf der das Portal angesiedelt ist, und einer zweiten Ebene, auf der die Lernplattformen für virtuelles Lernen eingesetzt werden, sowie einer dritten Ebene für weitere Software-Systeme, dann bietet sich folgende Lösung an:

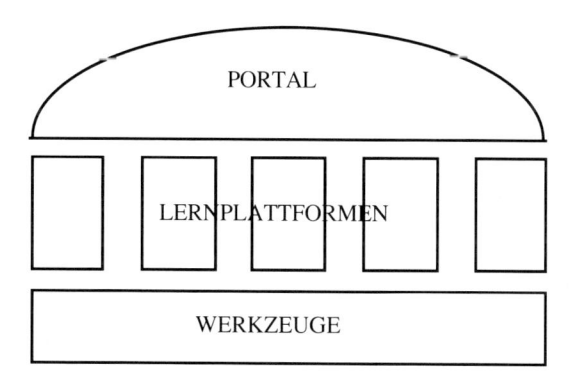

```
        ╭─────────────────────╮
       │       PORTAL          │
   ┌──┬─┴─┬──┬──┬──┬──┬───┐
   │  │   │  │  │  │  │   │
   │  │LERNPLATTFORMEN│   │
   │  │   │  │  │  │  │   │
   └──┴───┴──┴──┴──┴──┴───┘
   │        WERKZEUGE         │
   └──────────────────────────┘
```

Portal Die Hamburger Hochschulen werden eines Tages ein gemeinsames Portal benötigen. Noch ist die Zahl der virtuellen Veranstaltungen überschaubar, so daß diese Ebene vorläufig unbesetzt bleiben kann. Unter den getesteten Plattformen wäre SABA für ein solches Portal gut geeignet, wie das Bildungsportal des Landes Sachsen zeigt. Aber die Entscheidung darüber kann noch einige Jahre hinausgeschoben werden, bis eine kritische Masse virtueller Lehrveranstaltungen vorhanden ist.

Lernplattformen Auf der Ebene der Lernplattformen haben sich WebCT und CLIX empfohlen. Die Entscheidung für die Beschaffung einer Lernplattform sollte nicht zeitlich unbegrenzt erfolgen, sondern nur für die nächsten 2-3 Jahre gelten. Die Entscheidung muß revidierbar sein, weil das gesamte Marktspektrum der LMS sehr stark in Bewegung ist, sich durch Aufkäufe und Fusionen auszeichnet und von Insolvenzen bedroht ist. Auch ist die technologische Entwicklung noch längst nicht abgeschlossen, so daß damit gerechnet werden muß, daß in einigen Jahren Plattformen mit erheblich erweiterten Funktionen auf dem Markt sein werden, wobei die Firmen, die bereits jetzt eine große Installationsbasis aufzuweisen haben, mit größerer Wahrscheinlichkeit in der Lage sein werden, durch Aufkäufe anderer Firmen sich technologische Erweiterungen zuzulegen wie vernünftige Autorensysteme, Knowledge Management Systeme und kollaborative Software-Zusätze.

Weitere Softwarewerkzeuge Unterhalb der Lernplattformen können die Hochschulen, Fachbereiche, Institute oder einzelne Lehrpersonen weitere Werkzeuge installieren, z.B. für den Dateiaustausch, für die Kommunikation, für virtuelle Klassenräume, für virtuelle Labore oder für kollaboratives Arbeiten. Diese Software-Systeme bieten sich nicht für eine zentrale Beschaffung und Wartung an, da das Interesse einzelner Fachbereiche und Hochschullehrer an solchen Software-Systemen heterogen sein wird.

7.2 Lizenzpreise

Es macht an dieser Stelle wenig Sinn, über die Lizenzvorstellungen der Hersteller zu berichten. Die Preisgestaltung ist sehr im Fluß, ständigen Veränderungen unterlegen und mit Sicherheit marktpolitisch beeinflußbar. Die in den Prospekten genannten Preise sind vermutlich verhandelbar, wenn der Hersteller ein vehementes Interesse daran hat, ein bestimmtes Marktsegment zu erobern, einen Präzedenzfall zu schaffen oder Konkurrenten aus dem Geschäft zu verdrängen. Der Leser möge die folgenden Ausführungen denn auch eher unter dem Blickwinkel betrachten, welche Varianten der Lizenzgestaltung möglich sind.

SABA

Staffel Modell Das Lizenzmodell von SABA sieht eine Staffelung nach Benutzerzahlen vor. Mit der steigender Zahl von Benutzern sinkt der Preis pro User. Das Staffelmodell von SABA geht allerdings von recht großen Intervallen aus. Für die unterste Staffel, für 1.000 bis 7.500 User wird ein Preis von € 47 pro User berechnet, also bei 1.000 Usern 47.000 €, bei 7.500 Usern 352.500 € zuzüglich einer Supportgebühr von 18%.

SABA besteht nicht nur aus der Lernplattform, sondern aus einer Reihe von Modulen, die zur Ergänzung wichtig oder gar notwendig sein können. Für diese Module sind gesonderte Lizenzen zu erwerben. So werden beispielsweise für den SABA Publisher, das Autorensystem für SABA, bei einer Staffel von 1-20 Lizenzen US$ 1.795 pro Lizenz fällig, bei 21-50 Lizenzen US$ 1.495 pro Lizenz zuzüglich einer Supportgebühr von 18%. Für die weiteren Module gelten ähnliche Bedingungen Die Beschaffung einer begrenzten Zahl von Publishern würde zwar den Preis niedriger halten, würde jedoch die Autoren von Kursen zwingen, sich die Lizenzen auf dedizierten Maschinen zu teilen, was ausgesprochen umständlich wäre (lange Wege, lange Wartelisten).

Insgesamt erweist sich jedoch SABA als das deutlich kostengünstigste Modell der fünf in den Test einbezogenen Plattformen.

IBT SERVER eLEARNING SUITE

Eine Single Server Lizenz, mandantenfähig, skalierbar für 100 User kostet 8.000 €. Auch IBT Server berechnet gesonderte Preise für weitere Module. IBT Server verfügt über folgende Module:

IBT Web Authoring (5 Autoren) 7.500,00 €

IBT Curriculum Design (5 Autoren) 5.000,00 €

IBT Skill Management (100 User) 7.500,00 €

IBT Assessment (100 User) 7.500,00 €

IBT Search Engine (100 User) 1.600,00 €

IBT Management Information (100 User) 7.500,00 €

IBT Resource Management (100 User) 3.200,00 €

IBT Shop (100 User) 3.200,00 €

IBT ist deutlich günstiger als SABA, solange die Zahl der Benutzer niedrig bleibt. Macht man jedoch eine ähnliche Rechnung auf wie für SABA (1.000 bis zu 7.500 User), kann das System wesentlich teurer werden (80.000 € bis 600.000 € plus Software-Zusätze). Mit einer Version für 1.000 User muß anfangs bereits gerechnet werden. Kauft man die Software-Zusätze für Autoren hinzu, wird IBT Server bei 100 Autoren um 150.000 € bis 250.000 € teurer, kauft man die Module für die Studierenden und für das Management hinzu wird IBT Server um 20.000 € bei 100 Usern bis zu 200.000 € bei 1.000 Usern teurer.

WEBCT

Studenten Modell — Die WebCT Campus-Edition 3.7 besteht aus einer einheitlichen Software ohne Zusätze. Der Preis beträgt US $ 30 per Seat, d.h. User pro Kurs pro Jahr, wobei ein Minimum von 2.500 Seats für die landesweite Lizenz gilt, also insgesamt 75.000 US$ pro Jahr. Die Campus-Edition wird auf der bisherigen technologischen Basis noch bis 2006 weiterentwickelt und gewartet. Die Preise sind jährlich zu entrichten, d.h. für eine dreijährige Lizenz wäre bei WebCT mit einer Summe von 225.000 US$ zu rechnen. Als Einstiegsgröße gilt ein Minimum von 2.500 Usern. Zwar werden die Hamburger Hochschulen diese Grenze so bald nicht übertreffen, aber wenn die Benutzerzahl steigt, wird der Preis von WebCT ungünstig, da die Preise pro Seat nicht gestaffelt sind. Die referierten Lizenzbedingungen gelten ab Herbst auch für die Vista-Version von WebCT.

CLIX

Mandanten Modell — Die Grundlizenz für CLIX beträgt einmalig (ohne Laufzeitbegrenzung) 20.000 €. CLIX arbeitet nach dem Mandantenmodell. Jeder Mandant kostet 5.000 € einmalig, für die sechs Hochschulen 30.000 €. Weitere Submandanten kosten pro Submandant 750 € einmalig, für ca. 50 Fachbereiche insgesamt 37.500 €. Würden die sechs Hamburger Hochschulen jeweils einen Mandanten bilden und die Fachbereiche nur Submandanten darstellen, ergibt sich ein Gesamtpreis von etwa 87.500 €. Geht man jedoch davon aus, daß alle größeren Fachbereiche auch ein eigener Mandant sein wollen, ergebe sich ein Paketpreis zwischen 150.00 € und 250.000 €.[6]

Das Interesse, mit mehreren Mandanten zu arbeiten, ergibt sich schon daraus, daß das Design pro Mandant festgelegt ist. Aber offenbar ist hier konzeptionell ein großer Spielraum angelegt. Arbeitet man nur mit einem Mandanten, dafür aber mit einer Vielzahl von Submandanten, kommt das Erstinstallationspaket deutlich billiger.

Die Aussage, daß der Lizenzpreis nur „einmalig" anfällt und die Lizenz unbefristet gilt, kann leicht übersehen lassen, daß man als Lizenznehmer natürlich mit der Weiterentwicklung des Produkts mithalten und nicht auf der einmal gekauften Version stehenbleiben will. Updates kosten aber zusätzliche Gelder. Dafür gilt folgende Staffel:

Releasekauf im 1. Folgejahr = 25% vom Nettoerstlizenzpaket
Releasekauf im 2. Folgejahr = 50% vom Nettoerstlizenzpaket
Releasekauf im 3. Folgejahr =100% vom Nettoerstlizenzpaket

Sofern jährlich mit einer neuen Version zu rechnen ist (was wahrscheinlich ist), kann CLIX recht teuer werden. Auf drei Jahre berechnet ergibt sich eine Summe von mehr als 153.000 €, auf vier Jahre eine Summe von über 240.000 €. Dafür ist CLIX unabhängig von der Zahl der User. Sofern kein größeres Mandantenkonzept nötig sein sollte und sobald die Benutzerzahlen über 5.000 steigen sollten, ist CLIX günstiger als WebCT.

7.3 Fazit

SABA erweist sich als kostengünstige Lösung, hat jedoch in der Evaluation nicht besonders günstig abgeschnitten. IBT Server ist preiswert, solange es nur kleine Benutzerzahlen gibt, und deutlich am teuersten, wenn die Benutzerzahlen steigen. IBT Server ist aber ebenfalls keine der präferierten Lösungen.

Die beiden Plattformen, die bei den Tests am besten abgeschnitten haben, sind CLIX und WebCT. Die preiswertere Lösung von diesen beiden ist WebCT trotz des hohen Eingangsniveaus von 2.500 Usern. Der Preis für CLIX ist abhängig von der Zahl der vorgesehenen Mandanten und Submandanten.

---

6. Nach Beendigung dieser Untersuchung hat die Firma imc für CLIX ein alternatives Angebot unterbreitet, aus „politischen Gründen", wie betont wurde. Dies schlägt vor, mit einem Mandanten für alle sechs Hochschulen auszukommen und 30 Submandanten einzusetzen.

CLIX verfügt zur Zeit noch über die technisch fortgeschrittenere Lösung. Die WebCT Version 3.7 besitzt einen Formeleditor, der in die anderen Werkzeuge (Notizbuch, Foren, Whiteboard) voll integriert ist und sich so besonders für die Zwecke der Natur und Ingenieurwissenschaften eignet. Zugleich ist WebCT bereits weitgehend Unicode-fähig. Die technisch mit CLIX vergleichbare Vista-Version von WebCT (Oracle, JavaServer Pages) konnte zwar noch nicht getestet werden, nach erster Einsicht sind jedoch die Eigenschaften, die WebCT leichter einsetzbar und leichter erlernbar machen, erhalten geblieben (z.B. der leichte Wechsel zwischen Designer und Benutzer-Ansicht, die iconbasierte Course Map).

Brandon Hall zu WebCT

Der neue Report „Learning Management Systems 2002" von Brandon Hall (2002) deutet an, daß die Perspektiven für WebCT sich mit der Vista-Version noch verbessert haben. Unter der Überschrift „WebCT's extensive user testing has paid off" heißt es dort.

> „Course developers and instructors are expected to be as excited as WebCT staff about the enhanced flexibility and usability of selective release functions, which support guided online group learning better than just about any e Learning technology we have seen. This is one area where corporate e learning vendors can learn valuable lessons from higher education cousins like WebCT."

Die Befürchtung, daß WebCT mit der neuen technologischen Basis vielleicht einige der erprobten Funktionalitäten aufgegeben habe, scheint demnach unbegründet zu sein:

> „With Vista, WebCT moves beyond the boundaries of the course paradigm to wards the institution wide management of learning assets and data. The com pany's focus on the higher education market is maintained, as Vista retains the strong communication and collaboration capabilities, robust assessment and tracking functions, and other strengths of Campus Edition."

Mehrere Lernplattformen?

Zu Beginn des Projekts hatte sich noch die Denkfigur angeboten, eventuell zwei Plattformen mit unterschiedlichem Profil (z.B. für Geistes- versus Naturwissenschaften oder mit alternativer didaktischer Konzeption: Kursmanagement versus Projektmanagement) zu beschaffen. Dies bleibt ein offener Wunsche, denn es sind keine derart unterschiedlichen Lernplattformen in die engere Wahl gekommen und in den Praxistest einbezogen worden. Und angesichts der hohen Kosten für die Plattformen ist es auch nicht vertretbar, in diesem frühen Stadium der Entwicklung des virtuellen Lernens zwei Lernplattformen zu beschaffen, die sich in ihrer inhaltlichen Konzeption, in

Das Ergebnis der Studie

ihren Designfähigkeiten und in den didaktischen Funktionen kaum unterscheiden.

Es wäre generell sinnvoll, die Evaluation von Lernplattformen in geringerem Umfang jedes Jahr fortzuführen, um eine Suche nach alternativen Lösungen zu ermöglichen und up-to-date bleiben zu können.

Gesamtkosten Vergleicht man die Gesamtkosten beider Systeme miteinander, so müssen nicht nur die Lizenzpreise, sondern auch die Kosten für Installation, Support durch den Hersteller, Anpassungsaufwand, die Hardware in den Rechenzentren, der Preis weiterer Software und schließlich der Personalaufwand für Wartung, Support, Administration und Einführungskurse (Schulungen) durch Mitarbeiter der Rechenzentren miteinander verglichen werden.

	WebCT	**CLIX**
Support durch Hersteller	kaum nötig	benötigt
Anpassungsaufwand	nicht nötig	benötigt
Personalkosten Wartung, Pflege	geringer	höher
Personalkosten Administration	geringer	höher
Schulungsaufwand	geringer	höher
Hard und Software	geringer	höher

Tab. 36 Aufwandsschätzung für Administration, Anpassung etc.

Beschaffungsempfehlung All diese Überlegungen haben dazu geführt, eine Lizenz für die Campus-Edition von WebCT für den Zeitraum von drei Jahren zu erwerben, mit dem Recht, gegen Ende des Jahres oder im Laufe des nächsten Jahres auf die Vista-Version WebCT 4.0 umsteigen zu können.

Diese Empfehlung soll und kann nicht heißen, daß die Hochschulen oder gar einzelne Fachbereiche nicht andere und weitere Plattformen beschaffen und betreiben können. Es ist denkbar, daß Fachbereiche mit hohem technischem Know-How sich an der Entwicklung von open source-Plattformen beteiligen. Es wäre auch denkbar, relativ preisgünstige Plattformen zu installieren, die nicht oder noch nicht alle K.O.-Kriterien und Funktionen erfüllen, die in dieser Untersuchung abgeprüft wurden, sofern auf ihnen nicht der Regelbetrieb aller sechs Hochschulen basieren soll.

In dieser Empfehlung geht es im wesentlichen um die Beschaffung einer Lernplattform, die

- alle gewünschten Funktionen erfüllt
- für den reibungslosen Regelbetrieb geeignet ist
- für einen Massenverkehr skalierbar ist
- zentral gewartet und administriert wird
- aufgrund zentraler Beschaffung kostengünstiger beschafft werden kann.

Das eLearning Consortium Hamburger Hochschulen (ELCH) hat eine Verhandlungskommission benannt, die mit den Herstellern die genauen Lizenzbedingungen aushandeln soll.

KAPITEL 8

Didaktische Qualität mit Lernplattformen

8.1 Didaktische Probleme

Man sollte annehmen, daß die Lernplattformen über ganz hervorragende didaktische Eigenschaften verfügen müßten, da sich alle Hochschulen um sie reißen. Das Gegenteil ist der Fall. Lernplattformen sind aus didaktischer Sicht und gemessen an der Qualität der Präsenzlehre ein historischer Rückschritt. Lernplattformen sind durchweg nach demselben Schema angelegt und zwingen dazu, relativ uniforme didaktische Arrangements einzuhalten. Sie unterscheiden sich lediglich im Spektrum der angebotenen Methoden für Autoren und Srudierende oder in der Gewichtung bestimmter Funktionalitäten (z.B. Tests versus Kommunikation, Design versus Assessment).

ntheoretische Charakterisierung von Plattformen?

Ich neige deshalb nicht zu der Ansicht, daß man ihre pädagogische Konzeption entlang den Lerntheorien als behavioristisch, kognitivistisch, gemäßigt konstruktivistisch und konstruktivistisch klassifizieren kann. Die Plattformen selbst verdienen nicht diese Attribuierung, ihre Nutzung und die Art ihres Einsatzes in der Lehre sind ausschlaggebend dafür, welche didaktische Orientierung eingeschlagen wird. Ihr Vorteil liegt eben wirklich nur darin, daß Studierende damit zeit- und ortsunabhängig lernen können. Aber wie Studierende mit dem LMS lernen, dazu hat die Lernplattform nicht viel beizutragen. Um Lehre in didaktisch verantwortungsvoller Weise in Lernplattformen anzubieten, muß man als Autor die Lernplattformen „gegen den Strich bürsten". Was das heißt, soll in diesem Kapitel erläutert werden.

zeption von Plattformen

Lernplattformen zeichnen sich durch eine bestimmte Konzeption aus: Sie versammeln eine Reihe von Web-Seiten, Aufgabenblättern und anderen Lernobjekten, die wie in einem Buch geordnet werden. Diese Konstruktionsweise übt eine gewisse Suggestion auf die Autoren aus. Sie legt dem Autor nahe, die Lernplattform in der vorbereiteten Weise zu nutzen. Die Verführbarkeit, diesem Konzept zu folgen, ist hoch, weil dies der einfachste Weg ist, Inhalte in der Lernplattform zu arrangieren. Die Lernplattform ordnet die Dokumente und Dateien in serieller Form an. Warum sollte der Autor sich die Mühe machen, eine andere Form des Arrangements der Inhalte zu realisieren? Die Lernplattform nimmt dem Autor die Sorge um die Navigation ab. Warum sollte er sich bemühen, ein eigenes Navigationskonzept zu entwickeln?

Rückwirkungen der Plattform auf die Lehre

Die Konsequenz dieser Konzeption von Lernplattformen zeitigt Rückwirkungen auf die Lehrkonzepte vor allem in folgenden fünf Aspekten:

- Der Einsatz der Lernplattform wird (unfreiwillig) auf traditionelle didaktische Szenarien beschränkt,
- Bei der Anlage der Lektionen dominieren serielle Konzepte,
- Das Lernkonzept wird vom Vermittlungsparadigma beherrscht,
- Es überwiegt ein Studentenbild, das nur scheinbar auf „selbständige Lerner" setzt, in Wirklichkeit den passiv-rezeptiven Lerner bevorzugt,
- Das Evaluationskonzept reduziert die Prüfung auf Tests.

Diese fünf Punkte werden im folgenden näher erläutert:

DIDAKTISCHE SZENARIEN (ORGANISATION DER LEHRE)

Plattform als Fundgrube

Es gibt viele Beispiele dafür, daß Autoren ihr Lehrmaterial nur in die Plattformen eingestellt und ihre Studierenden darauf „losgelassen" haben. Ein Konzept für die Integration in die Präsenzlehre fehlt häufig. Die Brücke zu den Inhalten, die der Dozent in der Präsenzveranstaltung behandelt, müssen die Studierenden selbst schlagen. Die Funktion der Plattform reduziert sich so auf die eines Lehrbuches, einer Bibliothek, Fundgrube oder „Grabbelkiste". Es wäre jedoch notwendig zu überlegen, welche didaktischen und organisatorischen Konsequenzen die zusätzliche Aufnahme einer virtuellen Komponente in das gesamte Lernumfeld für die Präsenzkomponente im System haben müßte.

Plattform als Informationsbörse

Bei Anbietern virtueller Kurse, die keine Präsenzanteile beinhalten, werden die Materialien in der Lernplattform sehr häufig nur so wie die gedruckten Materialien im traditionellen Fernstudium genutzt, als Korrespondenzbriefe. Die Funktion der Plattform reduziert sich dadurch auf den Dateiaustausch und die Informationsbörse. Diese freiwillige oder unfreiwillige Beschränkung auf ganz bestimmte didaktische Szenarien des Einsatzes von Lernplattformen müßte jedoch nicht zwangsläufig eintreten. Es sind noch viele andere Lernszenarien [Schulmeister 2001b] denkbar als nur diese beiden, z.B. die Nutzung einer Lernplattform als Übungsfeld mit qualifizierter Rückmeldung und hohen diskursiven Anteilen im Präsenzseminar, der Einsatz der Lernplattform für den Austausch der Produkte der Studierenden, unterstützt von Kommunikationsmethoden, um den Nachteil größerer Gruppen in Präsenzseminaren auszugleichen usw. Aber bei allen diesen Einsatzformen ist der Aufwand für die Erstellung der Materialien und der Betreuung höher. Und dies mag der Grund dafür sein, warum alternative Formen der Organisation der Lehre seltener genutzt werden.

Vorausschau der weiteren Themen

Welche möglichen Formen des Einsatzes von Lernplattformen sind überhaupt bekannt? Eine Klassifikation von didaktischen Lernszenarien wird in Kapitel 9 „Szenarien netzbasierten Lernens" (S. 163), ausführlich dargestellt und begründet.

STRUKTUR DER LEKTIONEN

Die Konstruktionsweise der Lernplattformen ist suggestiv, sie verführt den Autor zu einer sequentiellen Struktur für das Arrangement der Lernmaterialien oder Lernobjekte, die häufig mit der gewohnten Fachsystematik korrespondiert, so wie sie im typischen Lehrbuch vorliegt. Die meisten Autoren wählen eine expositorische oder instruktionalistische Lehrform wie in einer Vorlesung. Der Aufwand, alternative Zugangsformen zu dem Lernmaterial anzubieten, ist für die meisten Autoren zu hoch und ohne zusätzliches Personal nicht zu bewältigen.

Welche Aspekte sind beim didaktischen Design von „Lektionen" für Lernplattformen zu beachten? Auf diese Frage werde ich näher in Kapitel 10 „Didaktisches Design komplexer modularisierter Systeme" (S. 189) eingehen.

LERNPARADIGMA

Beide erwähnten Faktoren, die Beschränkung auf expositorische Lernszenarien und die sequentielle Struktur der Lerninhalte, bevorzugen das rezeptive Lernen. Dieses kommt bestimmten Lernertypen entgegen, die vorwiegend abhängig von klar definierten Vorgaben lernen, die mißerfolgsmotiviert sind und die serialistischen Lernstrategien folgen.

Als Alternative zu Lehrbüchern und anderen Formen expositorischer Darstellung der Lerninhalte gilt das Zauberwort „Interaktivität". Was ist in virtuellen Lernumgebungen und Lernplattformen eigentlich mit dem Begriff Interaktivität gemeint? Die Problematik der Interaktivität möchte ich in Kapitel 11 „Taxonomie der Interaktivität" (S. 207) anhand folgender Fragen diskutieren: Was entscheidet über den Erfolg der Übungen? Lassen sich die Übungen in Lernplattformen nach dem Grad ihrer Interaktivität unterscheiden? Kann man Interaktivität nach objektiven Kriterien klassifizieren?

BILD DER STUDIERENDEN (ROLLEN)

Derartige Lernumgebungen, in denen die Studierenden mit dem Lernmaterial allein gelassen werden, setzen scheinbar einen hohen Grad an „Selbständigkeit" voraus, in Wirklichkeit (s. Kapitel „Struktur der Lektionen" (S. 153) und Kapitel „Lernparadigma" (S. 153)) werden vorwiegend Lernertypen angesprochen, die am liebsten nach klaren Vorgaben lernen. Ein deutliches Zeichen dafür ist die in virtuellen Studiengängen von Studierenden immer wieder erhobene Forderung nach mehr Tests und Aufgaben und nach stärkerer und häufigerer externer Kontrolle.

EVALUATIONSKONZEPT

Viele Autoren nutzen gern die Testformen der Plattformen, weil sie angeboten werden und leicht umzusetzen sind und weil andere Formen der Selbstüberprüfung viel schwieriger zu realisieren sind. Die üblichen Testformen wie multiple choice-Fragen, Lückentext, Zuordnung usw. sind aber allesamt behavioristischen Ursprungs und dienen lediglich der Wissensüberprüfung. Sie leisten keine Fähigkeitsüberprüfung. Diese Form des Testens kann leicht zu einer Reduzierung des Erwartungshorizonts auf überprüfbares Wissen führen, auch bei den Studierenden, die nach mehreren Tests dem Mißverständnis aufsitzen, daß sie so ihre Fähigkeiten getestet hätten.

Insgesamt sind die Testformen in den Lernplattformen sehr reduziert und phantasielos. Ich kann mir erheblich bessere Tests vorstellen, komplexe Übungsformen wie interaktive Maps, interaktive Grafiken, Drag & Drop-Übungen mit frei definierbaren Objekten (Icons, Bildern, Flußdiagramm-Elementen, Tondateien und Filmen), interaktive Mindmaps etc. In diesem Punkt scheint den LMS-Produzenten nicht nur Programmierkapazität zu fehlen, sondern auch didaktische Phantasie.

8.2 Didaktische Alternativen

Grundlegender Unterschied zwischen Präsenstudium und virtuellem Lernen

Zwischen der klassischen Präsenzlehre und der virtuellen Lehre besteht ein gravierender Unterschied. Im Präsenzstudium befinden sich die Studierenden von vornherein in einer sozialen Umgebung, während sie in der virtuellen Umgebung zunächst nur dem Lerngegenstand begegnen und eine soziale Präsenz erst mühsam hergestellt werden muß. Für die Studierenden im virtuellen Studium ist das Lernobjekt deshalb bedeutsamer als im Präsenzstudium, weil sie mit ihm streckenweise allein gelassen sind.

Diese These soll nicht die Relevanz des Selbststudiums im Präsenzstudium negieren. Aber sie betont umgekehrt die Bedeutung der Präsenzseminare im Studium, in denen auch schon mal andere Aspekte großen Raum einnehmen können, z.B. die Kommunikation unter den Teilnehmern, der Austausch von Studienstrategien, die Erweiterung des intellektuellen Horizonts über das Seminarthema hinaus, die Reflexion über und die Kritik an der Institution Hochschule, das Metalernen usw. In diesen Prozessen steht nicht immer der Lerngegenstand im Vordergrund.

In der virtuellen Lehre hingegen steht das Lernobjekt im Vordergrund, während die Kommunikation, wenn sie denn angeboten wird, eine notwendige begleitende Unterstützung darstellt. Unter Lernobjekten verstehe ich hier Web-Seiten mit Texten, Bildern, Tabellen, Daten, Diagrammen, Animationen, Filmen und Übungen, Aufgaben, die vom Dozenten in die Lernplattform eingestellt werden, Fallbeispiele, mit denen die Studierenden arbeiten sollen, Tests und Selbsttests etc.

Das didaktische Dreieck virtuellen Lernens

Die Dominanz des Lernobjekts beim virtuellen Lernen hat Konsequenzen für die Interpretation des Lernprozesses und seiner Variablen: Betrachtet man eLearning unter dem Gesichtspunkt der Auseinandersetzung mit Lernobjekten, so sind die wichtigsten lernpsychologischen Faktoren für eLearning **Kognition**, **Kommunikation** und **Kollaboration**.

- Unter **Kognition** fasse ich die Denkprozesse, mit denen sich die Lernenden mit dem Lernobjekt auseinandersetzen. Ziel der kognitiven Prozesse ist die *Konstruktion von Wissen* durch den Lernenden. Dieser Prozeß der Wissenskonstruktion aktiviert beim Lernenden dessen naive kognitive Konzepte und führt zunächst zu ideosynkratischen kognitiven Konzepten.
- Die **Kommunikation** des Lernenden mit anderen Lernern und mit den Lehrenden muß deshalb ein notwendiger Bestandteil des eLearning sein, weil durch sie die für die Verständigung und die Wissenschaft wichtige *Konventionalisierung des Wissens* erreicht wird.

- Die **Kollaboration** von Individuen mit gemeinsamen Lernobjekten konstituiert Prozesse der *Ko-Konstruktion von Wissen*, die eine Verständigung über Konzepte und die Konventionalisierung des Wissens einschließen. Die Konstruktion von Wissen und die Konventionalisierung von Wissen werden um so eher erreicht, wenn die Lernenden direkt miteinander an Lernobjekten kooperieren können.

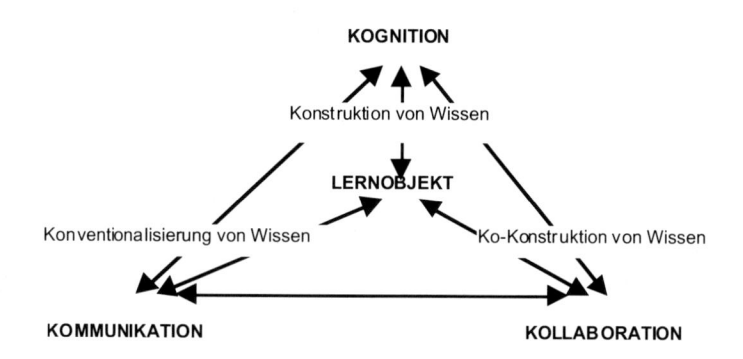

Abb. 11 Das didaktische Dreieck virtuellen Lernens

Zentrale Rolle der Interaktivität

Das Konzept der **Interaktivität** mit Lernobjekten ist das entscheidende Moment im eLearning, das alle anderen Faktoren wie in einem Brennglas bündelt, die technischen Faktoren und die psychologisch-didaktischen Faktoren. Interaktivität im eLearning bezeichnet dabei nicht die soziale Interaktion. Dieser Aspekt ist bereits in den Begriffen Kommunikation und Kollaboration enthalten. Der Begriff der Interaktivität in eLearning-Umgebungen meint die Manipulation und den lernenden Umgang mit den Lernobjekten im virtuellen Raum. Diese Überlegungen zum „didaktischen Dreieck virtuellen Lernens" führen zu didaktischen Konsequenzen für den Einsatz von Lernplattformen.

RÜCKWIRKUNGEN AUF DIE ORGANISATION DER LEHRE

Unter Beachtung dieser Aspekte, der *Konstruktion von Wissen*, der *Konventionalisierung von Wissen*, der *Ko-Konstruktion von Wissen* und der *Interaktivität mit Lernobjekten* sollten didaktische Kriterien des Einsatzes von Lernplattformen mindestens die folgenden Gesichtspunkte reflektieren:

Blended Learning

Der Einsatz virtueller Lernumgebungen hat eine alternative Rolle der Präsenzanteile zur Konsequenz. Das klassische Modell einiger Fachwissenschaften sieht eine dominierende Rolle für die Vorlesung vor. Viele Lehrende halten daran fest und weisen dem virtuellen Lernen die Funktion der Nachbereitung zu. Über virtuelles Lernen nachzudenken, könnte aber beispielsweise dazu führen, der Vorlesung die nachbereitende Rolle zum virtuellen Lernen zuzuweisen. Die Mischung von mehreren Lehr-Lernformen, das sog. „blended learning", zwingt dazu, neu über die Funktion der Präsenzlehre für die virtuell schwierigeren Phasen nachzudenken, sie z.B. als qualifizierte Rückmeldung einzusetzen.

Erhalten die Studierenden eine virtuelle Komponente zum „selbständigen Lernen", dann sollten sie damit nicht allein gelassen werden. Ein solches Angebot muß Rückwirkungen auf die Organisation der Lehre insgesamt haben. So sollten die Lernprozesse, die Studierende im virtuellen Teil machen, in den Präsenzveranstaltungen reflektiert werden, was relativ intensive Betreuung und Beobachtung der virtuellen Lernprozesse der Studierenden durch den Lehrenden voraussetzt. Die Studierenden müssen unbedingt Rückmeldung zu ihren Lernprozessen erhalten, und zwar nicht nur zu den fachwissenschaftlichen Themen, sondern auch zu ihren propädeutischen, heuristischen und methodologischen Problemen und zu der Art und Methodik des Lernens.

Die Konsequenzen für die Organisation der Lehre lauten, daß die sinnvollen didaktischen Szenarien, die sich durch die Einführung von Lernplattformen ergeben, geplant und reflektiert werden müssen. Es darf kein belangloses Nebenher und keine Widersprüche zwischen der Präsenzlehre und dem virtuellen Lernen geben. Das Konzept des „blended learning" verlangt nach kommunikativen Bindegliedern zwischen Präsenzanteilen und virtuellen Anteilen. Auf die Klassifikation von didaktischen Lernszenarien gehe ich in Kapitel 9 „Szenarien netzbasierten Lernens" (S. 163), näher ein.

RÜCKWIRKUNGEN AUF DAS DIDAKTISCHE DESIGN

Besser geeignet für das virtuelle Lernen sind didaktische Designs, die eine Lernplattform nicht für die expositorische Lehre und die systematische Stoffvermittlung einsetzen, sondern die Funktion der Lernplattform „von den Füßen auf den Kopf stellen". Was soll das heißen? Man könnte beispielsweise in die Lernplattform nur interaktive Übungen, Fallbeispiele und Simulationen einstellen, den Studierenden situiertes Lernen im Kontext, aktives Tun, das Explorieren von Konzepten anbieten und alle Texte und jede Wissensvermittlung in den Hintergrund verbannen. Das didaktische Prinzip lautet: „Vorrang für Übungen, Nachrangigkeit der Texte". Ein solches Konzept würde die Attraktivität des Lernens im virtuellen Raum enorm erhöhen: Computer bzw.

ihre Software bieten Chancen, mit Lernobjekten aktiv umzugehen, die auf Papier oder an der Tafel kaum erstellt werden können oder zumindest in vernünftiger Zeit und Qualität nicht realisierbar sind. Sie integrieren Informationen und Daten sowie Medien, deren Integration in der analogen Welt und Technik nicht oder nur unter großen Schwierigkeiten und nur in serieller Form erreicht werden kann. Hier spüren die Studierenden, daß die Lernobjekte in der Lernplattform einen echten Mehrwert besitzen. Und deshalb sollten im virtuellen Lernen solche Übungen und Lernobjekte im Vordergrund stehen, die deutlich einen Mehrwert des computergestützten Lernens erbringen.

Es ist nicht leicht, ein didaktisches Design für hochaktive Lernumgebungen zu entwickeln. Welche Aspekte des didaktischen Designs in Lernplattformen relevant werden, darauf werde ich in Kapitel 10 „Didaktisches Design komplexer modularisierter Systeme" (S. 189) näher eingehen.

INTERAKTIVITÄT DER ÜBUNGEN

Das Prinzip des Vorrangs für Übungen macht allerdings nur Sinn, wenn mit „Übung" nicht die automatisch auswertbaren Tests gemeint sind, die von den Lernplattformen angeboten werden. Die Prüfungsform muß für die jeweiligen Lernziele adäquat sein und den Lernformen entsprechen. Notwendig ist eine hochgradige Interaktivität der Übungen. Ich habe an anderer Stelle mehrere Stufen der Interaktivität in einer Taxonomie für Metadaten skizziert [Schulmeister 2002]. Interaktivität bezeichnet den Umgang des Studierenden mit Lernobjekten, nicht die Interaktion mit anderen Studierenden oder den Lehrenden. Danach unterscheiden sich interaktive Übungen dadurch, daß der Studierende entweder die Repräsentationsform eines Lernobjekts manipulieren oder den Inhalt des Lernobjekts modifizieren kann. Auf der höchsten Stufe der Interaktivität kann der Studierende in einer Übung sowohl die Repräsentationsform wechseln als auch den Inhalt modifizieren und kann darüber hinaus intelligente Rückmeldung zu seinen Handlungen erhalten. Derartige interaktive Übungen fördern die Motivation der Studierenden und ermöglichen die Realisierung von Formen entdeckenden und konstruktiven Lernens.

Zum Thema „Interaktivität" in virtuellen Lernumgebungen werde ich in Kapitel 11 „Taxonomie der Interaktivität" (S. 207) eine Taxonomie von interaktiven Übungen, Visualisierungen und Programmen vorstellen, die als neue Metadaten-Spezifikation gelten soll.

UNTERSTÜTZUNG DER KOMMUNIKATION

Betreuungskonzepte Man sollte die Studierenden mit den Inhalten in der Lernplattform nicht „allein lassen"! Im Umgang mit den Lernobjekten werden die naiven kognitiven Konzepte der Studierenden aktiviert. Die Studierenden konstruieren in der Begegnung mit den Lernobjekten neue kognitive Konzepte und entwickeln dabei teilweise ideosynkratische Ideen. Die Kommunikation mit anderen Lernenden und Lehrenden ist notwendig, um die Konventionalisierung des neuen Wissens zu erreichen. Die Kommunikation sollte durch den Einsatz von dafür ausgebildeten Tutoren oder Moderatoren unterstützt werden. Ganz neue, für die Hochschulen ungewohnte Betreuungskonzepte mit einer erheblich höheren Betreuungsdichte müssen her.

Lernplattformen bieten hierfür in der Regel einige Methoden an wie Chat, Foren und Email. Es gibt außerdem die Möglichkeit, zusätzliche Software für eine Audio- oder Videokonferenz einzusetzen. Wichtig ist jedoch weniger die technische Methode als vielmehr die Bereitschaft der Dozenten, die Kommunikation über das Lernen kontinuierlich und intensiv zu moderieren und Rückmeldung zu geben. Da der zeitliche Aufwand hierfür im virtuellen Raum sehr hoch angesetzt werden muß, unterbleiben derartige Anstrengungen sehr oft abgesehen von der fehlenden Kompetenz vieler Dozenten, ein Gespräch zu moderieren, wofür sie ja nie ausgebildet wurden.

UNTERSTÜTZUNG DER KOOPERATION

Optimal für kollaborative Aufgaben und Prozesse sind Lernplattformen, die gemeinsames synchrones Arbeiten an Lernobjekten mit dafür geeigneten Programmen erlauben (shared applications). Dies sind beispielsweise Werkzeuge, die synchrone Zusammenarbeit an gemeinsamen Texten, grafischen Objekten, Daten oder Statistiken ermöglichen. Aber diesen Stand hat die Technologie bis heute nur in wenigen Fällen erreicht. Es stehen noch nicht sehr viele kooperative oder kollaborative Werkzeuge zur Verfügung [Wessner 2001], vor allem nicht sehr viele wirklich ideenvolle und brauchbare. Die meisten sind noch im Stadium von Prototypen.

Die Lernplattformen besitzen für kollaboratives Arbeiten und Lernen bisher wenn überhaupt nur eine Methode, nämlich das Whiteboard, in dem Studierende synchron zeichnen und schreiben können. Die meisten Whiteboards sind völlig unzulänglich, sie basieren noch auf Pixelgrafik, was die Korrektur eines grafischen Objekts erschwert. Nur wenige Whiteboards arbeiten mit Vektorgrafik. Bei den meisten Lernplattformen ist ein Chat nicht möglich, wenn gleichzeitig das Whiteboard offen ist. Bei anderen kann man nicht synchron in den Foren arbeiten.

NICHT JEDER STOFF EIGNET SICH FÜR VIRTUELLES LERNEN

Es ist offenbar schwierig zu erkennen, wo die Grenzen für virtuelles Lernen zu setzen sind, denn diese Grenzen werden immer wieder überschritten. Der Expansionsdrang der virtuellen Universitäten nimmt keine Rücksicht auf die methodologischen Charakteristika mancher Fächer oder die didaktischen Erfordernisse bestimmter wissenschaftlicher Thematiken. Die Grenzen des virtuellen Lernens liegen dort, wo

- Lernen von der Qualität und Unmittelbarkeit diskursiver Prozesse abhängig ist (z.B. Gesprächstraining, Beratungsprozeß, Kommunikationstraining)
- Mimik, Gestik, Tonfall und Gefühle beim Lernen eine Rolle spielen (z.B. Therapie, Gesprächstrainings, Beratungsprozesse, Kommunikationstrainings, Fremdsprachenausbildung), die über Audio- und Videoübertragung nur mangelhaft übermittelt werden können
- manuelle und sonstige praktische Fähigkeiten beim Lernen erforderlich sind (z.B. Medizin, Kunst, Chemie)
- direkte visuelle Anschauung wichtig ist, die multimedial nur mit Abstrichen vermittel werden kann (z.B. Medizin, Biologie, Physik)
- aufwendig zu entwickelnde interaktive Lernprogramme benötigt werden, deren Finanzierung und technische Realisierung aber nicht sichergestellt werden kann
- retrospektive Digitalisierung größten Ausmaßes erforderlich ist (Literaturwissenschaft, Geschichtswissenschaft), die nicht finanziert werden kann
- konstruktivistische Lernumgebungen entwickelt werden müssen, die kontextbezogen und situiert sein müssen.

Einige Stoffe eignen sich besonders gut für virtuelles Lernen, z.B.

- Scheinfirmen (virtual company), Geschäftsprozeß-Simulationsspiele, Börsenspiele, Planspiele, Projektplanung
- virtuelle Labore, die kapazitative Engpässe vermeiden helfen
- Modelle und Simulationen in Architektur, Mathematik, den Naturwissenschaften, der Medizin und der Wirtschaftswissenschaft

- Prozesse, in denen ohnehin der Computer involviert ist (z.B. Modelle der Informatik, Automaten)
- problemorientiertes Lernen in Bereichen, in denen nicht ausreichend Klienten vorhanden sind oder wo es an Objekten (z.B. Patientenanalyse, Tierversuche) zum Üben mangelt oder wo reale Versuche mit Anfängern zu gefährlich sind
- die Vor- oder Nachbereitung von Lernsituationen, für die ein Gang in die Realität unverzichtbar ist (z.B. Exkursionen)
- die Speicherung und Übertragung von Lernsituationen, für die nicht ausreichend geeignete Gelegenheiten angeboten werden können (z.B. Bedside-Teaching).

KAPITEL 9
Szenarien netzbasierten Lernens

9.1 Schummeln und was man dagegen tun kann

Ich möchte über ein Vorkommnis berichten, das mit diesem Thema scheinbar nichts zu tun hat. 122 Studierende der University of Virginia werden eventuell relegiert, weil sie geschummelt haben. Heise berichtet darüber unter der Überschrift „Software entlarvt schummelnde Studenten":

> „Über hundert Studenten werden möglicherweise von der Universität von Virginia exmatrikuliert, weil sie ihre Prüfungsarbeiten abgeschrieben haben. Die Software ihres Physik Professors hat die Schummler entlarvt. Laut Washington Post[1] hatte der Physik Professor Lou Bloomfield[2], der eine sehr populäre Vorlesung über ‚Alltagsphysik' hält, die Prüfungsarbeiten seiner Studenten von einer selbst geschriebenen Software auf Textähnlichkeiten durchsuchen lassen. Praktischerweise lagen ihm die Abschlussarbeiten schon in elektronischer Form vor. Die Kursteilnehmer mussten als Abschlussarbeit einen etwa 1500 Worter umfassenden Text per EMail einreichen, in dem die physikalischen Prinzipien alltäglicher Gegenstände wie Mobiltelephone oder Helikopter erklärt werden.
>
> Der Such Algorithmus soll einen Treffer anzeigen, wenn er identische Muster von mindestens sechs aufeinander folgenden Wörtern in zwei verschiedenen Arbeiten findet. Bei der Durchsuchung erwiesen sich komplette Arbeiten als abgeschrieben. Für den Disziplinar Ausschuss der Universität ergibt sich nun die Schwierigkeit, den jeweiligen Urheber der inkriminierten Passage von den Plagiatoren zu unterscheiden.
>
> Die Universität von Virginia ist allerdings nicht die einzige Bildungsinstitution, die vom wachsenden Phänomen des[3] Cut And Paste Studiums betroffen ist. Nach einer repräsentativen Umfrage[4] der Agentur iconkids & youth nutzen beispielsweise 31 Prozent der Schüler in Deutschland das Internet für

‚schulrelevante Belange'. Um der anwachsenden Flut solcher Arbeiten Herr zu werden, bieten mittlerweile diverse Sites, wie etwa plagiarism.org[5] kommerzielle Prüf Services an, bei denen eingereichte Arbeiten auf einschlägig bekannte Vorlagen durchgecheckt werden. Bei einer solchen Überprüfung für die renommierte Universität von Berkeley sollen laut Washington Post 45 Studenten der Neurobiologie beim Abschreiben erwischt worden sein." [7]

Gegenmaßnahmen gegen Schummeln

Gegen das Wirken der sogenannten Term Paper Mills, die Examensarbeiten an Studierende verkaufen, z.B. „The Doctor!" (http://www.serve.com/doctor/; Chuckiii.com; http://www.chuckiii.com/topsites/index.shtml), kann man vermutlich wenig unternehmen. Dagegen kann sich der Hochschullehrer nur wehren, indem er die Suchmaschine HowOriginal.com regelmäßig frequentiert (http://www.howoriginal.com), um herauszufinden, ob in den eingereichten Seminar- und Abschlußarbeiten Passagen aus anderen Arbeiten kopiert oder ob die Arbeiten als ganzes schon an anderer Stelle eingereicht wurden.

Bessere Betreuung notwendig

Sind wir Hochschullehrer gezwungen, zukünftig immer diesen Weg zu gehen? Die aus Virginia oder Berkeley berichteten Vorfälle sind ein Armutszeugnis. Darüber sind wir uns einig. Aber wofür sind sie ein Armutszeugnis? Für die Moral der Studierenden? Ich meine nicht. Was anderes kann man von Prüflingen erwarten, die unter Druck stehen? Der Skandal ist im Grunde ein Armutszeugnis für die Qualität des Bildungsangebots und des Prüfungssystems! Schummeln in solchen Dimensionen wird immer wieder dort förmlich herausgefordert, wo die Lehre weitgehend standardisiert ist, wo dieselben Inhalte in derselben Form routinemäßig gelehrt werden, wo wiederholt dieselben Aufgaben gegeben werden und festgelegte Prüfungskataloge bestehen. Die Existenz der Repetitorien in den Rechtswissenschaften und das Lernen aus Prüfungskatalogen in der Medizin sind ein Indiz für diese Behauptung. Wenn Inhalte und Ziele eines Kurses originell wären, und die Studierenden motiviert an selbstgewählten Themen forschen, die sich eng auf die Inhalte des Kurses beziehen und in den Lernprozeß der Teilnehmer eingebettet sind, dann dürfte sich das Kopieren fremder Arbeiten erübrigen, weil zu derart originären Themen keine Arbeiten im Netz stehen.

---

7. Verlag Heinz Heise; http://www.heise.de/newsticker/data/wst10.05.01001/.
   Links in diesem Artikel:
   [1] http://washingtonpost.com/wpdyn/articles/A6382001May8.html
   [2] http://www.phys.virginia.edu/People/personal.asp?UID=lab3e
   [3] http://www.heise.de/newsticker/data/fr10.07.99000/
   [4] http://www.heise.de/newsticker/data/sha16.03.01001/
   [5] http://www.plagiarism.org/faq.html

Schummeln hat seine Ursachen auch in mangelnder Betreuung. Würde ich als Hochschullehrer meine Studierenden intensiv betreuen und mit ihnen lernprozeßbegleitend arbeiten, so wäre ich vertraut mit der Genese ihrer Arbeiten, ihren ersten Ideen, ihren Irrtümern, den Ergebnissen ihrer Recherchen, ihren Quellen und Hypothesen und schließlich den anfänglichen Entwürfen ihrer Arbeiten. In einem solchen gemeinsamen Lern- und Arbeitsprozeß würde eine kopierte Arbeit deutlich erkennbar als Fremdkörper auftauchen. Das möchte ich an einem Beispiel kurz illustrieren:

Beispiel eines virtuellen Seminars

Ich habe mit 15 Studierenden im SS 2001 ein virtuelles Seminar zum Thema „Zur Kultur virtuellen Lernens" durchgeführt. Nach einer Einführung in die Workgroup-Software Teamwave Workplace, die die Grundlage für das Seminar war, haben die Studierenden Arbeitsgruppen im Netz gebildet und nach Diskussion und Rücksprache mit mir eigene Themen gewählt, z.B.

„Online-Games   Eine virtuelle Kommunikationsplattform oder nur pure Unterhaltung?"

„Vergleich von Online-Magazinen und Print-Versionen renommierter Magazine"

„Lernen in wilden Lernumgebungen? Analyse von Lerngemeinschaften in Foren"

„eCommerce am Beispiel des Online-Versandhandels"

Schon während des Seminars machte ein Blick in die virtuellen Räume der Arbeitsgruppen deutlich, daß hier intensive Recherchen durchgeführt wurden. Schaut man sich die einzelnen Dokumente genauer an, die Beiträge zu den Foren und die PostIt-Notizen, dann erkennt man, wie suchend, wie vorläufig und explorierend die ersten Fragestellungen diskutiert wurden, wann die erste Hypothese formuliert wurde, wann eine genauere Eingrenzung des gewählten Themas erfolgte und wann die ersten empirischen Daten erhoben wurden. Ein solches virtuelles Seminar ermöglicht dem Dozenten einen guten Einblick in den Prozeß der Entwicklung der Arbeit der Studierenden, mehr als manches Präsenzseminar, in dem nur die Endstufe des Referats sichtbar wird. Im virtuellen Seminar können die Phasen der Kooperation von Arbeitsgruppen, ihre methodologischen Probleme und der Fortschritt ihrer Arbeit deutlich werden. Der Dozent kann in seiner Moderation darauf eingehen und nicht nur auf die Inhalte und Themen des Seminars.

Die Mitglieder der Gruppe, die als Thema Online-Games wählte, begaben sich als teilnehmende Beobachter in Spiele-Clans, führten ein Interview mit einem Clan-Leader und nahmen an Online-Spielen teil. Die Gruppe, die einen

Vergleich von Online und Print-Magazinen zu ihrem Thema machte, startete eine Befragung der Benutzer eines Online-Magazins usw. Dem beratenden Dozenten wurde jede Phase des Lernprozesses transparent. Die Gruppen erstellten dabei eine Fülle an Materialien.

Aber die Arbeitsgruppen arbeiteten nicht nur isoliert für sich. Im virtuellen „Seminarraum" fand in Abständen von ca. zwei Wochen eine Verständigung der Arbeitsgruppen untereinander statt. Für diese Sitzungen hatten die Gruppen Präsentationen mit Hilfe von Postern, PowerPoint-Präsentationen und Concept Maps sorgfältig vorbereitet.

Die Problematik netzbasierten Lernens ist nicht die von „Sicherheit versus Betrug", sondern von „allein gelassen versus begleitet und beraten werden".

9.2 Mangelnde Transparenz der Information

Kriterien für die Wahl von Kursen

Ein weiterer Faktor, der für das virtuelle Lernen kritisch werden kann, ist die ungeheure Intransparenz der Information über Bildungsangebote aufgrund fehlender Standards für die Darstellung dieser Informationen. Wie können Studierende erkennen, was sie bei der Vielzahl virtueller Kurse, die von virtuellen Universitäten und Präsenzuniversitäten angeboten werden, tatsächlich erwartet? Sie haben nur die Wahl, sich entweder nach dem Renommee des Anbieters oder dem einschlägigen Thema für eines der Angebote zu entscheiden, solange die Anbieter ihre Kurse in Form, Ziel und Methode nicht charakterisieren. Es werden heute beispielsweise Hunderte von Kursen in virtuellen M.B.A. und Nursing-Studiengängen angeboten. Da stellen sich dann Fragen wie:

> Wie ist der Kurs BC511 „Understanding the Human Communication Process" der Jones International University organisiert? So wie ein vergleichbarer Kurs der Western Governors' University?
>
> Ist der Kurs MBA583 „The E-Commerce Marketplace" der Jones International University vergleichbar mit einem durch New Promise angebotenen gleichnamigen Kurs des Baker College im Studiengang MBA-Marketing?

Ist der von GenEdWeb angebotene Kurs English 1011 „College Writing", für den es 4 credits gibt, die mit $159.25 per credit beglichen werden müssen, didaktisch besser als vergleichbare unter den 243 Kursen, die von der California Virtual University in der Abteilung „English Language and Literature/Letters" verzeichnet werden und die kostenlos sind?

Wer sagt Studierenden, ob der Kurs der University of Phoenix Online mit modernen Medien durchgeführt wird als der Kurs der Michigan Virtual University?

Was gibt Auskunft darüber, ob Studierende der Rechtswissenschaften von der Cyberversity of European Law besser betreut werden als von der Capella University, ob man sich in der Athabasca University an selbständigen Arbeitsgruppen beteiligen kann, was von der ESC Pau leider nicht gefördert wird?

Dies alles sind Fragen, die heute noch weitgehend unbeantwortet bleiben.

Transparenz in der Didaktik — Nur wenige virtuelle Universitäten geben Auskunft über die Medien oder die didaktischen Methoden, die eingesetzt werden. Mit solchen Informationen versorgt lobenswerterweise die Western Governors' University ihre Interessenten, obwohl daraus auch deutlich wird, daß längst nicht alle ausgeschriebenen Kurse als virtuelle Lehre stattfinden:

Fach	Zahl der Kurse	Lehr-Lernmittel
Medizin	11	In 2 Fällen WWW, sonst EMail, Audiobänder, Telefonkonferenzen und Korrespondenzbriefe
Informatik	12	8 reine CD Kurse (fast alle Vorbereitungskurse), 3 Kurse mit WWW plus EMail, davon 1 Kurs mit Computerkonferenz, 1 reiner Korrespondenzkurs
Biologie	10	In 8 Fällen WWW u. EMail, in 4 Fällen zusätzlich Video, in 1 CD ROM; 2 Kurse nur Korrespondenz
Nursing	1	Korrespondenzbriefe
Wirtschaft	5	2 reine Korrespondenzkurse, 3 mit EMail und WWW
Jura	15	Bei etwa der Hälfte aller Kurse: WWW und EMail, sonst Audio und Videobänder, Korrespondenzbriefe und Fax
Politik	15	Gut die Hälfte verwendet WWW und EMail, sonst Audio und Videobänder, Fax, CD ROM und Korrespondenzbriefe

Tab. 37 Kurse der Western Governors' University

Fach	Zahl der Kurse	Lehr-Lernmittel
Mathematik	15	Fast alle Kurse: WWW, sonst EMail, Telefonkonferenzen, Videobänder, CD ROM, Fax und Korrespondenzbriefe
Management	153	WWW, Korrespondenzbriefe, Audio CDs, Audio und Videobänder
Verwaltung	33	WWW, EMail, ComputerKonferenzen, Korrespondenzbriefe, CD ROMs und Audiobänder
Literatur	14	9 reine Korrespondenzkurse, 4 mit EMail und WWW
Geschichte	35	Überwiegend Korrespondenz und Videoband, WWW und EMail nur zusätzlich

Tab. 37 Kurse der Western Governors' University

Aber selbst wenn eine virtuelle Universität deutlich macht, welche Medien in einem bestimmten Kurs genutzt werden, so ist dem Interessenten doch immer noch nicht klar, wie sie methodisch eingesetzt werden, als Berieselung mit Inhalten, zur Motivierung oder als zu analysierendes Objekt kognitiven Lernens. Und selbst wenn eine virtuelle Universität eine Kommunikationsplattform zusätzlich oder integriert in die Lernplattform einsetzt, so kann der Interessent daraus nicht schließen, ob es Arbeitsgruppen mit tutorieller Begleitung gibt und welchen relativen Anteil die Moderation in den Kursen einnimmt. Mit anderen Worten: Ich werde als Student in der einen virtuellen Universität einer deduktiven Instruktion ausgeliefert, während eine andere virtuelle Universität von mir verlangt, Themen selbst zu formulieren und selbstständig an diesen Themen zu arbeiten. Die Information über diesen gravierenden hochschuldidaktischen Unterschied wird mir als Kunde vor Vertragsabschluß in der Regel vorenthalten. Die folgende Klassifikation von didaktischen Szenarien soll diesem Manko abhelfen.

9.3 Klassifikation von didaktischen Szenarien

Die Transparenz in der Darstellung der Didaktik der Bildungsangebote muß erhöht werden, wenn man den Nachfragenden echte Entscheidungen ermöglichen will. Aber wie kann man didaktische Unterschiede nach außen deutlich machen? Fraglich ist, ob die Anbieter dies überhaupt wollen, setzen sie sich damit doch einem verstärkten Wettbewerb aus.

Diese Überlegungen zur Transparenz der Didaktik in Bildungsangeboten müßten gleichermaßen für die Evaluation der virtuellen Lehre gelten. Astleitner (2000) beispielsweise untersucht zehn Studien, die Methoden virtueller Ausbildung mit traditionellen Unterrichtsformen vergleichen. Wie stets bei solchen Vergleichen finden sich Studien, die positive Effekte der neueren Methoden aufzeigen können, aber ebenso Studien, die keine Vorteile der webbasierten Instruktion ermitteln können, so daß nur das Fazit erlaubt scheint, „dass Lernergebnisse, die im Rahmen von WBI [i.e. webbasierte Instruktion, Astleitners Begriff von netzbasierter oder virtueller Lehre, RS] erzielt werden, zumindest gleich gut sind, wie solche in traditioneller Ausbildung" (S. 25).

Ich möchte gegenüber einer solchen Schlußfolgerung all die Bedenken anmelden, die ich an anderer Stelle ausführlich begründet habe (s. Schulmeister 1997, S. 387-414). Wir befinden uns bei Vergleichsstudien aus methodologischen Gründen im „Land der Nullhypothesen", in dem keine eindeutigen Schlüsse möglich sind, weil sowohl die Experimente als auch die Kriterien der Evaluation nicht vergleichbar sind. Solange Vergleichsstudien nicht auf einer gemeinsamen Typologie beruhen, können aus den Ergebnissen der Evaluationen der vielen schlecht dokumentierten virtuellen Angebote kaum verbindliche Schlußfolgerungen gezogen werden.

Reichen die Metadaten aus? Was wir benötigen, ist die Transparenz der qualitativen didaktischen Aspekte der virtuellen Ausbildungsangebote für den Nachfragenden durch Bezug auf überprüfbare Kriterien. Derartige überprüfbare qualitative Kriterien werden unter dem Begriff Metadaten am Beispiel der Entwürfe von Dublin Core (http://www.en.eun.org/etb/dublincore.html), IEEE LOM (Learning Objects Metadata; http://grouper.ieee.org/groups/ltsc/wg12/) oder Ariadne (http://ariadne.unil.ch/Metadata/ariadne metadata v3final1.htm) diskutiert. Allerdings müßten die Metadaten zu den virtuellen Angeboten weit über das hinausgehen, was bisher vorliegt. Um Ausbildungsangebote und Selbstdarstellungen transparent zu machen, müssen die für die Beschreibung benötigten Metadaten sich auf die didaktischen Dimensionen der Online Angebote beziehen (Schulmeister 2001, S. 146ff.).

Die vielfältigen Initiativen zur Formulierung von Metadaten, Benchmarks und Standards von Firmen und Organisationen wie AICC, SCORM und IMS mögen zwar dazu führen, daß die Bildungsanbieter die Etiketten „AICC compatible" und „AICC certified" (Aviation Industry CBT Committee; http://www.aicc.org), „SCORM compliant" (Sharable Courseware Object Reference Model; http://www.adlnet.org/Scorm/docs/SCORM 2.pdf) oder „IMS compliant" (http://www.imsproject.org/) auf ihre Homepages drucken, sie garantieren jedoch nicht, daß die Bildungsinteressenten dadurch ein Stück schlauer werden und sich informierter entscheiden können. Das geben diese Kriterien nicht her. An die eigentlich pädagogischen Prinzipien virtueller Lehre hat sich bisher keines der internationalen Gremien gewagt.

Klassifikation virtuellen Lernens

Welche Kriterien gäbe es denn, die Transparenz herstellen könnten und geeignet sind, möglichst alle Varianten virtueller Lehre zu erfassen und nach außen hin auszuweisen? Ich will zunächst einige bekannte didaktische Beschreibungen der Formen virtueller Lehre auf ihre Eignung für diese Aufgabe befragen.

Embeddedness und Consistency

Hicks, Reid und George (1999) (http://www.herdsa.org.au/vic/cornerstones/pdf/Hicks.PDF) haben sich mit der Rolle der im Netz plazierten Materialien fürs Lernen befaßt und beschreiben die Computerunterstützung des Lernprozesses und der Lerninhalte durch netzbasiertes Lernmaterial mit den beiden Begriffen „Embeddedness" und „Consistency":

Unter „Embeddedness" verstehen sie die Einbettung des netzbasierten Lernmaterials in die Lernumgebung, sozusagen die Angepaßtheit der Lerninhalte an die spezifische Lehrveranstaltung. Den einen Pol dieser Skala bezeichnet beispielsweise ein netzbasiertes Skript zum Inhalt, das unabhängig von der jeweiligen Lehrveranstaltung entstanden ist. Den Gegenpol bezeichnet netzbasiertes Lernmaterial, das im engen Zusammenhang mit der Lehrveranstaltung steht, sich auf die Prüfungsfragen bezieht usw. Unter „Consistency" erfassen sie die Nähe oder Verträglichkeit, die netzbasiertes Lernmaterial in Bezug auf den Lerngegenstand aufweist, was wohl auch als *Inhaltsorientierung* der Lehre aufgefaßt werden kann. Der eine Pol bezeichnet Lehrmaterialien, die keinen oder einen geringen Bezug zum Fach aufweisen, der Gegenpol meint elektronisches Lehrmaterial, das speziell an die jeweilige Fachwelt, ihre Inhalte und Prozesse, angepaßt ist.

Inhaltsorientierung versus Prozeß orientierung

Ich nehme die Idee von Hicks u.a. als Anregung, die Begriffe *Inhaltsorientierung* und *Prozeßorientierung* der Lehre als Beschreibungskriterien für virtuelle Lehre einzuführen. Inhaltsorientierung und Prozeßorientierung sind zwei wichtige Unterscheidungskriterien, sie beziehen sich auf die innere Struktur der Lehre und können die Differenz zwischen Nutzung der Kommunikationsplattform (Wem oder was dienen die Foren? Dienen sie dem inhaltlichen Lernprozeß oder der sozialen Interaktion?) und Nutzung der Informationsquellen erklären, nicht aber die organisatorische Anbindung und die zu Grunde liegenden hochschuldidaktischen Methoden. *Inhaltsorientierung* meint: Die Kurse konzentrieren sich darauf, Inhalte, Content, Lehrbücher und andere Lernmaterialien anzubieten, und steuern den Lernprozeß durch Aufgaben und Tests, wodurch er anscheinend nicht mehr besonderer Beachtung be-

Szenarien netzbasierten Lernens

darf. *Prozeßorientierung* meint: Die Kurse widmen den aktuellen Lernprozessen die gesamte Aufmerksamkeit, stellen die Kommunikationsprozesse in den Vordergrund, bieten tutorielle Beratung und Moderation an und wollen so die Kooperation in den Arbeitsgruppen fördern.

Conversational Framework
Einer der meistzitierten Klassifikationsversuche für Medien ist das „conversational framework" von Laurillard (1993), eine an der Form der Kommunikation zwischen Dozenten und Studierenden orientierte Typologie von kommunikativen Interaktionen im virtuellen Medium.

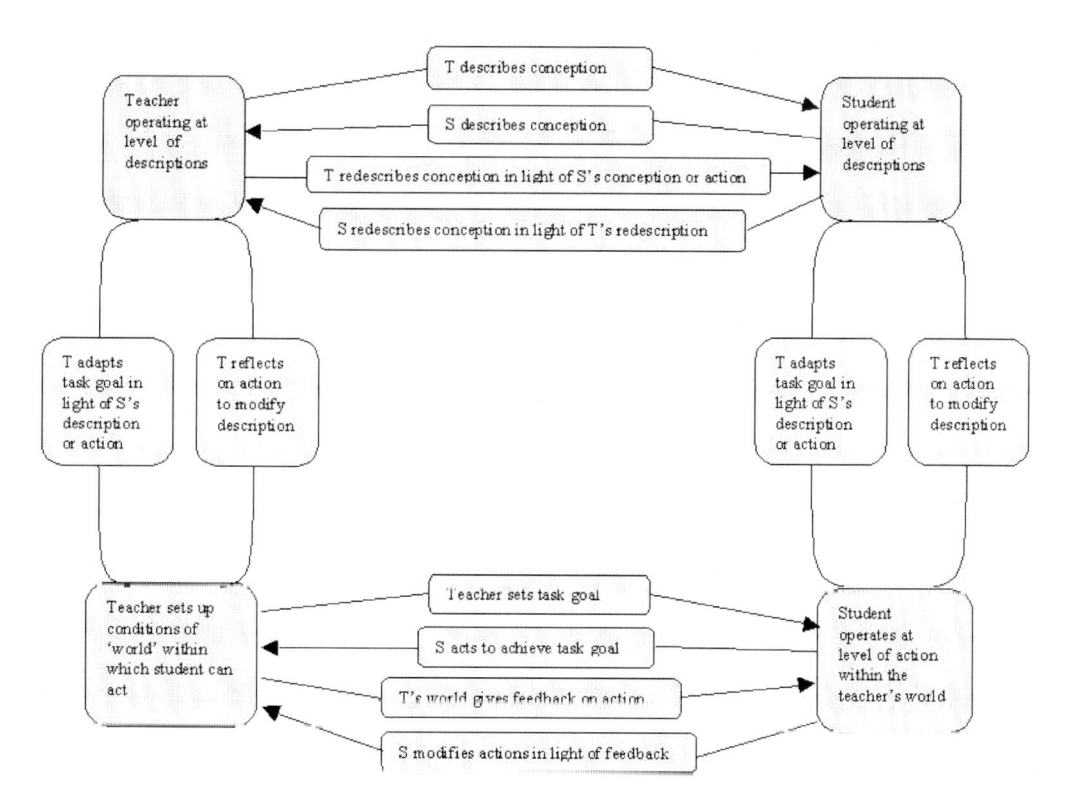

Abb. 12 Das Conversational Framework von Diana Laurillard

Laurillard teilt pädagogische Medien in vier Kategorien ein:

Diskursive Medien: Studierende und Dozenten tauschen Meinungen aus. Themen und Ziele sind aushandelbar. Der Dozent reflektiert die Äußerungen und Produkte der Studierenden und kommentiert sie.

Adaptive Medien: Der Dozent kann aus seiner Kenntnis des Standes der Studierenden sowie der vorangegangenen Diskussion und der aktuellen Thematik die Ziele der nächsten Phase an die Studierenden anpassen.

Interaktive Medien: Sie bieten den Studierenden die Gelegenheit, die Ziele durch eigenes aktives Handeln zu erreichen und bedeutungsvolle intrinsische Rückmeldungen zu erhalten.

Reflektierende Medien: Der Dozent unterstützt durch Feedback, daß Studierende ihre Aktionen mit dem zu erreichenden Ziel rückkoppeln. Die Studierenden bestimmen selbst die Geschwindigkeit des Lernprozesses und müssen die Chance erhalten, den eigenen Lernprozeß zu reflektieren.

Medientypologie

Die Bezeichnung „Medien" ist bei Laurillard fahrlässig. Sie nimmt Bezug auf die nunmehr fast 30 Jahre alte sog. „Konversationstheorie" von Gordon Pask (1976) bzw. auf Typen von kommunikativen Handlungen. Dies erweitert den Medienbegriff in Richtung kommunikativer Interaktionen, weicht ihn damit aber zugleich auf. Dann wären nämlich nicht mehr nur die technischen Träger der Information (Papier, Band, Platte) oder die Typen medialer Information (Text, Ton, Bild, Film) ein Medium, sondern auch die Formen aktueller Kommunikation, die Kommunikationsstrategien. Laurillard hält zudem ihren Ansatz selbst nicht konsequent durch, wenn sie in der Folge die Medien augenscheinlich nach ganz anderen Ordnungsprinzipien einteilt in audiovisuelle Medien (Vorlesung, Druck), Hypermedia, interaktive Medien (Simulationen, Mikrowelten, Modelle), adaptive Medien (tutorielle Programme, tutorielle Simulationen und tutorielle Systeme) sowie diskursive Medien (Audiokonferenz, Videokonferenz, computergestützte Konferenz, Kollaboration). In diese heterogene Sammlung von Laurillard gehen unterschiedslos technische Medienträger (Audio, Video, Druck), Unterrichtsmethoden (Vorlesung, Konferenz) und Lernsysteme bzw. symbolische Regelsysteme (Simulationen, tutorielle Systeme) ein. Zudem ist es wenig plausibel, daß ausgerechnet die überwiegend monologisch gestalteten Unterrichtsmethoden den diskursiven Medien und die tutoriellen Methoden den adaptiven Medien zugeordnet werden, wobei die beiden Kategorien sich eigentlich nicht gegenseitig ausschließen sollten. Laurillards Ansatz weist allerdings darauf hin, daß *Medien und Kommunikationsstrategien* wichtige Komponenten virtueller Lehre sind und als Kriterien für die differenzierte Beschreibung von Kursen vielleicht nützlich sein können.

Die Betrachtung kommunikativer Handlungen in virtuellen Umgebungen ist an sich eine interessante Problematik. Es wäre jedoch vermutlich ergiebiger gewesen, für diese Aufgabe eine Typologie kognitiver Akte oder eine Sprechakttheorie heranzuziehen. Derartige Versuche wurden beispielsweise von Bakardjieva und Harasim (1997) oder von Henderson, Putt u.a. (1998) unternommen.

Baumgartner (2001) hat anläßlich eines Vergleichs zweier Lernplattformen den Versuch unternommen, drei Dimensionen räumlich als Würfel mit 5 x 5 x 3 Kategorien aufeinander zu beziehen

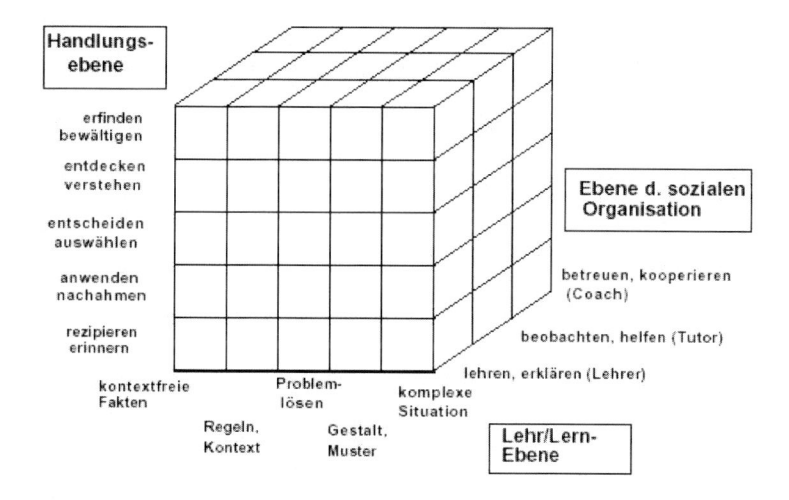

Abb. 13 Dimensionen der Lehre nach Baumgartner (2001)

Einen ähnlichen Ausflug ins Dreidimensionale hatte Baumgartner bereits früher unternommen (Baumgartner und Payr 1994). Dreidimensionale Modelle haben den Nachteil, daß sie nicht erweiterbar sind. Sie sind abgeschlossene Modelle, d.h. eine vierte Dimension gibt es nicht und die Skalierung der drei Dimensionen muß feststehen. Würfel müssen deshalb den impliziten Anspruch auf Vollständigkeit einlösen.

Lernerzentriertheit versus Lehrerzentriertheit

Was präsentiert uns dieses Modell? Eine Dimension bildet eine Art Lerntaxonomie des Gagnéschen Typus, die verbunden wird mit einer Typologie von Denkhandlungen in der Art der Bloomschen Lernzieltaxonomie, und beide werden auf drei Instruktionsmethoden als dritte Dimension bezogen. Die Lerntaxonomie bringt implizit das Kriterium *Inhaltsorientierung* wieder in das Modell herein, differenziert nach hierarchischen Niveaus. Die Skala der Lernhandlungen inkorporiert implizit das Kriterium *Prozeßorientierung*.

Das Neue an Baumgartners Vorschlag ist die dritte Dimension der *Lehrertypen*. Hinter den drei Typen Coach, Tutor und Lehrer scheinen die lerntheoretischen Schulen des *Konstruktivismus*, *Kognitivismus* und *Behaviorismus* durch, sie decken sich jedoch nicht vollständig mit diesen Instruktionsmethoden. Mit den Lehrertypen führt Baumgartner zugleich die Differenzierung zwischen einem *lehrerzentrierten* und einem *lernerzentrierten Ansatz* ein. Was versteht er darunter?

> „Im lehrerzentrierten Ansatz wird primär ein Lehrangebot bereitgestellt, das die Studierenden zu verarbeiten haben. In der klassischen Unterrichtsplanung werden die Lernziele dabei von den zu lehrenden Inhalten (Lehrpläne) deduktiv abgeleitet und es werden ihnen häufig sogar spezifische Lehrmethoden als didaktische Vermittlungsinstanzen zugeordnet. Der Lehrprozess ist dabei im wesentlichen eine durch die Lehrperson (oder die Lernsoftware) fremdgesteuerten Instruktion.
>
> Im lernerzentrierten Ansatz wird bloß eine interaktive, dem Lernen förderliche Umgebung bereit gestellt, die nach den jeweiligen Zielen, Wünschen und Vorlieben der Lernenden exploriert werden kann. Obwohl dadurch unterschiedliche Eingangsvoraussetzungen, Lernstile und Motivationen besser berücksichtigt werden, kann in der Extremvariante weder Reihenfolge, Zeitbedarf noch der Lernerfolg selbst extern gesteuert und kontrolliert werden." (S. 6f.)

Baumgartners Modell weist darauf hin, daß bei allen Beschreibungen virtueller Kurse stets der Bezug zum Wissen einer Disziplin hergestellt und eine Differenzierung entsprechend dem angestrebten Niveau des Lernens durchgeführt werden sollte, und es deutet an, daß mit jeder Lehr-Lernsituation unterschiedliche lerntheoretische Ansätze verfolgt werden.

Eine weitere Klassifikation von Szenarien für Telelernen stammt von Pauschenwein, Jandl u.a. (2001). Die Autoren unterscheiden als wesentliche Variablen der virtuellen Szenarien die Formen der Lernorganisation (vom Präsenzunterricht bis zum virtuelles Lernen), der Veranstaltungsorganisation (Anteil der Präsenzphasen), asynchroner/synchroner Modus, Offline/Online-Verbindung (Off, On) und Betreuungsaufwand (niedrig, mittel hoch). Die ersten beiden Kategorien sind geeignet, die Wirklichkeit der Hochschullehre, in der wahrscheinlich immer Mischungen von Präsenzunterricht mit virtuellen Komponenten vorkommen werden, gut zu beschreiben. Die Unterscheidung von asynchroner und synchroner Lernarbeit ist für die Differenzierung der Werkzeuge bedeutsam, die in der virtuellen Lehre eingesetzt werden. Die anderen Kategorien von Pauschenwein, Jandl u.a., spielen für die innere Differenzierung der Szenarien keine konstitutive Rolle. Ob der Zugriff auf

Information, Daten und Lernprogramme online oder offline stattfindet, bringt ein technisches Kriterium ein, das nichts zur pädagogischen Dimension beiträgt. Und ob der Betreuungsaufwand hoch oder niedrig ist, mag entscheidend für die Qualität der Lehre sein, gilt aber nur für tutoriell betreute Formen.

9.4 Didaktisch begründete Szenarien

Ich werde im folgenden versuchen, die bisher genannten Kriterien zu einem Modell zusammen zu führen und zu ergänzen. Bisher habe ich erwähnt: *Inhaltsorientierung* vs. *Prozeßorientierung*, *Lehrerzentriertheit* vs. *Lernerzentriertheit*, *Präsenzanteile* vs. *virtuelle Anteile* der Lehre, *asynchrone* vs. *synchrone Kommunikation und Lernarbeit*.

Für meine Beschreibung eines klassifizierenden Begriffsrasters für das virtuelle Lernen wähle ich drei qualitative Kriterien **Formen**, **Funktionen** und **Methoden**, die ich zunächst erklären möchte:

Formen   Die Organisationsformen der Lehre reichen von reinen Präsenzveranstaltungen zu reinen virtuellen Lernformen. Die reinen Präsenzveranstaltungen interessieren mich hier nicht. Die Formen virtuellen Lernens werden in der Regel im Zusammenhang mit Präsenzveranstaltungen eingesetzt. Solche Formen beginnen bei Präsenzveranstaltungen, die zusätzlich eine WWW-Komponente einsetzen, und enden bei vollständig virtuellen Seminaren. Dazwischen befinden sich eine Reihe von Mischformen, die sich nach dem relativen Anteil der virtuellen Komponenten skalieren lassen. Diese Skalierung hat Berührung mit den Unterscheidungen „Embeddedness" und „Consistency" von Hicks, Reid und George (1999). Folgende Formen lassen sich unterscheiden: Präsenzseminar plus WWW-Skript Präsenzseminar (plus Skript) plus Kommunikationsplattform Präsenzseminar im Wechsel mit virtuellem Tutorium oder virtuellem Seminar rein virtuelles Seminar bzw. komplettes Selbststudium:

                     Präsenzveranstaltung
                     Vorlesung oder Seminar

plus Skript   plus Kommu-   im Wechsel mit   virtuelles Seminar
               nikation   virtuellem Kurs   oder Selbststudium

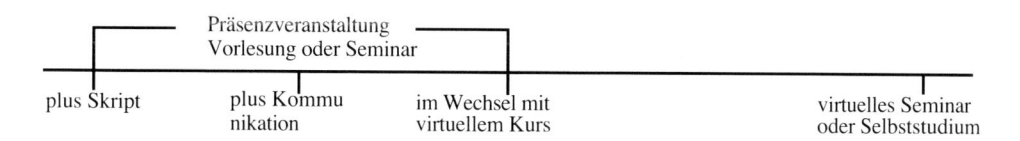

Abb. 14 Die Skala „Form" bezeichnet die Organisationsform virtueller Lehre und ihre organisatorische Einbettung in die institutionelle Umgebung

Funktionen Die Funktionen virtueller Lehre reichen von purer Information über die direkte Kommunikation bis hin zu synchroner Kooperation (skaliert nach dem aktiven Anteil kommunikativer Interaktion); als Funktionen der virtuellen Umgebung lassen sich folgende unterscheiden: Information (mit Web-Seiten oder per einseitigem Datei-Download) Information (durch beidseitigen Dateiaustausch) asynchrone Kommunikation (über Whiteboards und Message Boards) synchrone Kommunikation (über Chat, Videokonferenz oder andere Werkzeuge oder Methoden) synchrone Interaktion und Kooperation (mit funktionalen Werkzeugen, kognitiven Werkzeugen, konstruktiven Werkzeugen).

Die Skala von der Information zur Kooperation läßt sich mit bekannten Kommunikationsmodellen und theorien gut erklären. Die Funktionen schließen Medien und Werkzeuge mit ein (Laurillard), da die Funktionen stets in Medien und Werkzeugen realisiert werden müssen, und die Skala verläuft parallel mit der Unterscheidung asynchroner und synchroner Kommunikation (Pauschenwein).

Information (WWW und Datei Download)	beidseitiger Dateiaustausch	asynchrone Kommunikation (Whiteboard und Message Board)	synchrone Kommunikation (Chat und andere Methoden)	synchrone Kooperation

Abb. 15 Die Skala „Funktion" reicht von Information bis Kooperation

Methoden Sowohl in der Präsenzkomponente als auch in der virtuellen Komponente kommen unterschiedliche Methoden zum Einsatz. Gemeint sind hier mit Methoden sowohl Lehrmethoden als auch Lernmethoden bzw. Modelle oder Konzepte von Lernarrangements (Baumgartner). Die Methoden reichen von der Instruktion über interaktive Seminare bis hin zu selbstorganisierten Lerngemeinschaften (skaliert nach dem Anteil der Lernfreiheit für die Studierenden): Instruktion oder expositorische Lehre graduell interaktives Unterrichtsgespräch tutoriell begleitetes Lernen moderierte problemorientierte Arbeitsgruppen selbstorganisierte Lerngemeinschaften (learning communities).

Diese Skala der Lehr-Lernmethoden läßt sich vor einem lerntheoretischen Hintergrund interpretieren, der von behavioristischen Lernmodellen über kognitivistische Konzepte bis hin zu einer konstruktivistischen Pädagogik reicht, den ich aber an dieser Stelle nicht explizieren kann (s. Schulmeister 2001, S.72-91; Duffy und Cunningham 1996, Clancey 1997).

Klassenlernen			Selbständiges Lernen	
Instruktion oder expositorische Lehre	graduell interaktives Unterrichtsgespräch	tutoriell begleitetes Lernen	moderierte problemorientierte Arbeitsgruppen	selbstorganisierte Lerngemeinschaften

Abb. 16 Die Skala „Methode" reicht von Instruktion bis zum selbständigen Lernen

Paradigmawechsel In dem mit diesem Kriterium bezeichneten Bereich findet gegenwärtig eine bedeutsame Innovation statt, ein Paradigmenwechsel vom lehrerzentrierten zum lernerzentrierten Paradigma des Lehrens und Lernens: „A new mindset for teaching has emerged" (Kimball 1998, S. 28). Der „Paradigmenwechsel" (Baumgartner 2001) erhält durch den Trend zur Virtualisierung der Lehre einen Schub. Problem- und projektorientiertes und selbstorganisiertes Lernen ist aber nicht nur für Lehrende neu und schwierig (Kimball 1998), auch den Studierenden fällt die Umstellung nicht leicht (Wilbur 1998, S. 74). Historisch betrachtet ist der Paradigmenwechsel natürlich nichts Neues seit Dewey, Piaget, Bruner und Rogers, aber jetzt scheint diese Idee in der virtuellen Ausbildung einen neuen Motor gefunden zu haben.

Vier Szenarien Wie können nun mit Hilfe der drei Kriterien **Form**, **Funktion** und **Methode** *Szenarien virtueller Lehre und virtuellen Lernens* beschrieben werden? Das Verhältnis der Szenarien zu den drei Kriterien kann man sich wie folgt vorstellen: Legt man die drei Skalen untereinander und wählt vier vertikale Segmente, so erhält man die folgenden vier Szenarien:

I: Präsenzveranstaltungen begleitet durch Netzeinsatz mit dem Ziel der Instruktion

II: Gleichrangigkeit von Präsenz und Netzkomponente mit prozeßbezogener Kommunikation

III: Integrierter Einsatz von Präsenz- und virtueller Komponente mit moderierten Arbeitsgruppen

IV: Virtuelle Seminare und Lerngemeinschaften und Selbststudium mit kooperativen Zielen

	Präsenzveranstaltung Vorlesung oder Seminar			
plus Skript	plus Kommunikation	im Wechsel mit virtuellem Kurs		virtuelles Seminar oder Selbststudium
Information (WWW und Datei-Download)	beidseitiger Dateiaustausch	asynchrone Kommunikation (Whiteboard und Message Board)	synchrone Kommunikation (Chat und andere Methoden)	synchrone Kooperation
Instruktion oder expositorische Lehre	graduell interaktives Unterrichtsgespräch	tutoriell begleitetes Lernen	moderierte problemorientierte Arbeitsgruppen	selbstorganisierte Lerngemeinschaften

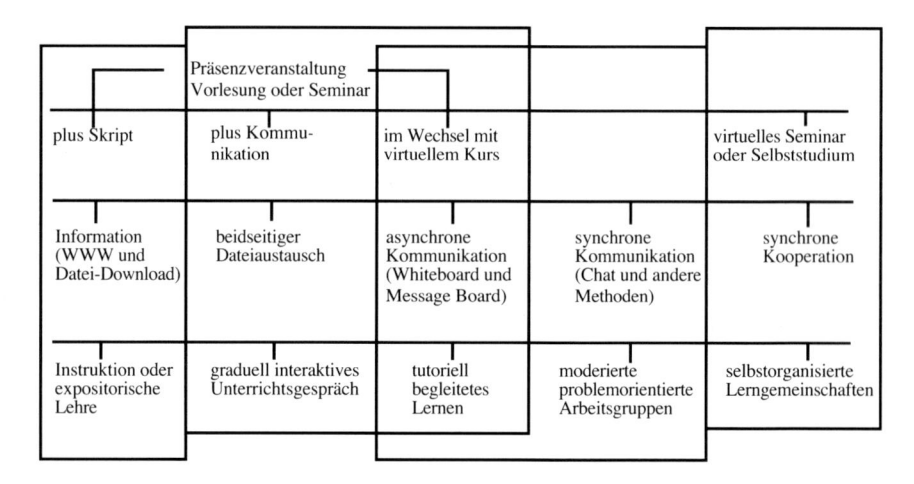

Abb. 17 Vier didaktische Szenarien des virtuellen Lernens

Diese vier Szenarien will ich im nächsten Abschnitt eingehender beschreiben.

9.5 Szenarien virtuellen Lernens

Szenario I: Präsenzveranstaltung mit Netz-Einsatz

Parameter	Präsenzkomponente	Virtuelle Komponente
Form	Priorität liegt bei der Präsenzveranstaltung	Web Site wird zusätzlich eingesetzt
Funktion	unterschiedlich	Information
Methode	unterschiedlich	Instruktion

Die überwiegende Form virtuellen Lernens ist die Ergänzung oder Begleitung von Seminaren und Vorlesungen durch Skripte, Präsentationen und sonstige Materialien im Internet (Schulmeister 2001). Seminare und Vorlesungen finden als Präsenzveranstaltungen statt. Studierende können Veranstaltungen vor- oder nachbereiten, indem sie ins Internet schauen. Dorthin kann sich gelegentlich sogar das komplette Skript einer Vorlesung verirren, zumindest kann das gesamte Begleitmaterial zur Veranstaltung dort Platz finden. Bei dem Material kann es sich um Hypertext-Seiten mit Verweisen (Links) auf andere Web-Sites

(URLs) mit interessantem Studienmaterial oder um Textdateien oder Power-Point-Präsentationen handeln. Einige Lernplattformen erlauben es, Filme und Tondateien einzustellen.

Information und ex positorische Lehre

Bei der begleitenden Nutzung fungiert die Online-Komponente schlicht als Speicherplatz für Lernmaterialien und andere Ressourcen und stellt aus didaktischer Sicht nicht gerade die interessanteste Variante virtueller Lehre dar. Die Hauptfunktion der virtuellen Komponente in Szenario I ist in der Regel die Information, die Sicherung der gemeinsamen Informationslage für alle Teilnehmer. Diese Funktion nutzt nicht konsequent die Möglichkeiten, die eine Lernplattform für das Lernen zu bieten hat. Die Hauptmethode ist die der expositorischen Lehre.

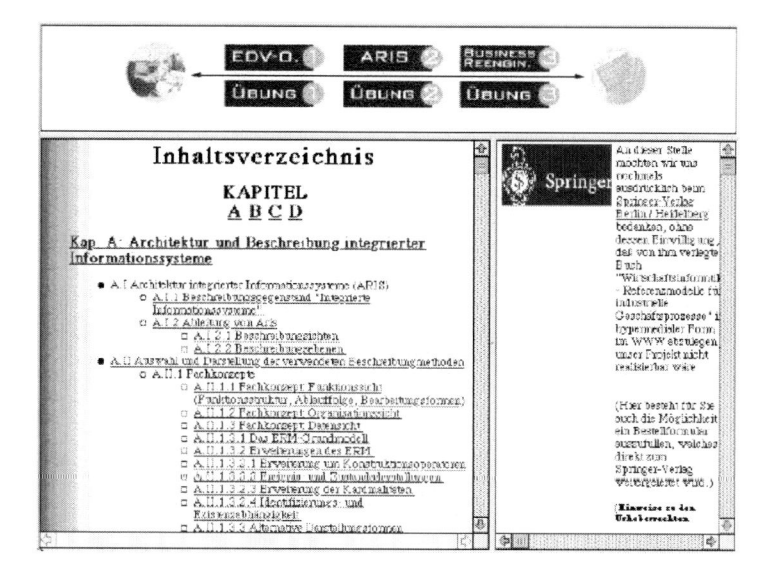

Abb. 18 Beispiel eines Buches im Netz als Material zu einer Vorlesung

Ein Beispiel für eine moderate Nutzung der virtuellen Komponente findet sich bei Arnold (1997).

> „In each of my subjects a website has taken the place of photocopied course, syllabus and assessment guides usually distributed to students and placed on noticeboards at the beginning of semester. The website is the course notice board. (An example of such a site may be located at http://www.arts.uni melb.edu.au/fcf/maas/). The website has also taken the place of tutorial

sheets, reading lists and seminarguides often photocopied and distributed to students each week."

Teleteaching

Unter diese Kategorie fällt in der Regel auch der Typus des Teleteaching oder Telelernens, die Übertragung von Vorlesungen per Videokonferenz. Das Teleteaching ist im Grunde nur eine mit elektronischen Mitteln übertragene Präsenzveranstaltung häufig ganz klassischer Art. Die verschiedenen Szenarien einer solchen Fernlehre-Ausbildung schildert Jechle (2000) am Beispiel der Tele-Akademie der Fachhochschule Furtwangen.

Unabhängigkeit der Komponenten

Die relative Unabhängigkeit von Präsenzveranstaltung und begleitender Web-Site bedeutet im Blick auf die Methoden aber nicht, daß hier ein didaktisch anspruchsloses oder einfallsloses Konzept vorliegen muß. Die Präsenzveranstaltung kann prinzipiell jedes beliebige didaktische Modell verfolgen, sie kann eine klassische Vorlesung sein, sie kann einem expositorischen Unterricht ähneln, einem seminaristischen Unterrichtsgespräch oder einem offenen Projektseminar. Die inhaltlichen Lernprozesse finden in der Präsenzveranstaltung statt. Die virtuelle Komponente nimmt in dieser Konstellation lediglich die Rolle der Informationsquelle ein und berührt damit die eigentlichen Lernprozesse nicht, kann aber sehr wohl eine nützliche unterstützende Funktion für die Präsenzveranstaltung haben.

Ein größeres Gewicht kommt der Online-Komponente zu, wenn auch die Studierenden eigene Recherchen und Dateien auf den Server laden können. Dann erhält die Web-Site die Funktion des Dateiaustausches, der nicht mehr einseitig in eine Richtung zielt. Auf diese Weise erhalten die Studierenden eine bedeutsamere Rolle als Beiträger zum Informationspool, bleiben aber auf den Dateiaustausch beschränkt und haben noch nicht die Möglichkeit, miteinander zu kommunizieren und eine echte Lerngemeinschaft zu bilden. In dieser Form wird der Web-Server sehr häufig von den virtuellen Universitäten genutzt, die mit dem Korrespondenz-Modell des traditionellen Fernstudiums arbeiten.

Szenario II: Gleichrangigkeit von Präsenz– und Netzkomponente

Parameter	Präsenzkomponente	Virtuelle Komponente
Form	Präsenzveranstaltung gleichrangig	Web Site & Plattform gleichrangig
Funktion	unterschiedlich	Information & Kommunikation
Methode	unterschiedlich	Instruktion, tutorielle Beratung

Austausch in beide Richtungen

Einen Schritt weiter in Richtung auf eine Virtualisierung der Lehre weisen Projekte, die das Lernmaterial innerhalb einer Plattform anbieten. Die Plattform ermöglicht es den Studierenden, selbst Mitteilungen und Hinweise zu veröffentlichen, auf die Mitteilungen anderer zu reagieren, an einem Whiteboard Diagramme anzufertigen oder Bilder zu hinterlegen, Texte auf den Server zu laden und sich mit Kommilitonen zeitgleich im Netz zu treffen und zu diskutieren. Durch die Kommunikationsumgebung wird die virtuelle Komponente der Lernumgebung zu einem Medium, das die Studierenden nutzen können, durch sie wird ein Teil der Lernprozesse zeitunabhängig von der Veranstaltung und autonom. Von den Szenarien III und IV unterscheidet sich diese Form dadurch, daß die Inhalte der Veranstaltung und die Kommunikation der Studierenden über die Inhalte noch voneinander getrennt sind.

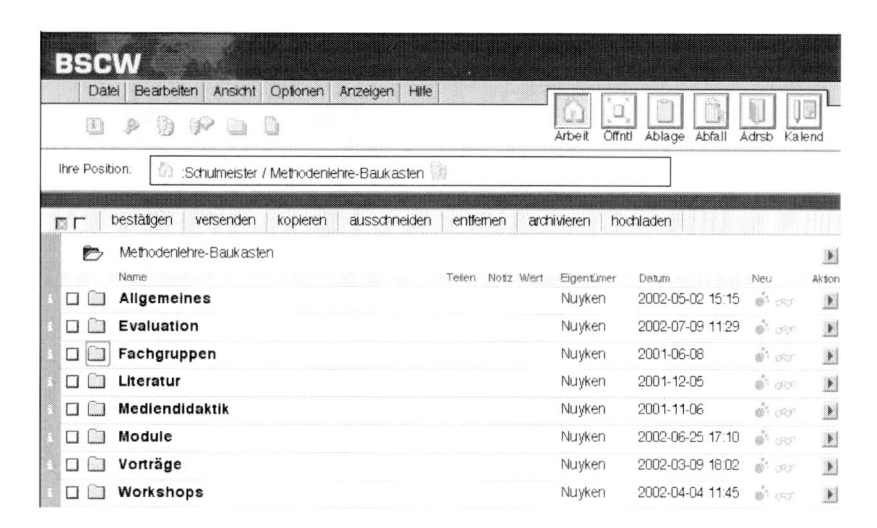

Abb. 19 BSCW für den Austausch von Dokumenten und Diskussionsforum

Einbeziehung der Kommunikation

Mit der netzbasierten Kommunikation der Studierenden untereinander kommt eine neue Aufgabe auf die Lehrenden zu: Sie haben nun nicht mehr nur darauf zu achten, daß alle ihre Materialien sich im Netz befinden, sondern auch darauf, welche Prozesse (Kommunikationsprozesse und Lernprozesse) während der Woche im Netz stattfinden, weil diese es wert sein könnten, auch in der Präsenzveranstaltung thematisiert zu werden. Im Gegensatz zur vorher erwähnten Form virtuellen Lernens findet bei dieser Form begleitender virtueller Lehre bereits ein Informations- und Meinungsaustausch zwischen den Teilnehmern und den Dozenten statt. In den Mitteilungsbrettern und im Chat treffen wir bereits erste diskursive Elemente des Lernens an.

Zu diesem Szenario virtuellen Lernens mag auch die von Claudia Bremer (2000) beschriebene Kombination einer Vorlesung zur Wirtschaftspolitik mit einem virtuellen Tutorium zählen, sofern man davon ausgeht, daß die Vorlesung vom Tutorium lediglich begleitet wurde und beide relativ unabhängig voneinander abliefen. Das Tutorium wurde mit folgenden Elementen durchgeführt (S. 136): Internet-Seiten, Internet-Formulare, Chat, Message Board und CD-ROMs. In den Chat-Sitzungen wurde mit der Methode des Rollenspiels gearbeitet. Das Tutorium selbst war aber keine rein virtuelle Umgebung: Die Studierenden mußten nur pro Gruppe über einen Internet-Zugang verfügen und sich bei einer Person einmal wöchentlich treffen. Es hängt vom Grad der inhaltlichen Integration beider Komponenten ab, ob man das Tutorium als begleitende, parallel zur Vorlesung verlaufende virtuelle Komponente, oder beide als integrierte Veranstaltungen des Szenarios III betrachten will.

Auch dieses Szenario darf hinsichtlich der didaktischen Methoden nicht einseitig interpretiert werden. Es kommt wie beim Szenario I alles darauf an, welcher Didaktik die Präsenzkomponente folgt und ob die Inhalte des Seminars und die Kommunikation im Netz voneinander separiert sind oder sich aufeinander beziehen. Sofern die netzbasierte Kommunikation nur der Übertragung von Mitteilungen und dem Austausch von Informationen dient, liegt eine additive Variante virtuellen Lernens vor, sofern die netzbasierten Aktivitäten eine Kommunikation über die Inhalte einschließen, liegt eine integrierte Variante virtuellen Lernens vor, die im nächsten Szenario beschrieben wird.

Szenario III: Integrierter Einsatz von Präsenz– und Netz-Komponente

Parameter	Präsenzkomponente	Virtuelle Komponente
Form	integriert	Web Site & Plattform integriert
Funktion	unterschiedlich	Kommunikation & Kooperation
Methode	unterschiedlich	Moderierte Arbeitsgruppen

Wechsel von Präsenz und Virtuell

Noch einen Schritt weiter befinden wir uns bei einem Szenario virtuellen Lernens, in dem eine Präsenzform durch virtuelle Formen in der Weise ergänzt wird, daß Präsenzanteile und virtuelle Anteile alternieren und bereits ein substantieller Teil der Lehre und des Lernens online stattfindet.

Dies ist der Fall, wenn ein Großteil der Aufgaben, Arbeiten und Projekte der Studierenden innerhalb der Lernplattform erledigt und abgeliefert wird. Besondere Online-Methoden unterstützen diese Formen des Lernprozesses: Virtuelle Räume für Arbeitsgruppen, die Vergabe von Arbeiten und Aufgaben

(Assignments, Tasks), Projekte, virtuelle Labore oder telematische Labore. Das veranstaltungsintegrierte Szenario unterscheidet sich von dem folgenden veranstaltungsersetzenden Szenario virtuellen Lernens IV dadurch, daß bei ihm noch Präsenzphasen und virtuelle Phasen wie im Sandwich-Modus abwechseln.

KOALAH: Teilnehmerseite SS 1997

1	2	3	4	5	6
Vorstellung	Problem-orientierung	Erarbeitung	Erprobung	Anwendung	Abschluß
1. Vorstellung 1-18.5.97.	2.1 Vor-/Nachteile der exLU 1-18.5.97.	3.1 Kriterien sammeln 1-8.6.97.	4.1 Analyse der exLU 16-22.6.97.	5.1 Suche nach LU 18.6.-6.7.97.	6.1 Seminararbeit erstellen 21-31.7.97.
Plenum	Plenum	Gruppe 1 Gruppe 2 Gruppe 3 Gruppe 4	Gruppe 1 Gruppe 2 Gruppe 3 Gruppe 4	Gruppe 1 Gruppe 3 Gruppe 4	Gruppe 1 Gruppe 3 Gruppe 4
	2.2 Notwendiges Wissen 19-25.5.97.	3.2 Kriterien bewerten 1-8.6.97.	4.2 Unterschiede zwischen Gruppen 23.6.-6.7.97.	5.2 Analyse von LU 7-13.7.97.	6.2 Schlußwort 28-31.7.97.
	Plenum	Gruppe 1 Gruppe 2 Gruppe 3 Gruppe 4	Plenum	Gruppe 1 Gruppe 3 Gruppe 4	Plenum

Abb. 20 Kursplan des Seminars Koalah der LMU München

Dies zeigt die obige Abbildung aus dem Seminar Koalah von Heinz Mandl u.a. deutlich: Präsenzphasen und Online-Phasen wechseln ab, asynchrone und synchrone Phasen wechseln ab, der Fahrplan ist strukturiert in Vorstellung, Problemorientierung, Erarbeitung, Erprobung, Anwendung und Abschluß, die Teilnehmer erhalten Aufgaben, die erledigt werden müssen.

Neuer Fokus: Aktives Lernen

Werden Präsenzlehre und virtuelles Lernen eng miteinander verzahnt, dann steht nicht mehr die Funktion des Informationsaustausches im Vordergrund, sondern die Erstellung von Produkten und die gemeinsame Arbeit an Produkten. Die Kooperation der Studierenden untereinander kann durch tutorielle Beratung und fortlaufende Rückmeldung seitens der Dozenten zu den von den Studierenden erstellten Produkten unterstützt werden. Ein relevanter Faktor für den Erfolg der Zusammenarbeit ist das Ausmaß, in dem die virtuelle Lernumgebung und ihre Werkzeuge eine echte Interaktivität ermöglichen.

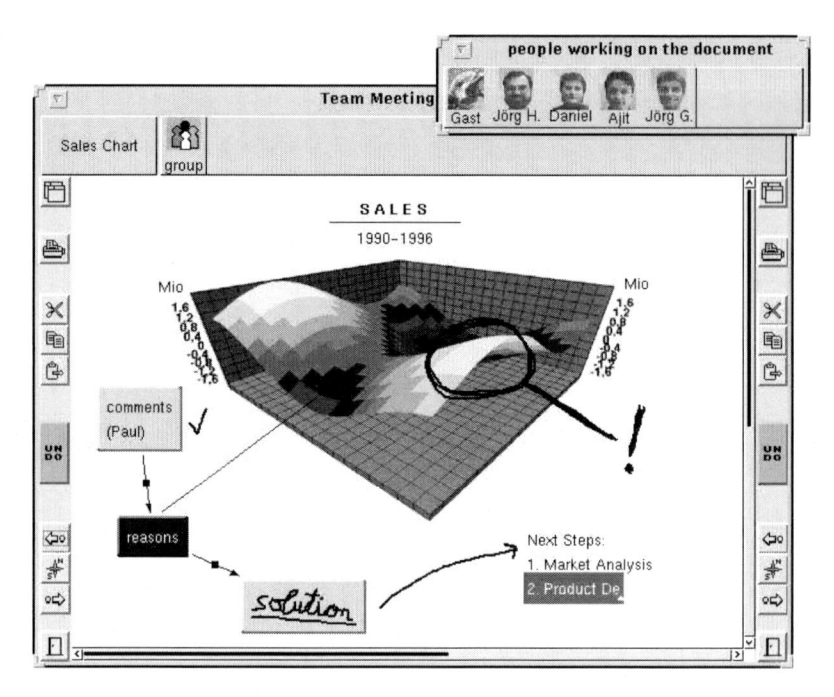

Abb. 21 Beispiel für ein Programm, das Shared Application erlaubt (dolphin von Fraunhofer IPSI)

Das von Caroli (2000) geschilderte Seminar ist ein gutes Beispiel für dieses Szenario. Caroli berichtet über ein Präsenzseminar, das gleichzeitig an zwei Hochschulorten stattfand und per Videokonferenz zwischen den beiden lokalen Standorten übertragen wurde. Dieses Teleteaching-Seminar wurde durch den Einsatz eines WWW-Servers, von Chats und anderen synchronen und asynchronen Methoden der Kommunikation ergänzt.

Die Integration von Präsenzkomponente und virtueller Komponente kann sehr verschiedene Formen annehmen und in verschiedenen Phasen verlaufen: Mal laufen Präsenzseminar und virtuelles Lernen nebeneinander her, mal werden die virtuellen Prozesse als Gegenstand und Inhalt in die Präsenzveranstaltung eingebracht. Präsentationen aus der Veranstaltung finden sich später im Netz, Produkte der Studierenden, die im Netz entstanden sind, werden ins Präsenzseminar hereingeholt und werden dort zum Thema. Die quantitativen Anteile von Präsenzkomponente und virtueller Komponente können dabei jeweils stark variieren.

Szenario IV: Virtuelle Seminare und Lerngemeinschaften

Parameter	Präsenzkomponente	Virtuelle Komponente
Form	entfällt	Lernplattform, kooperative Werkzeuge
Funktion	entfällt	Kommunikation & Kooperation
Methode	entfällt	Arbeitsgruppen & Lerngemeinschaften

Virtuelle Seminare oder Online-Seminare sind netzbasierte Formen der Lehre und des Lernens, die anstelle herkömmlicher Seminare stattfinden. Hier wird das virtuelle Lernen nicht mehr ergänzend oder begleitend in eine Präsenzveranstaltung integriert, sondern das virtuelle Seminar ersetzt die Präsenzveranstaltung. Virtuelle Seminare können mit einer Web-Site, einer Lernplattform (Schulmeister 2001, S. 165–194) oder mit Hilfe einer Groupware oder kooperativen Software nach den Konzepten von CSCW oder CSCL durchgeführt werden (Wessner 2001, S. 195–220).

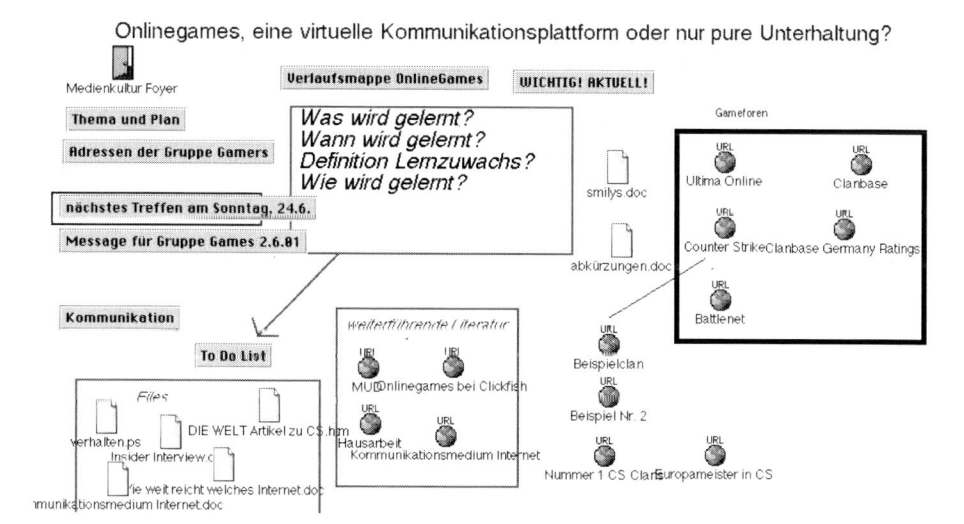

Abb. 22 Virtuelles Seminar: Arbeitgruppe zu Online Games

Als ein Beispiel für diesen Typus virtueller Lehre mag der Leser auf die Kurzbeschreibung des virtuellen Seminars zur „Kultur virtuellen Lernens" zurückgreifen, das ich zu Beginn dieses Kapitels erwähnt habe. Ein weiteres Beispiel eines problemorientierten Online-Seminars habe ich in Schulmeister (2001, S. 284ff.) beschrieben.

Der Raum in der obigen Abbildung zeigt Textdokumente, Internet-Links, einen Gruppenkalender, ein Werkzeug für Terminvereinbarungen, eine ToDo-Liste etc. Die Datei „Thema und Plan" ist ein Whiteboard mit Ideen aus einem synchronen Brainstorming, das in der nächsten Abbildung dargestellt wird.

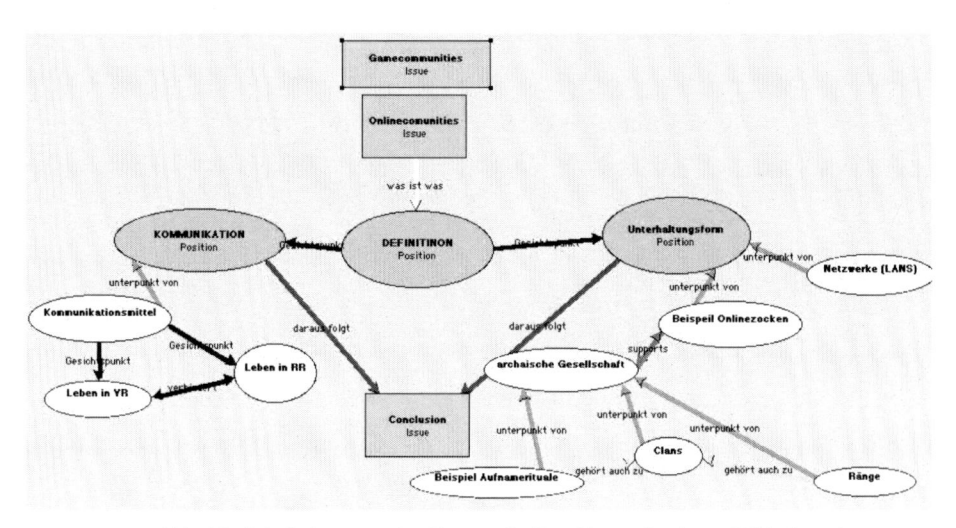

Abb. 23 Arbeitskonzept der Gruppe Online Games in einem Whiteboard

Die Varianz virtueller Formen

Wie alle traditionellen Seminare sind auch virtuelle Seminare in ihrer didaktischen Struktur sehr variabel gestaltbar und offen für eine Vielfalt didaktischer Konzepte. Je nach Aufgabenstellung, Strukturierung und Moderation können virtuelle Seminare ausfallen wie eine klassische Instruktion, wie ein geisteswissenschaftliches Referateseminar, wie eine Übungsgruppe oder Unterrichtsgespräch sie können aber auch selbstorganisierte Formen des Lernens ermöglichen, forschendes Lernen fördern oder konstruktivistische Lerngemeinschaften realisieren (Lave und Wenger 1991; Brown und Duguid 1995; http://www.parc.xerox.com/ops/members/brown/papers/university.html). Von der Kommunikation mit vielen Teilnehmern über die Konferenz mit einigen wenigen Experten bis hin zum Training einzelner Personen und der Ein-Mann-Show sind alle bekannten Formen denkbar. Virtuelle Seminare können

Methoden realisieren, die aus der Hochschultradition bekannt sind (Schulmeister 2001, S. 266ff.).

Online-Kurse sind als Analogien zu vertrauten didaktischen Konzepten entstanden (Mason 1998, Schulmeister 2001). Die bekannten Formen erscheinen im virtuellen Raum nur in anderer Verpackung. Es ist verständlich, wenn bekannte Seminarformen an die veränderten Bedingungen des virtuellen Raums einfach angepaßt werden, woher soll denn die neue Didaktik des virtuellen Lernens kommen, wenn nicht aus dem Wissen um pädagogische Traditionen.

Sofern virtuelle Seminare interaktiv und mit hohen Anteilen selbstorganisierter Lernprozesse durchgeführt werden, kann in virtuellen Seminaren eine echte Diskursivität der Lernprozesse und ein hoher Grad an Interaktivität zwischen Lernenden und Lehrenden realisiert werden.

KAPITEL 10
Didaktisches Design komplexer modularisierter Systeme

Der Titel „Didaktisches Design komplexer modularisierter Systeme" bedarf einer Erläuterung:

- Was wird unter einem „komplexen" System verstanden?
- Was ist mit stark „modularisierten" Systemen gemeint?
- Welche Konsequenzen ergeben sich für das „didaktische Design"?

10.1 Das Projekt „Methodenlehre-Baukasten"

Aber zunächst möchte ich anmerken, in welchem Projekt die Ideen zu diesem Thema entstanden sind und diskutiert werden. Das Projekt „Methodenlehre-Baukasten" hat die Entwicklung eines Lernsystems für den Themenbereich „Methodenlehre und Statistik" zum Ziel, das den didaktisch schwierigen und aus der Sicht der Studierenden problematischen Bereich der Statistik in den gesamten Geistes- und Sozialwissenschaften behandeln will.

Das Projekt „Methodenlehre-Baukasten" strebt eine computergestützte Lernumgebung an, die sich sowohl für den lehrveranstaltungsbegleitenden Einsatz als auch für das selbständige Lernen eignet und die sowohl in der Präsenzlehre als auch in der virtuellen Lehre (online und offline) eingesetzt werden kann.

Der „Methodenlehre-Baukasten" ist ein wichtiger Beitrag zur Reform von Lehre und Studium. Er wird in Kooperation von mehreren Universitäten und Fächern entwickelt:

Universitäten	Bremen, Greifswald, Hamburg, Rostock
Fächer	Erziehungswissenschaft, Medizin, Psychologie, Soziologie, Wirtschaftswissemschaft
Partner	Prof. Dr. Jürgen Berger (Hamburg, Medizin), Prof. Dr. Ralf Bill (Rostock, Geoinformatik), Prof. Dr. Uwe Engel (Bremen, Soziologie), Prof. Dr. Jürgen Friedrich (Bremen, Informatik), Prof. Dr. Peter Forbrig (Rostock, Informatik), Prof. Dr. Lothar Gierl (Rostock, Medizin), Prof. Dr. Jörg Henning (Bremen, Psychologie), Prof. Dr. Johannes Huinink (Rostock, Soziologie), Prof. Dr. Ursula Kück (Rostock, Wirtschaftswissenschaften) Prof. Dr. Dietmar Möller (Hamburg, Informatik), Prof. Dr. Peter Preisendörfer (Rostock, Soziologie), Prof. Dr. Detlef Rhenius (Hamburg, Psychologie), Prof. Dr. Rolf Schulmeister (Hamburg, Hochschuldidaktik), Prof. Dr. Rainer Westermann (Greifswald, Psychologie)
Koordination	Prof. Dr. Rolf Schulmeister, Universität Hamburg, IZHD

Dieser Methodenlehre-Baukasten soll sich durch folgende didaktische Prinzipien auszeichnen:

- verständliche Texte und Glossare im Hypertext-Format (HTML/XML)
- einen durchgängigen Inhaltsbezug der Statistik durch motivierende Forschungsbeispiele und reale Daten aus diesen Forschungen
- exploratives Lernen, das durch interaktive Übungen unterstützt wird, die nach dem Konzept des Entdeckenden Lernens konzipiert werden.

Die interaktiven Übungen sollen auf die kognitiven Probleme der Studierenden beim Verstehen der Methodenlehre-Konzepte Bezug nehmen und den Studierenden das selbständige Erarbeiten der statistischen Methoden und der Konzepte der Methodenlehre ermöglichen. In einem solchen System haben die Studierenden eher eine Chance, ihre Verstehensprobleme abbauen zu können, indem sie selbst den jeweiligen Ausgangspunkt für ihren Lernprozeß bestimmen. Entdeckendes Lernen hat sich auch als probates Mittel zum Abbau von Statistik-Angst erwiesen (Schulmeister 1983).

KOMPLEXITÄT

Warum handelt es sich bei dem Methodenlehre-Baukasten um ein komplexes System? Die Komplexität des Lernsystems ergibt sich aus der Kombination von drei Parametern, die zusammen die Architektur des Systems bilden:

| Module | Der Methodenlehre-Baukasten soll aus mehreren Modulen oder „Bausteinen" bestehen: „Von der Realität zu den Daten", „Datenerhebungsverfahren", „Deskriptive Statistik", „Inferenzstatistik", „Spezielle Methoden" und „Empirisches Praktikum": |

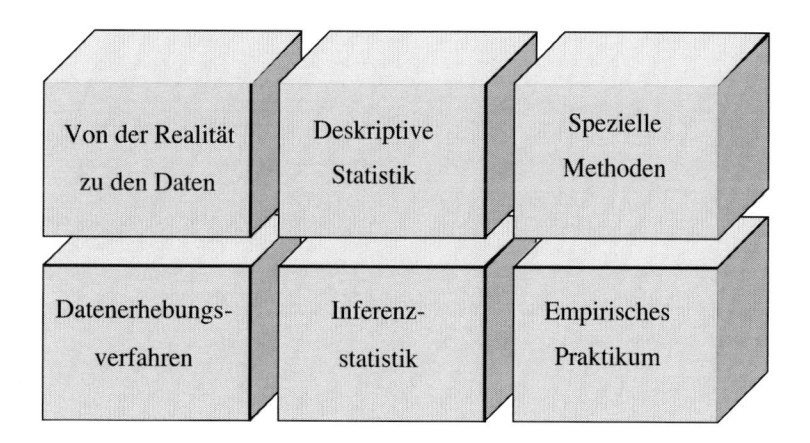

Abb. 24 Module des Methodenlehre Baukastens

| Fächer | Die Module differenzieren sich intern für mehrere Fächer: Erziehungswissenschaft, Medizin, Psychologie, Soziologie, Wirtschaftswissenschaft. Betrachtet man die Aufteilung in Module als eine vertikale Gliederung, so fügen die Fächer dem Lernsystem noch eine horizontale Gliederung hinzu. |
| Komponenten | Die Module nutzen eine Vielzahl von Lernobjekten. Die Lernobjekte sind Multimedia-Objekte, Texte, Übungen, Medien, Programme, Forschungsbeispiele und Datensätze. Diese Objekte bezeichne ich als „Komponenten" des Systems. |

Das System soll in eine Lernplattform integriert werden, die die interaktiven Übungen und Inhalte mit zusätzlichen Funktionen für Kommunikation (Chat, Foren) und für produktives Arbeiten und Lernen (Annotationen, Notizen, Whiteboard, Suchen und Nachschlagen, Lesen, Üben und Selbstüberprüfung) verbinden kann. Diese Funktionen fügen dem komplexen System eine weitere Schicht hinzu.

192 Learning Management Systeme

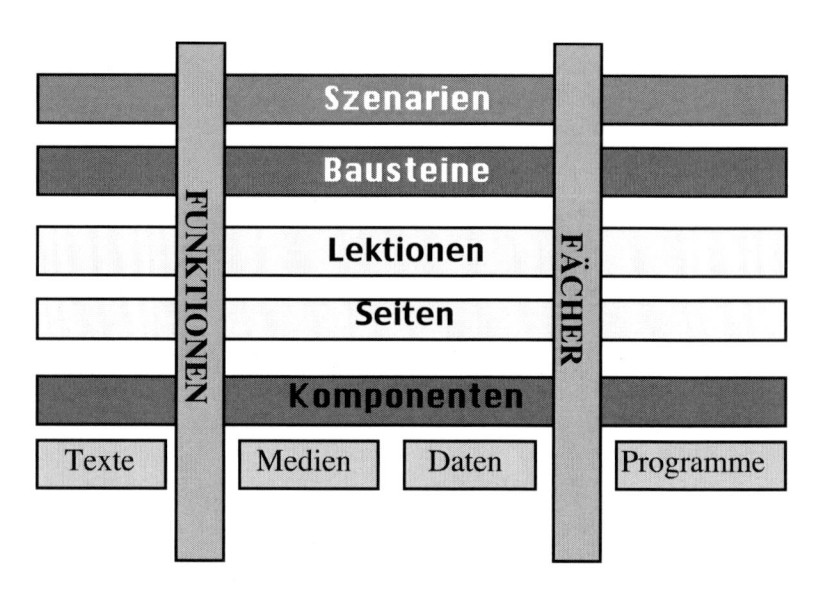

```
                    Szenarien
                    Bausteine
   FUNKTIONEN        Lektionen        FÄCHER
                     Seiten
                   Komponenten
   Texte    Medien    Daten    Programme
```

Abb. 25 Systemdarstellung des Methodenlehre Baukastens

MODULARISIERUNG

Ein solches System ist schon aufgrund seines Umfangs nur als modulares System realisierbar, aber speziell auch deshalb, weil

- das System den Studierenden je nach ihrer Herkunft aus einem der Fächer fachspezifische Texte, Übungen, Medien und Daten auf derselben Seite präsentieren soll,
- die Lehrenden gewünschte Teile aus dem Gesamtsystem selektieren und zu eigenen Angeboten zusammenstellen können sollen.

Dynamische Seiten   Sollen der Fachbezug der Inhalte und die Komponenten des Lernsystems je nach Benutzer und situativem Kontext variieren, dann müssen die Seiten des Systems dynamisch gestaltet und alle Komponenten bzw. Lernobjekte mit Metadaten versehen werden.

Die folgende Abbildung illustriert das Prinzip einer dynamischen Seite, auf der die einzelnen Komponenten austauschbar sind. Austauschbarkeit ist eine Methode, die eine Anpassung des Systems an den Lernenden oder an Situationen ermöglicht. So kann der aktuelle Inhalt der Container (Frames) für die Komponenten beispielsweise abhängig gemacht werden von der Herkunft des

Studierenden aus einem bestimmten Fach oder vom Lernfortschritt des Lernenden (Anfänger, Fortgeschrittener).

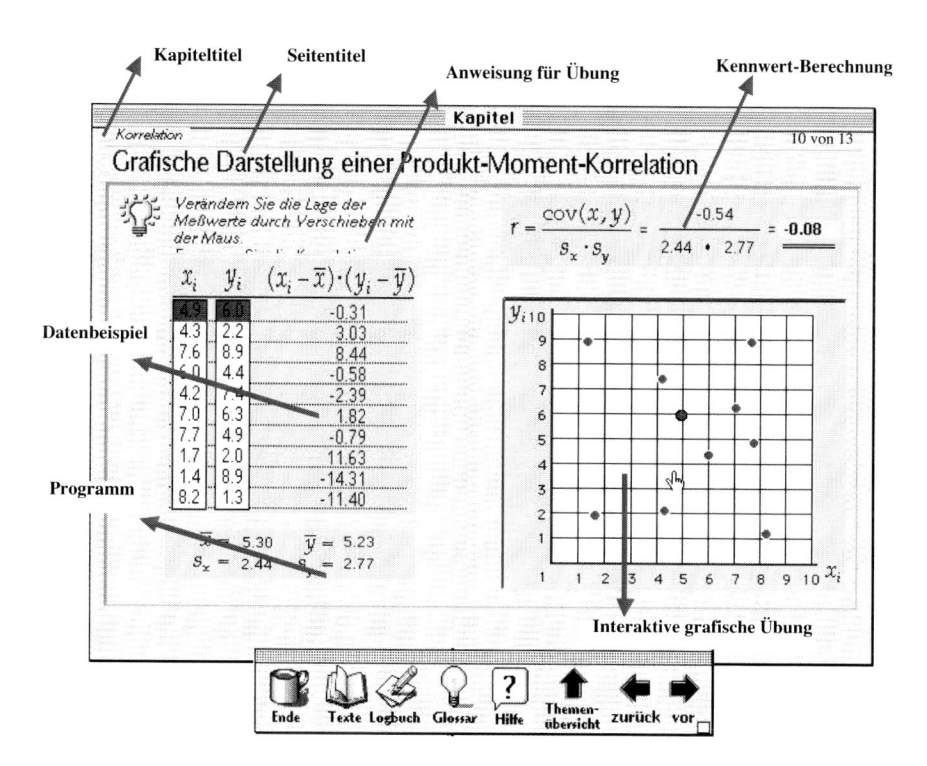

Abb. 26 Seite eines Lernsystems mit austauschbaren Komponenten

DIDAKTISCHES DESIGN

Ich will im folgenden auf einige didaktische Konzepte eingehen, die sich durch die komplexe und modularisierte Struktur des Lernsystems für das didaktische Design ergeben:

- Die Struktur der Lektionen im Lernsystem
- Die Gestaltung des Seitenaufbaus
- Die Notwendigkeit, alle Elemente und Objekte im Lernsystem mit Metadaten zu versehen.

10.2 Zur Struktur der Lektionen im Lernsystem

Übung hat Vorrang vor Lesen

Den Begriff der „Lektion" wähle ich hier in Anlehnung an traditionelle Lehrbuchstrukturen. Diese Analogie ist diskutierbar. Gemeint ist ein Kapitel oder ein Ensemble von Texten und Übungen unterhalb der Modulebene. Verwandte Begriffe sind Submodul, Abschnitt, Lernsituation usw. Die Struktur der Lektion wird im Methodenlehre-Baukasten im wesentlichen durch ihre interaktiven Übungen bestimmt. Jede Lektion beginnt mit einem Advanced Organizer und einem motivierenden Teil, der aus einem Rückgriff auf reale Forschungsbeispiele besteht und von grafischen Darstellungen begleitet wird. Nach einer ersten allgemeinverständlichen Definition geht die Lektion sofort in interaktive Übungen über, die sich in ihrem Interaktionsniveau (s.u.) steigern. Als allgemeiner Grundsatz gilt: „Übung kommt vor Lesen", d.h. die Übungen sind so gestaltet, daß sie an den vorhandenen Vorkenntnissen der Studierenden anknüpfen und ohne lange expositorische Einführung in den Stoff absolviert werden können. Die Studierenden können aber jederzeit auf das Statistik-Buch und das Glossar im Hypertext-Format zugreifen, sofern sie mit der Übung nicht zurecht kommen.

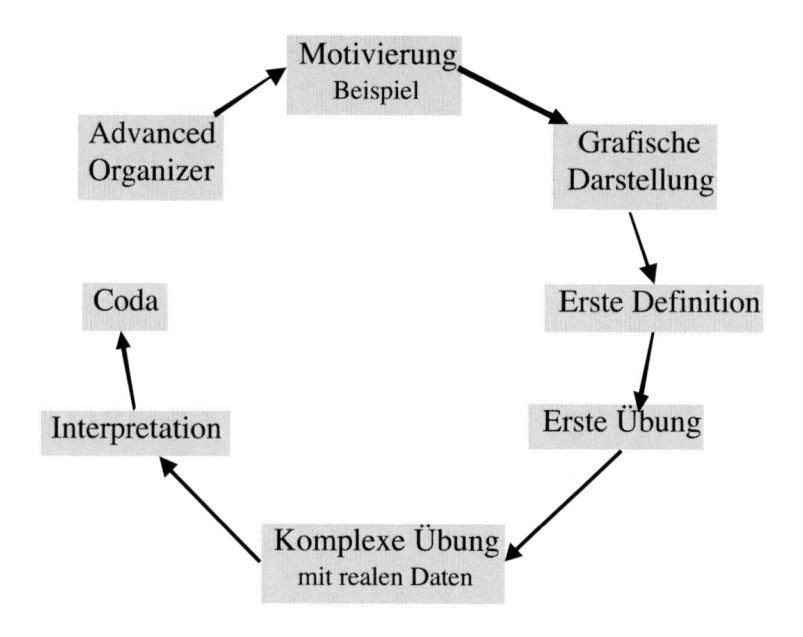

Abb. 27 Idealtypische Lektionenstruktur

Wichtiges Element jeder Sequenz ist eine abschließende Übung zur Interpretation realer Forschungsbeispiele, um ein höheres Reflexionsniveau, eine Abstraktion oder Verallgemeinerung der beim entdeckenden Lernen erworbenen kognitiven Konzepte zu erreichen.

Wenn ich diese Gesichtspunkte zu einer allgemeinen Struktur zusammenfasse, kommt eine Trivialität zutage: Eine Lektion besteht aus Einleitung, Übungen und einem Schluß. Das ist in dieser Abstraktheit banal. Ich werde deshalb im folgenden versuchen, die Struktur einer Lektion zu analysieren und dabei herauszufinden versuchen, welche Überlegungen hinter der banalen Sequenz „Einleitung Übung Abschluß" stehen und die didaktische Konstruktion der Struktur einer Lektion bestimmen. Als Beispiel habe ich eine Lektion zur Produkt-Moment-Korrelation ausgewählt, die aktuell für das Projekt Methodenlehre-Baukasten konstruiert wird. Diese Lektion besteht aus mehreren Schritten, abgesehen von Buch und Glossar und anderen Werkzeugen (Notizen, Annotationen), deren Benutzung in der Lektion natürlich auch vorkommen sollte.

Erster Schritt: Einleitung

Die Einleitung zur Übung bietet eine kurze Erklärung der Begriffe Übereinstimmung, Unabhängigkeit und Gegensatz und bedient sich dabei dreier konkreter Beispiele. Die Einleitung sollte

- das Thema benennen, ohne bereits Lernprozesse vorweg zu nehmen (Lernziel), um dadurch Orientierung zu geben
- beispielhafte Fragestellungen aufführen, Forschungsbeispiele darstellen oder ein ausführliches Szenario zeichnen (Motivation)
- so etwas wie einen Advanced Organizer bieten (Ausubel)
- eine Definition geben (in mehreren Stufen: alltagssprachlich, mit neuen Begriffen, formale Definition).

Die Einleitung soll folgende Hauptfunktionen haben:

- motivieren (Warum dies lernen?)
- Praxisbezug herstellen (Wofür zu gebrauchen?)
- Orientierung (Wohin führt es? Thema, Ziel, Lernziel)

Die Grundfragen der Studierenden beim Lernen der Statistik lautet stets: Warum muß ich dies lernen? Wofür soll das gut sein? Wo wird es angewendet? Wo kommt es vor? Das Warum läßt sich gut mit dem Praxis- oder Anwendungsbezug, dem Wofür, verbinden. Deshalb müssen hier bereits Forschungsbeispiele erscheinen. Es wäre schön, wenn sich ein und dasselbe Forschungsbeispiel durch ein ganzes Kapitel durchzieht, wenn es in den verschiedenen Schritten und Abstufungen (bivariate Darstellung, Skalentransformation, Covarianz, PM-Korrelation) immer wieder auftaucht.

Anschauung und Motivation

Am Beginn der Lektion muß deshalb zunächst die Darstellung eines Forschungsprojekts erfolgen, dessen Variablen einschließlich ihrer Verteilung beschrieben werden. Die Ausgangsfrage könnte sein: Wie kann ich wissen, ob die Vpn ähnlich oder verschieden auf die Variablen reagiert haben?

Forschungsbeispiele

In welcher Weise die Beispiele aus der Forschung dargestellt werden, ob sie aus Videos, Grafiken oder Text mit Tabellen bestehen, das muß nach Sinn, Möglichkeit und Zweckmäßigkeit entschieden werden. Zwar ist eine gewisse Einheitlichkeit der Informationsdarbietung aus Orientierungsgründen wichtig, aber ich kann mir vorstellen, daß es schwierig sein wird, zu allen Themen Filme zu finden (oder gar zu drehen), und daß Filme vielleicht nicht in allen Fällen die gewünschte Wirkung zeitigen (man schaue sich einmal amerikanischen CD-ROMs zur Psychologie an, deren Filme gelegentlich eher abschreckend wirken).

Angesichts der Überfüllung durch Lernziele in diesem ersten Teil stellt sich die Frage, ob man die Einleitung in mehrere Seiten unterteilen muß:

- Orientierung, Advanced Organizer, Lernziele
- Motivierung, Forschungsbeispiel, Szenario
- vorläufige Definition

Zweiter Schritt: Anknüpfen an Lernvoraussetzungen

Die nächsten Abschnitte der Lektion sind nicht für jeden Stoff verallgemeinerbar. Das hier beschriebene Beispiel einer Lektion zum Thema „Produkt-Moment-Korrelation" soll nur die Art der Überlegungen illustrieren, die bei der Entwicklung von Lerneinheiten eine Rolle spielen: kognitive Faktoren der Lernenden, affektive Barrieren der Lernenden, Berücksichtigung von Lernvoraussetzungen etc.

Selbständig auf Ideen kommen

Dieser Teil der Lektion dient dem Anknüpfen an Lernvoraussetzungen. Die Studierenden haben bisher nur univariate Verteilungen kennengelernt. Korrelation ist eine bivariate Beziehung, deshalb sollte als nächstes das Konzept der Relation zweier Variablen und der grafischen Darstellung von zwei Koordinaten x und y eingeführt werden. Dies könnte im nächsten Schritt auch aus den naiven kognitiven Konzepten heraus erfolgen (Wertepaare vergleichen, in Beziehung setzen, Verteilung vergleichen).

Günstig wäre es, wenn die bisher bekannten Parameter der univariaten Verteilung in der bivariaten Darstellung wieder auftauchen, d.h. wenn im Scatterplot auch die Mittelwerte und Standardabweichungen der beiden Variablen dargestellt werden. Das kann (und sollte) bereits eine interaktive, manipulierende Übung sein, begrenzt auf den Zweck, zwei Skalen (gleiche? verschiedene?) aufeinander abzubilden.

Nächster Schritt: Entwicklung eines ersten naiven kognitiven Konzepts

Naive Kognitionen entwickeln

Die Lernenden können in einer Übung die Idee der Covarianz selbständig entwickeln, weil sie am ehesten der naiv-kognitiven Vorstellung davon entspricht, wie sich ein Statistikanfänger den Vergleich der Wertepaare vorstellen kann, nämlich als Übertragung des bei der Varianz gelernten Konzepts der Abweichungen vom Mittelwert, jetzt übertragen auf die Abweichungen von zwei Mittelwerten, deshalb „Co-varianz". „Dummerweise" erhalten wir Flächenmaße. Der Schritt zu dieser Übung bedarf einer Motivierung: Wie komme ich auf Covarianz? Ein kognitiver Transfer des Konzepts der durchschnittlichen Abweichung, das vor der Varianz behandelt wurde, wäre hier möglich. Was den Studierenden kognitiv ein Problem bereitet, ist die Verrechnung der Covarianz als Produkt, d.h. als Flächenmaß.

Für die vorgegebenen Werte zur Berechnung sollten Beziehungen zu Beispielen aus der Forschung (kurzen und langen) hergestellt werden. Wenn mehrere Beispiele gerechnet werden können, sollten die Einzelergebnisse gespeichert werden, damit man nach einigen Versuchen die vorherigen Größen noch vergleichen kann und nicht alles noch einmal berechnen muß. Dies gilt besonders für die Covarianz, weil die Werte keine normierten Größen haben.

Immer wieder Rückgriffe auf Voraussetzungen

Und noch ein Rückgriff auf eine weitere Lernvoraussetzung ist notwendig: Die Standardisierung der Werte oder Skalen durch z-Transformation muß vor dieser Übung eingeführt worden sein. Man kann aber auch stufenweise mit Beispielen arbeiten, die gleiche, leicht verschiedene, aber manuell transformierbare Skalen (verdoppelbar, halbierbar) oder völlig verschiedene Skalen haben.

Der nächste kognitive Sprung zur PM-Korrelation muß wieder eigens motiviert werden, weil hier viele Fragen entstehen: Ist das Verfahren aus rein mathematischen Gründen so definiert? Was hat Korrelation zu tun mit z-Transformation? Warum nicht erst Skalen angleichen, dann mit Covarianz zufrieden sein? Es macht wenig Sinn, die Formel hinzuschreiben, ohne mit ihr arbeiten zu können.

Nächster Schritt: Vorläufige Definition des neuen Sachverhalts

Diese Seite dient der Herleitung der PM-Korrelation, stellt sozusagen eine Art Advanced Organizer für die PM-Korrelation dar, wie bereits die erste Seite dieser Lektion für das gesamte Kapitel als Advanced Organizer diente. Hier könnte auf die Forschungsbeispiele, die bereits zu Beginn erscheinen, zurückgegriffen werden.

Wichtig für derartige vorläufige oder vorauslaufende Definitionen sind:
- multiple Versionen der Definition geben (Redundanz)
- alltagssprachliche Fassung der Definition präsenteren (Verständlichkeit)
- klaren Bezug zum Folgenden herstellen (Orientierung)
- Anwendungsbezug für den Sachverhalt herstellen (Motivierung)

Nächster Schritt: Berechnung der PM-Korrelation

Der nächste Schritt präsentiert die Berechnung der Korrelation. Der Lernende kann dabei aktiv mit der Formel und verschiedenen Datensätzen arbeiten. Es können Aufgaben dazu gegeben werden. Wenn es sich anbietet, kann der Lernende die Formel aktiv aus den Werten zusammensetzen, die in der Tabelle berechnet werden, um ihre Struktur besser zu verstehen. Auch hier wäre es gut, wenn sich die bereits benutzten Beispiele durchziehen, verschiedene Daten geladen werden können, kleine überschaubare und größere Datenmengen variiert werden können.

Ob diese Übung vor der nächsten oder nach der nächsten Übung erfolgen sollte, ist nicht einfach zu entscheiden. Dies hängt auch von der jeweiligen Lernergruppe ab, mit der man es zu tun hat, von ihrer Motivation und ihrem affektiven Verhältnis zur Statistik (z.B. Statistikangst).

Nächster Schritt: Entdeckendes Lernen

Dies ist eine interaktive, manipulierende Übung, in der die Studierenden von ihren naiven kognitiven Konzepten ausgehend den konzeptuellen Raum um die Korrelation explorieren können. Die Punkte im Scatterplot können mit der Maus variiert werden. Das Augenmerk der Studierenden sollte darauf gelenkt werden, das Verhältnis der Wertepaare zu verstehen.

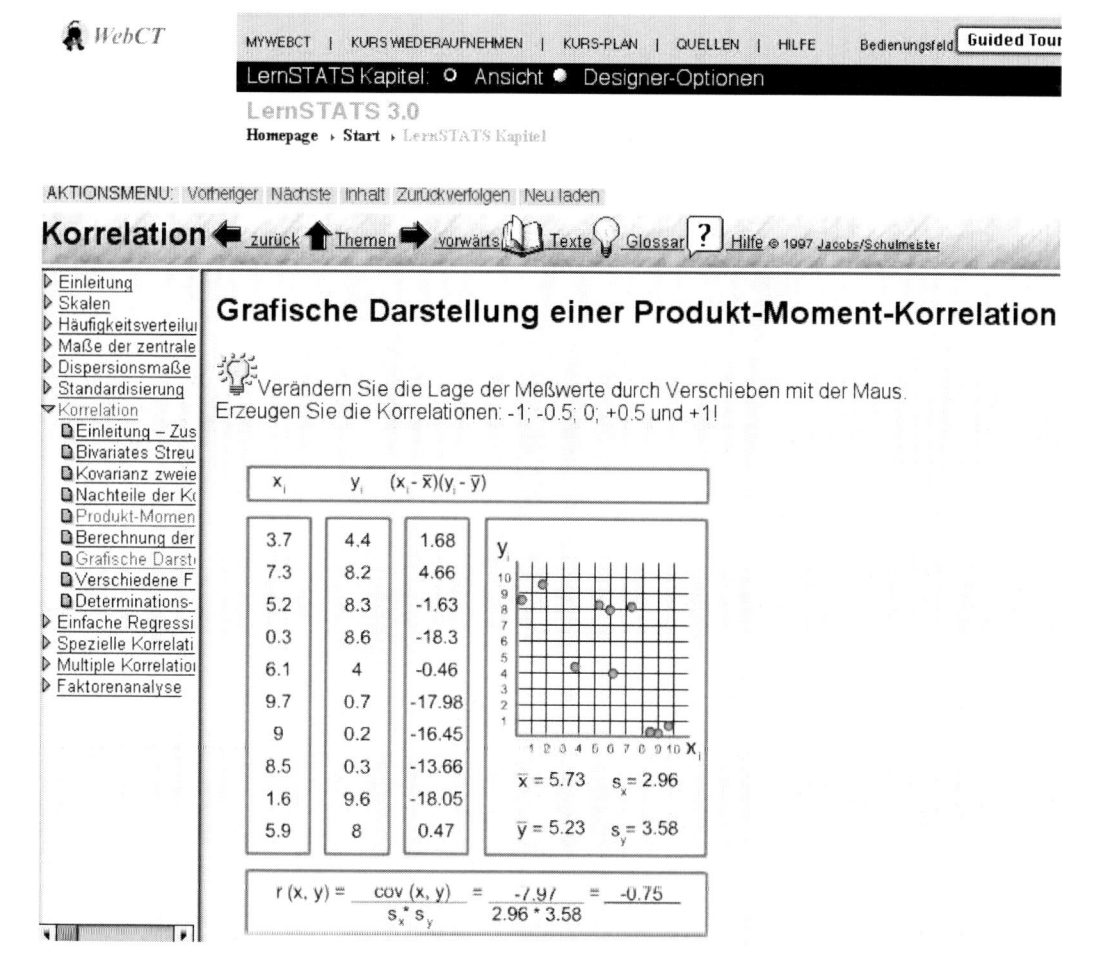

Abb. 28 Korrelationsübung aus LernSTATS umgesetzt in WebCT

Exploration und Interaktivität

Beim Explorieren sollten so wenig Hinweise wie möglich gegeben werden. Die Rückmeldung erfolgt durch die Berechnung der Korrelation direkt ohne weitere verbale Hinweise. Diese Übung kann als Wiederholung und Test für die vorangegangene Übung genommen werden. Günstig wäre es, wenn die univariate Darstellung (AM, s) in der bivariaten Darstellung wieder auftaucht, d.h. wenn im Scatterplot auch Mittelwerte und Standardabweichungen eingezeichnet werden.

Abschluß der Lektion: Interpretation des Lernergebnisses

Klassifizieren
Anwenden
Interpretieren

Diese Übung präsentiert acht verschiedene Verteilungen, die nach der Höhe und Richtung der Korrelation klassifiziert werden müssen (Drag & Drop-Übung). Per Zufallsgenerator oder Auslesen von Daten kann eine Vielzahl von Verteilungen präsentiert werden, so daß man die Übung mehrfach mit variierenden Verteilungen machen kann. Möglicherweise ist eine Rückbindung dieser Übung an das Lesen von Daten in Wertetabellen notwendig oder sinnvoll. Auch kann eine Übung vorgesehen werden, die eine Korrelationsmatrix präsentiert, damit die Studierenden eine Matrix mit Bezug auf ein Beispiel aus der Forschung lesen und interpretieren lernen.

Diese Übung soll eine Gelegenheit zur interpretativen Einordnung des Gelernten bieten: Was besagen hohe/niedrige, positive/negative Korrelationen über das Forschungsbeispiel? Auch eine erneute Anbindung an Hypothesen, Erklärungen mit Korrelationen (Anbindung an das Modul Methodologie) und an Forschungsbeispiele wäre sinnvoll. Das Ziel dieser generellen Überhöhung des Lernergebnisses ist es, zu einer Abstraktion des Gelernten zu gelangen, das auf dem Wege der Selbsterfahrung erworben wurde und noch an diese Erfahrung gebunden ist. Hier geht es also um Meta-Information und Meta-Diskussion.

Es wäre sinnvoll, jede Lektion auf diese Art formell abzuschließen (Coda).

Zusammenfassung: Woraus besteht eine Lektion?

Einführung: Orientierung, Motivation, Advanced Organizer, Szenario, Forschungsbeispiel

Übung 1: An Lernvoraussetzungen anknüpfen (hier: von der univariaten zur bivariaten Verteilung)

Übung 2: Das nächstmögliche kognitive Konzept einführen (hier Covarianz)

Übung 3: Vorläufige Definition, Advanced Organizer 2

Übung 4: Lernen in interaktiven Übungen
  Berechnung der Korrelation
  grafische Darstellung einer Korrelation

interaktive Manipulation von Werten
Interpretation von Korrelation an Forschungsbeispielen

Abschluß: Abstraktion, Verallgemeinerung des Gelernten

10.3 Seitenaufbau in Lektionen

Eine weitere Konsequenz einer starken Modularisierung eines Lernsystems ist die dynamische Gestaltung der Seiten in der Lektion. Was „dynamisch" in einem Lernsystem bedeutet, soll an einer Seite erläutert werden:

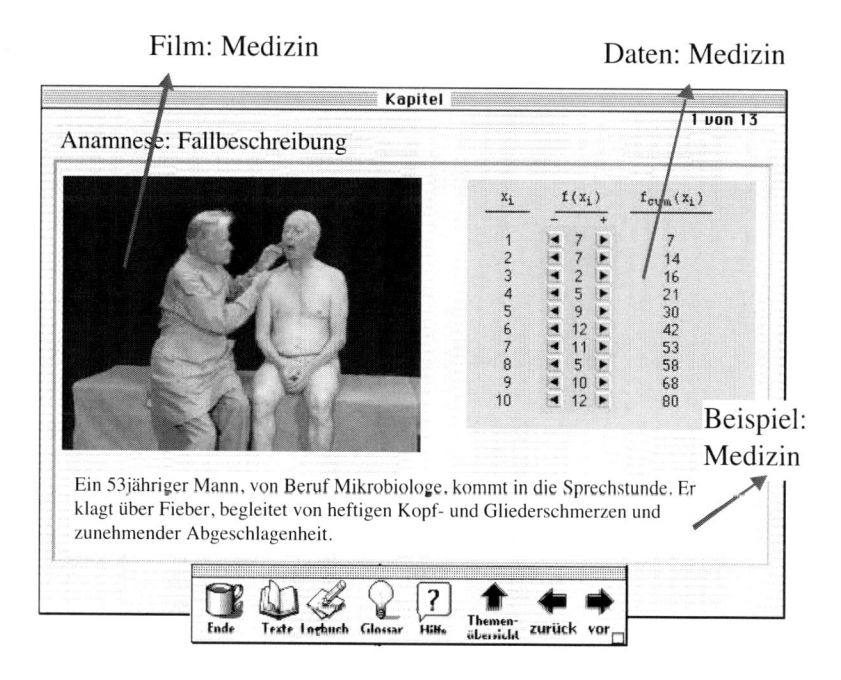

Abb. 29 Seite aus dem Lernsystem für Mediziner

Die Seite hat vier Komponenten: einen Titel, einen Film aus der Medizin, Daten aus einer medizinischen Untersuchung, einen Text und eine interaktive Übung. Loggt sich ein Psychologiestudent in die Lernplattform ein, kommen der Film, der Text und die Daten aus der Psychologie, während Titel und Übung gleich bleiben.

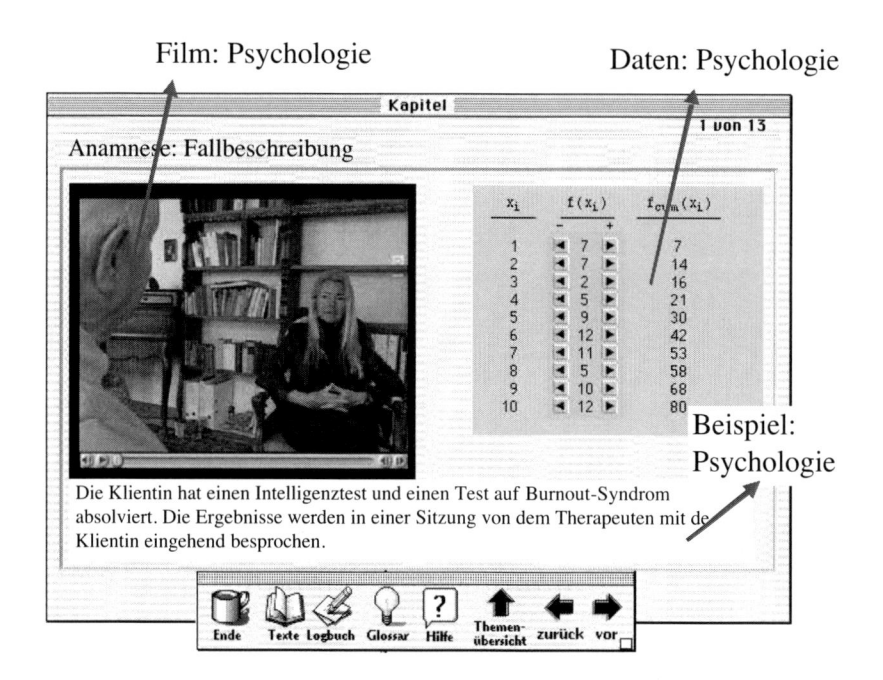

Abb. 30 Dieselbe Seite präsentiert sich anders für Psychologen

Dynamische Seiten brauchen Metadaten

Mit anderen Worten: Die Seite ist „dynamisch", sie wird aufgrund von bekannten Parametern zur Laufzeit generiert. Zu den Parametern, von denen der Inhalt von dynamischen Seiten abhängig gemacht werden kann, gehören beispielsweise das Fach, dem der Studierende angehört, die Vorkenntnisse, die Lernende mitbringen, oder die Lernergebnisse, die vom Studierenden in der vorherigen Lektion erzielt wurden, etc.

Eine derartige Dynamisierung im Lernsystem setzt allerdings voraus, daß zu sämtlichen Komponenten des Lernsystems (Texte, Filme, Grafiken, Übungen, Programme, Datenbeispiele) Metadaten verzeichnet werden. Darauf soll im nächsten Abschnitt näher eingegangen werden.

10.4 Metadaten für Lernobjekte

Es ist üblich geworden, sich auf die Metadaten-Konzepte von Ariadne oder IEEE LOM oder anderen Institutionen (Dublin Core) zu berufen. Deren Entwürfe decken allerdings nur die allgemeinen Metadaten und längst nicht alle Objekte und Relationen in Lernsystemen ab und einige Kategorisierungen sind höchst problematisch. So fehlen beispielsweise qualitative Kriterien für die Charakterisierung des Interaktivitätsniveaus, die in Kapitel 11 „Taxonomie der Interaktivität" (S. 207) diskutiert werden.

Der Methodenlehre-Baukasten sieht eine Gliederung in Module auf der obersten Ebene vor. Die Module sind untergliedert in Lektionen, die Lektionen wiederum in Seiten, und die Seiten laden sich mit Komponenten auf, die den Inhalt einer Seite bilden und die als eigene Datentypen in der dem Lernsystem zugrunde liegenden Datenbank behandelt werden.

Metadaten gibt es im Methodenlehre-Baukasten für Lektionen und Seiten in Lektionen sowie für Komponenten (Medien), die auf den Seiten erscheinen. Prinzipiell gilt: Jedes Objekt gibt es nur einmal, bzw. Metadaten werden für ein bestimmtes Objekt nur einmal angefertigt. Während Lektionen und Seiten nur einmal im Gesamtsystem auftreten, können die Medien mehrfach Verwendung finden, d.h. auf mehreren Seiten in mehreren Lektionen erscheinen.

Der Kopf der Metadaten, der im wesentlichen mit dem Konzept von Ariadne kompatibel gehalten werden soll, gilt für alle Objekte. Dann aber werden zusätzliche Angaben für die jeweils besonderen Objekte benötigt. Deshalb ist der auf den Kopf folgende Metadaten-Satz in mehrere Submodule untergliedert: Für die eigentlichen Lernobjekte jedoch werden spezifische Metadaten benötigt:

Name	Kommentar	Pflicht/ optional/ reserviert	Beispiel
1.0 Identifier	Datum + Eingangsnummer	reserviert	"29 04 01 001"
1.1 Title	Name des Objekts	Pflicht	"Korrelation"
1.2 authors	Autoren	Pflicht	N.N.
1.3 date	Datum des Objekts	Pflicht	29.04.01
1.4 language	Sprache	Pflicht	"deutsch"
1.5 publisher	Partner, Universität	Pflicht	"N.N., Rostock"

Tab. 38 Allgemeine Metadaten für ein Lernobjekt

Name	Kommentar	Pflicht/ optional/ reserviert	Beispiel
1.6 sources	Buch, Datenbank, Web Site	Pflicht	"ZUMA"
1.7 Basis	Basisdokument (wenn vorhanden), auf dem das Modul beruht	optional	"CD ROM X.Y.Z"

Tab. 38 Allgemeine Metadaten für ein Lernobjekt

Im nächsten Schritt wird angegeben, ob es sich bei dem zu beschreibenden Objekt um eine Lektion, eine bestimmte Seite aus einer Lektion oder ein anderes Objekt (eine Komponente) handelt. Folgende eigene Typen von Objekten haben wir für das Lernsystem im Methodenlehre-Baukasten zugelassen:

A.1 Metadaten für den Komponententyp ‚Text'

A.2 Metadaten für den Komponententyp ‚Grafik'

A.3 Metadaten für den Komponententyp ‚Video'

A.4 Metadaten für den Komponententyp ‚Übung'

A.5 Metadaten für den Komponententyp ‚Datensatz'

A.6 Metadaten für den Elementtyp ‚Seite'

A.7 Metadaten für den Elementtyp ‚Lektion'

A.8 Metadaten für den Elementtyp ‚Modul'

Das folgende Diagramm illustriert, wie Metadaten den Seitenaufbau steuern:

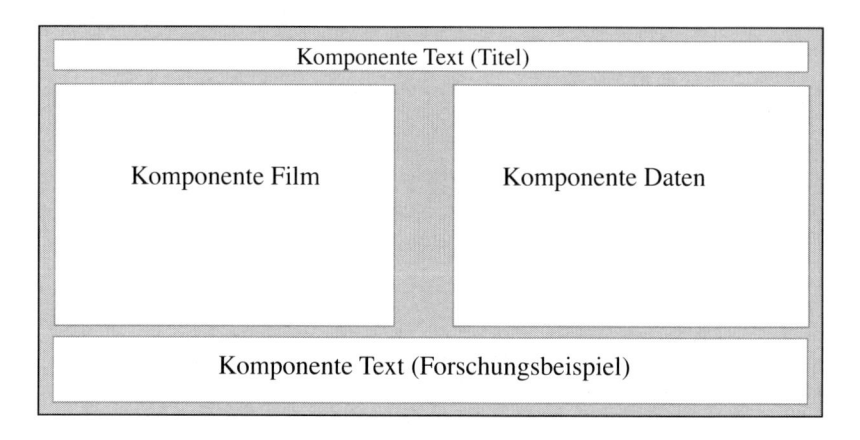

Abb. 31 Schema der Komponenten einer Seite im Lernsystem

Das Diagramm zeigt schematisch eine Seite aus dem Lernsystem, wobei die Abbildung 29 auf Seite 201 die Version zeigt, die ein Medizinstudent zu sehen bekommt, und die Abbildung 30 auf Seite 202 die Version, die ein Psychologiestudent sieht.

Nehmen wir an, daß sich ein Studierender der Erziehungswissenschaft in das Lernsystem einloggen würde, so würde das System, sobald er diese Seite betritt, nach den drei Komponenten Film, Datensatz und Forschungsbeispiel suchen, die in den Metadaten für diese Lektion/Seite und für das Fach Erziehungswissenschaft notiert wurden.

Ein solcher Mechanismus bedingt, daß sämtliche Objekte und Objekttypen eigene Metadaten besitzen. Ich will das am Beispiel der Datensätze aus den Forschungsbeispielen erläutern:

Name	**Kommentar**	**Feldtyp**	**Beispiel**
7.2 Langbeschreibung	Angaben zum Datensatz, die als Hinweis zur Übung angezeigt werden können.	Pflicht	'Dieser Datensatz stammt von ... er enthält ... eignet sich für ... '
7.3 Brauchbarkeit für Methoden	Beschreibt die didaktische Funktion des Textes auf einer Seite	Pflicht	Wert aus Liste: 'Varianz', 'Korrelation'
7.4 Brauchbarkeit für Statistik	Faktorenanalyse	optional	
7.7 Tabellenname	Angabe der Datenquelle, Tabellenname und evtl. Datenbankverbindung bei externer Datenbank	Pflicht	'Bevölkerung' oder 'server: port, user, passwort, tabelle'
7.8 Spalten	Einschränkung auf relevante Spalten	optional	'Alter', 'Wohnort', 'Einkommen', ...

Tab. 39 Metadaten für Datensätze (Ausschnitt)

Name	Kommentar	Feldtyp	Beispiel
7.9 Datenauswahl	Query für Datenauswahl	optional	SQL Abfrage, Limit z.B. 'Ein kommen > 50.000'
7.10 Verwendbarkeits datum	Angabe des zulässigen Ver wendungszeitraumes bei ko stenpflichtigen Datensätzen	optional	z.B. '31.12.2010'

Tab. 39 Metadaten für Datensätze (Ausschnitt)

Dies ist jedoch noch nicht gut genug. Damit ein Datensatz auf einer bestimmten Seite auch die richtigen Variablen lädt, müssen die Variablen im Datensatz mit weiteren Tags markiert werden. So muß das Programm folgende Parameter **jeder einzelnen** Variablen kennen:

<Name der Variablen>

<Skalenniveau>

<Skalenwerte>

<Verteilungsform>

Sind diese Tags vorhanden, so kann das Programm dem Studierenden, der bestimmte Variablen auswählt, beispielsweise eine Liste von Variablen vorschlagen, die den Anforderungen des statistischen Verfahrens genügen, mit dem er sich gerade befaßt. Oder das Programm kann bei falsch ausgewählten Variablen Rückmeldungen erteilen wie z.B. „diese Variable ist nicht intervallskaliert und kann deshalb nicht für die Berechnung von Korrelationen herangezogen werden".

Nach diesen Ausführungen kann der Leser sich vermutlich vorstellen, wie variabel ein Lernprogramm werden kann, wenn man mit Metadaten konsequent arbeitet. Setzen andere Autoren ebenso konsequent Metadaten ein, ist es ihnen zukünftig möglich, eigene Objekte in ein fremdes Lernsystem einzusetzen, fremde Lernobjekte in ihr eigenes Lernsystem ezu übernehmen, Module auszutauschen, Lektionen zu verändern etc. Der Vorteil ist klar. So sinnvoll und zweckmäßig es ist, Metadaten einzusetzen, so groß ist jedoch auch der Aufwand. Ob jeder Lehrende bereit sein wird, diesen Weg zu gehen, mag bezweifelt werden.

KAPITEL 11
Taxonomie der Interaktivität

11.1 Ein Beitrag zur aktuellen Metadaten-Diskussion

Wer sich einerseits mit der Entwicklung modularer multimedialer Lernsysteme befaßt und dabei häufiger auf die Metadaten-Entwürfe von Ariadne (Alliance of Remote Instructional Authoring and Distribution Networks of Europe; http://ariadne.unil.ch), IEEE LOM (Learning Objects Metadata Arbeitsgruppe der IEEE; http://grouper.ieee.org/groups/ltsc/wg12) oder anderen Institutionen zurückgegriffen hat, wird festgestellt haben, daß die standardisierten Metadaten für die effektive Konstruktion von Multimedia-Systemen oder netzbasierten Lernumgebungen gar nicht ausreichen. Die Metadaten von Ariadne oder IEEE LOM klassifizieren Lernobjekte nur oberflächlich ebenso wie die Schlagworte zu einem Buch nicht wirklich das Buch beschreiben.

Mancher Autor von Lernsystemen wird sich vielleicht auch darüber gewundert haben, daß so wichtige Kategorien wie die Interaktivität in multimedialen Lernsystemen als Metadaten in einer derart formalen Form definiert werden, daß daraus kaum praktischer Nutzen für die Konstruktion und die Didaktik dieser Lernsysteme erwächst (s.a. Schulmeister 2001, S. 146ff.).

Ich hatte im vorigen Kapitel bereits angekündigt, daß ich jetzt etwas zur Frage der Interaktivität in Lernsystemen ausführen werde. Dazu gehört auch die Metadaten-Problematik, weil die Kategorie der Interaktivität in den bekannten Metadaten-Konzepten auftaucht, dort aber nie richtig gefüllt wird. *Interaktivität* wird im Entwurf der Learning Objects Metadata (LOM) von der IEEE-Organisation in folgender Weise formal definiert:

5.1	Interactivity Type	The flow of interaction between this resource and the intended user. In an expositive resource, the information flows mainly from this resource to the learner. Expositive documents are typically used for learning by reading. In an active resource, information also flows from the learner to this resource. Active documents are typically used for learning by doing. Activating links to navigate in hypertext documents is not considered as an information flow. Thus, hypertext documents are expositive.	restricted vocabulary: 3=Active 4=Expositive 5=Mixed 6=Undefined
5.2	Learning Resource Type	Specific kind of resource, most dominant kind first.	open vocabulary with best practice: 3=Exercise 4=Simulation 5=Questionnaire 6=Diagram 7=Figure 8=Graph 9=Index 10=Slide 11=Table 12=Narrative Text 13=Exam 14=Experiment 15=ProblemStatement 16=SelfAssessment
5.3	Interactivity Level	The degree of interactivity between the end user and this resource.	Restricted vocabulary: 0=very low 1=low 2=medium 3=high 4=very high

Tab. 40 IEEE unapproved standards draft, 6 February 2000 IEEE P1484.12/D4.0

IEEE unterscheidet Interaktivität einmal nach dem Typ der Interaktivität (expositorisches Dokument, aktive Ressource), dem Typ der Lernressource (nominale Kategorien 3 bis 16) und dem Interaktivitätsniveau, das eine ordinale (oder gar nominale?) Skala von „very low" bis „very high" bildet. Mit einer solchen Skala kann man nur subjektive Eindrücke von den Konstrukteuren von Lernsystemen erhalten. Unter dem Typ hohes oder niedriges Interaktivitätsniveau können je nach subjektivem Standpunkt des Autors oder Evaluators völlig unterschiedliche Handlungsfreiheiten und Handlungsformen des Benutzers subsumiert werden. Bei dem einen Autor steht die Häufigkeit der Interaktion im Vordergrund, bei einem anderen die Qualität und bei einem dritten der mediale Charakter. Es bedarf eines eindeutigen theoretischen Bezugs, eines qualitativen Kategorienrahmens, um zu einer Taxonomie der Interaktivität zu kommen, auf die man sich international verständigen könnte.

Navigation versus Interaktivität

Vielfach bezeichnen Autoren von Lernprogrammen ihre Anwendung als „interaktiv", obwohl ihr Programm keine interaktiven Objekte enthält. Eine Seite wie die folgende enthält beispielsweise nur Menüs und Schaltfelder für den Wechsel zu anderen Kapiteln oder Seiten des Lernprogramms sowie einige Hypertext-Auszeichnungen.

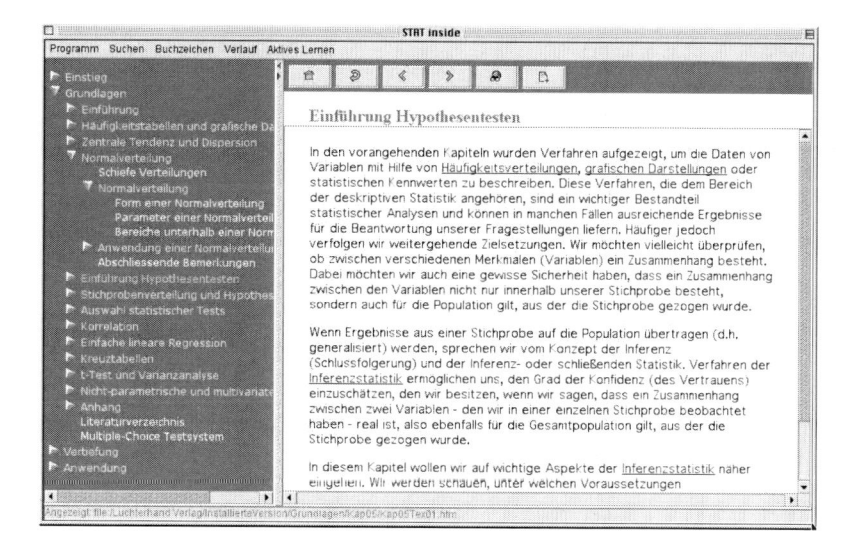

Abb. 32 Typische Seite aus dem Programm STATinside (Stadler 2001)

Interaktivität und Lernobjekt

Wird eine solche Anwendung als interaktiv bezeichnet, liegt eine Verwechslung von *Navigation* und *Interaktion* vor. Die *Navigation* dient lediglich zum Steuern des Ablaufs oder zum Wechseln des Displays. *Interaktivität* ist streng zu unterscheiden von Navigation. Unter Interaktivität verstehe ich in Übereinstimmung mit den Metadaten-Konzepten das Handeln mit den Lernobjekten oder Ressourcen des Programms (s. „Das didaktische Dreieck virtuellen Lernens" S. 155). Nicht gemeint ist hier Interaktion im Sinne von Kommunikation und Kooperation. Der Umgang mit Lernobjekten hat kognitive, semantische und symbolische Dimensionen, es geht um Denkprozesse, die der Lerner in Manipulationen der Lernobjekte realisiert.

Objektive Skalierbarkeit

Die Skalierung des Metadaten-Typs „Interaktivität" muß möglichst objektiv und replizierbar sein. Für die Explikation der Interaktivitätsskala greife ich im folgenden auf Beispiele zurück, die nach dem Prinzip eines Hypertext-Lernporgramms konstruiert worden sind: Auf den Seiten eines multimedialen Lernsystems befinden sich außer Text noch andere Multimedia-Komponenten, z.B. Bilder, Grafiken, Animationen, Filme, Audio-Beispiele, Tabellen, Formeln, JavaApplets sowie Flash-Programme etc., also Ressourcen vom Typ des IEEE Metadaten-Konzepts. Am Beispiel solcher Seiten stellt sich die Frage, wieviel Handlungsfreiheit der Autor den Benutzern einräumt bzw. welche Interaktivitätsniveaus für die Multimedia-Komponente vorgesehen werden.

11.2 Eine Taxonomie von interaktiven Komponenten

Kriterien: Repräsentation und Inhalt

Ich unterscheide im folgenden sechs Stufen der Modellierung von Interaktivität für Multimedia-Komponenten, die danach differenziert werden, ob der Benutzer die Repräsentationsform und/oder den Inhalt der Komponente bzw. das Objekt modifizieren kann:

Stufe I: Objekte betrachten und rezipieren

Nur Aktion, keine Interaktivität

Im Text werden fertige Multimedia-Komponenten eingesetzt, die der Benutzer betrachten (Bilder, Grafik) oder abspielen (Ton, Film, Flash etc.) kann, wobei der Betrachter keinen Einfluß auf die Darstellung der Komponenten hat. Auf dieser Stufe der Interaktivität haben die multimedialen Komponenten die Funktion der Information, Instruktion oder Illustration. Ihr Inhalt bleibt unverändert. Eigentlich müßte man von einer Stufe 0 der Interaktivität sprechen, weil es keine Interaktion gibt.

Wohlgemerkt, der Benutzer kann gewisse Aktionen auslösen, z.B. einen Film abspielen lassen. Das sieht dann schon interaktiv aus, ist es aber nicht. Der Benutzer kann bei den angeklickten Objekten weder die Darstellungsform verändern noch deren Inhalt. Die Objekte entziehen sich sozusagen seinem Einfluß.

Taxonomie der Interaktivität *211*

Abb. 33 Aus dem Programm Dialekt zur Diffusionstheorie (Apostolopoulos)

Stufe II: Multiple Darstellungen betrachten und rezipieren

Multiple Aktionen, keine Interaktivität

Auf der nächsten Stufe sind die Multimedia-Komponenten zwar ebenfalls vorgefertigte Objekte, aber es existieren für einige Komponenten mehrere Varianten. Der Benutzer kann durch Mausklick auf ein Bild ein weiteres Bild im selben Rahmen zum Vorschein bringen (z.B. Animated GIF), er kann aus einer Liste mehrere Filme abspielen oder er kann, allgemeiner formuliert, durch Klicken auf ein Multimedia-Objekt, durch Auswahl von Optionen sowie durch Hypertext-Links mehrere Bilder nacheinander aufrufen, Musikstucke anhören, Filme oder Animationen abspielen. Auch auf dieser Stufe kann der Benutzer die Objekte nur betrachten, auch hier hat die Komponente nur die Funktion der Information oder Illustration.

Allerdings führt die Varianz, die der Wechsel der Komponenten mit sich bringt, neue motivationale und kognitive Elemente in die Lernsituation ein. Im folgenden Beispiel wird ein szenischer Dialog in Gebärdensprache angeboten. Der Benutzer kann durch Auswahl von Textstellen im Dialog die dazugehörigen Filme in Gebärdensprache aufrufen und sich so durch den Dialog navigieren. Dadurch wird sein Interesse am Fortgang der Story geweckt. Der Lernende kann die Filme auch stückweise und in Zeitlupe betrachten, er kann jedoch weder die Darstellung noch den Inhalt modifizieren.

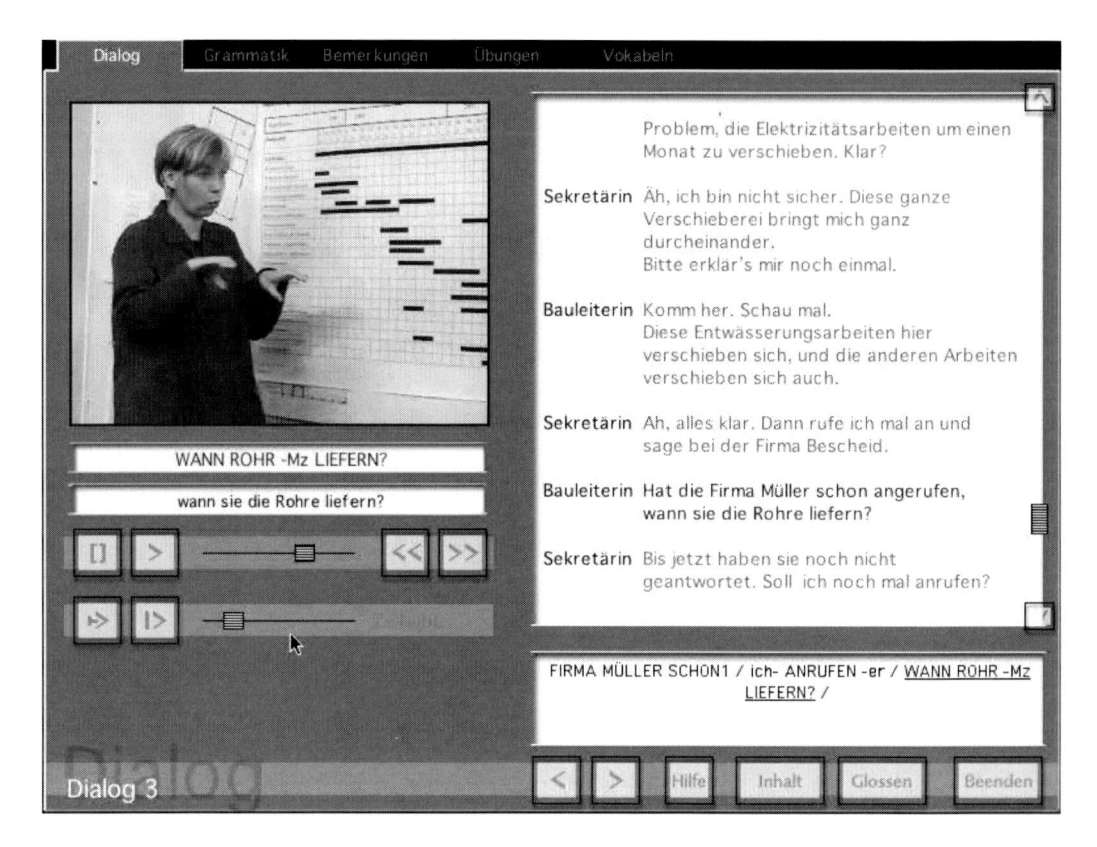

Abb. 34   Der Benutzer kann im Dialog mehrere Filme abspielen („Die Firma 2. Gebärdensprach interaktiv"; Metzger, Schulmeister und Zienert 2002)

Stufe III: Die Repräsentationsform variieren

Modifikation der Darstellung

Der Benutzer kann durch direkte Manipulation zweidimensionale Grafiken skalieren, dreidimensionale Grafiken rotieren oder durch Klicken auf 3D-Objekte im Film zu anderen Teilen des Filmes springen. Diese Stufe der Interaktivität bietet dem Lernenden einen aktiven Einfluß auf die Repräsentation des Multimedia-Objekts, wobei das Objekt oder der Film selbst unverändert bleibt und die Benutzerhandlungen nur die Form der Darstellung verändern, nicht aber den Inhalt oder das Lernobjekt selbst. Diese Stufe der Interaktivität ist für die Motivation der Lernenden bedeutsam. Das nachfolgende Beispiel illustriert dieses Prinzip am Beispiel eines interaktiven Films, der ein manipulierbares dreidimensionales Objekt enthält:

Abb. 35 Direkte Manipulation eines 3D Objekts im Film (DeskLamp.mov, Apple Computer 1998)

Der Studierende kann das Objekt im Film bewegen und so die Darstellung des Lichtkegels variieren, jedoch nicht das Objekt im Film austauschen. Auf der Stufe III kann der Lernende nur die Repräsentationsform des Lernobjekts ändern, nicht aber dessen Inhalt.

Stufe IV: Den Inhalt der Komponente modifizieren

Modifikation des Inhalts eines Objekts
Auf dieser vierten Stufe der Interaktivität ist der Inhalt der Multimedia-Komponente nicht mehr vorgefertigt, sondern wird auf Anforderung durch den Benutzer erst generiert. Der Benutzer kann durch Eingabe von Daten oder Variieren von Parametern innerhalb eines gesetzten Rahmens (z.B. des Typs der Repräsentation) andere Darstellungen erzeugen oder andere Relationen visualisieren. Diese Methode kann heuristische Funktionen für Denkprozesse übernehmen und eine Interaktion mit den kognitiven Konzepten des Benutzers eingehen.

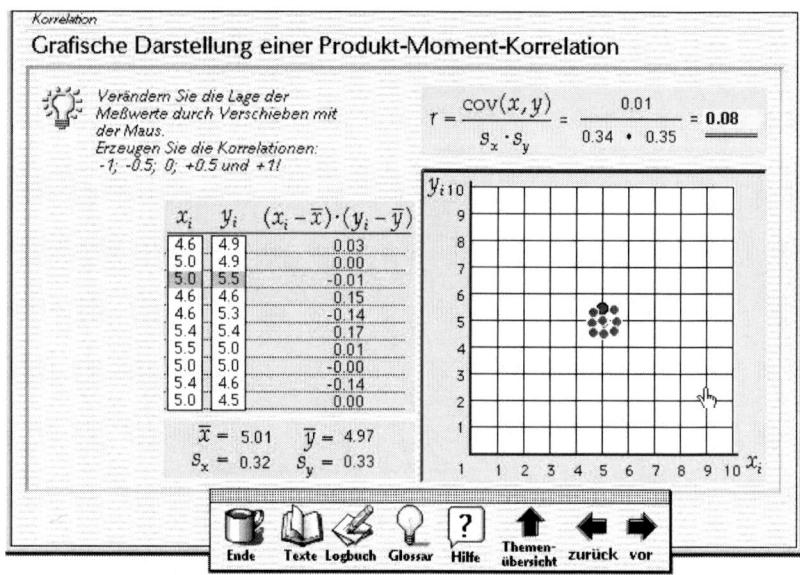

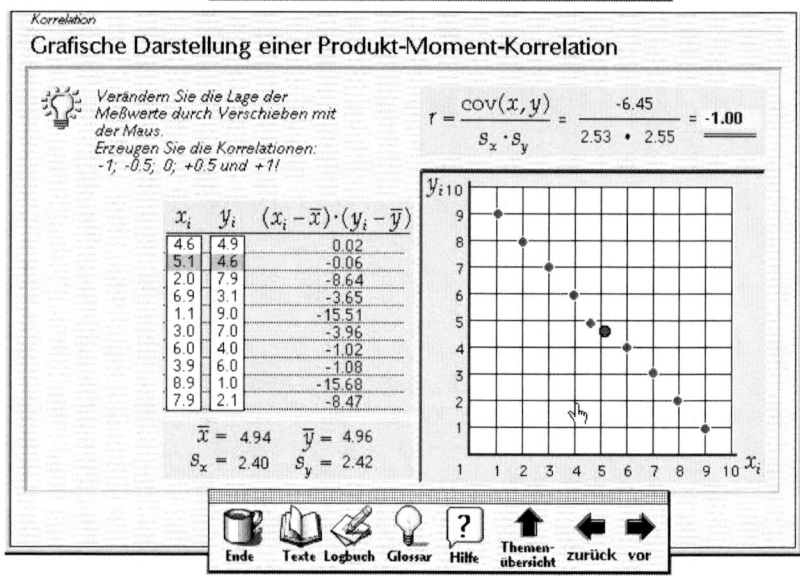

Abb. 36 Zwei Diagramme erzeugt durch Verschieben von Punkten (Übung aus LernSTATS; Schulmeister/Jacobs 1992–1996)

Die Abbildungen zeigen zwei Punktediagramme. Die Aufgabe der Studierenden lautet: „Erzeugen Sie eine hohe/niedrige positive/negative Korrelation durch Verschieben der Punkte mit der Maus". Was ist der Sinn dieser Aufgabe?

Entdecken durch Manipulieren

Sehen sich Psychologie-Studenten mit der Aufgabe konfrontiert, eine hohe Korrelation zu erzeugen, neigen einige dazu, alle Punkte in der Mitte zu einem Klumpen zu versammeln (Abbildung 36 oben). Überrascht finden sie heraus, daß ihre Idee einer hohen Korrelation nur eine Null-Korrelation ergibt. Der Grund dafür ist die naive kognitive Annahme, daß Korrelation oder Zusammenhangsmaß so etwas bedeute wie Nähe, Nachbarschaft oder Beziehung. Korrelation jedoch beruht auf der Covarianz, braucht Streuung. Durch konkrete Manipulation können die Studierenden eine Vorstellung von Korrelation entwickeln (Abbildung 36 unten). Der explorative Raum, den diese Übung öffnet, läßt die Studierenden ihre naiven kognitiven Konzepte aktivieren, verändern und ein Verständnis des wissenschaftlichen Konzepts entwickeln.

Voraussetzung für die Entwicklung einer solchen Übung ist das Wissen um kognitive Konzepte der Studierenden und ihre kognitiven Fehler. Die Übung vermittelt den Studierenden nicht das statistische Konzept, sondern sie lädt die Studierenden ein, das Konzept selbst zu entdecken. Diesen Übungstyp bezeichnen wir als entdeckendes Lernen (Bruner 1965). Entdeckendes Lernen verfügt über ein hohes Potential zur Förderung der Meta-Lernfähigkeit.

Stufe V: Das Objekt bzw. den Inhalt der Repräsentation konstruieren

Eine weitere Stufe der Interaktivität wird erreicht, wenn dem Benutzer im Lernprogramm Werkzeuge zur Verfügung stehen, mit denen er selbst Objekte kreieren, Ideen visualisieren oder Modelle entwerfen kann. Programme für derartige Operationen stehen häufig in wissenschaftlichen Domänen zur Verfügung, in denen die Objekte gut definierbar sind, z.B. in der Physik oder Mathematik.

Das folgende Beispiel stammt aus dem Programm Cinderella für Geometrie (Richter-Gebert/Kortenkamp 2001). Es ermöglicht dem Benutzer, selbst komplizierteste geometrische Objekte zu konstruieren.

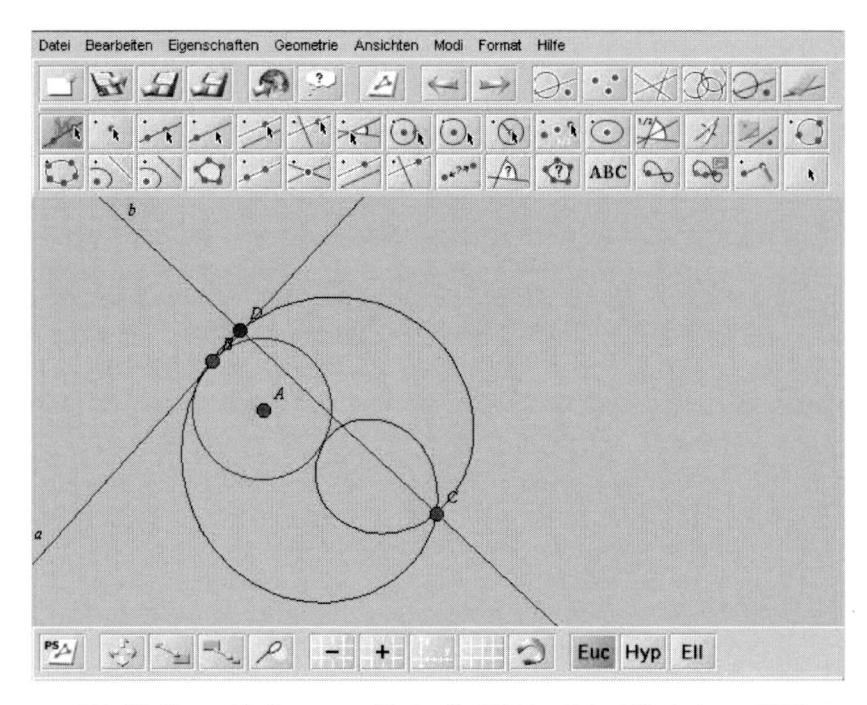

Abb. 37 Geometrie Programm Cinderella (Richter Gebert/Kortenkamp 2001)

Stufe VI: Das Objekt konstruieren und Rückmeldung erhalten

In einigen Bereichen ist die Entwicklung von Systemen mit intelligenter Rückmeldung relativ weit vorangeschritten, so z.B. bei Mathematikeditoren und Geometrie-Programmen, überall dort wo man in Programmen die symbolischen Inhalte auch als sinntragende Objekte modellieren kann. Das gilt für die Naturwissenschaften, nicht aber für die Geschichts-, Geistes-, Kultur- und Sozialwissenschaften. Interaktivität auf dieser Stufe bedeutet, daß dem „Partner" Computer oder Programm bedeutungstragende Objekte bzw. Aktionen geschickt werden, die das Programm versteht und auf die es mit entsprechend bedeutungsvollen Rückmeldungen antworten kann. Damit befinden wir uns noch nicht im Bereich menschlicher Kommunikation oder sozialer Interaktion (s. Schulmeister 1997, S. 40), aber die Rückmeldung erlaubt schon einen Austausch symbolischer Inhalte in einer restringierten Domäne.

Abb. 38 Interaktive Übung mit Rückmeldung aus dem Programm „Die Firma 2. Gebärdensprache interaktiv" (Metzger, Schulmeister, Zienert 2002)

Die Abbildung aus dem Lernprogramm „Die Firma 2. Gebärdensprache interaktiv" zeigt eine Übung zur Grammatik der direktiven Verben. Der Tutor im Video gibt Anweisungen in Gebärdensprache, wie die Möbel im Raum plaziert werden sollen. Der Lernende hat zwei Fenster zur Verfügung: In der dreidimensionalen Ansicht des Raumes kann er die Perspektive durch Drehen und Zoomen verändern. In der zweidimensionalen Ansicht kann er die Möbel im Raum plazieren, verschieben und drehen. Da man in einem Lernprogramm normalerweise nicht überprüfen kann, ob die Lernenden die Anweisungen des Dozenten in Gebärdensprache im Film wirklich verstanden haben, haben wir interaktive Übungen konzipiert, mit deren Hilfe die Lernenden ihr Verstehen überprüfen können. Zugleich stellen diese Übungen eine praktikable Methode dar, um den Lernenden Rückmeldung zu ihrem Lernprozeß zu geben.

Um die Tragfähigkeit der beschriebenen Taxonomie zu erhöhen, werde ich sie im folgenden mit zwei anderen Versuchen vergleichen, einer Skalierung von Visualisierungsmethoden und einer Skalierung von Programmkomponenten.

11.3 Skalierung von Visualisierungsmethoden

Die Taxonomie der Interaktivität multimedialer Komponenten zeigt eine hohe Übereinstimmung mit der Skalierung nach dem Grad der Interaktivität, die El Saddik (20001, S. 16) für Methoden der Visualisierung versucht hat. El Saddiks Vorschlag beinhaltet sieben Stufen der Interaktivität bei Visualisierungen:

1. Still images
2. Animated Pictures
3. Visualization with display adjustments for play, stop, speed etc.
4. Visualization selection and arrangement capabilites VCR for repeat, rewind etc.
5. Visualization with changing input, zooming and panning
6. Visualization with interactive decision points, e.g. changing data while running
7. Visualization generated by students (visualization construction kit).

Ich habe den Eindruck, daß die Stufen 3 und 4 bei El Saddik keinen substantiellen Unterschied bezeichnen. Es geht um Filme, die vom Benutzer beeinflußbar sind, wobei sich der Film nicht verändert. Ebenso sind die Stufen 5 und 6 nicht klar unterschieden. Beide Stufen meinen Filme, die der Benutzer interaktiv manipulieren kann, indem er entweder die Darstellung durch Zoomen, Drehen, etc. verändert oder indem er durch Vorgabe anderer Parameter die Darstellung während des Ablaufs beeinflußt. Zudem ist der Begriff Visualisierung in El Saddiks Konzept unklar. Aus technischer Sicht gibt es keinen wesentlichen Unterschied zwischen animierten Bildern und Filmen, da beide nur aus Bildfolgen in der Zeit bestehen. In Berücksichtigung dieser Argumente komme ich zu folgender Skala für Bilder und Filme:

Stufe I:	Bilder betrachten (El Saddik Stufe 1)	
Stufe II:	Filme betrachten (inklusive Abspielen, Anhalten, Rückspulen, Wiederholen etc.) (El Saddik Stufen 2 + 3)	

Taxonomie der Interaktivität 219

<blockquote>

Stufe III: Die Darstellungsweise in Filmen und deren Ablauf manipulieren (Drehen, Skalieren, zu anderen Stellen im Film verzweigen) (El Saddik Stufe 4)

Stufe IV: Den Inhalt der Filme oder der Visualisierung durch Dateneingabe beeinflussen (El Saddik Stufe 5 + 6)

Stufe V: Filme oder Visualisierungen generieren (El Saddik Stufe 7)

Stufe VI: Rückmeldung zu Manipulationen in Visualisierungen erhalten (diese Stufe gibt es bei El Saddik nicht)

</blockquote>

In dieser Form wird die hohe Übereinstimmung von El Saddiks Konzept mit der hier vorgestellten Taxonomie von Interaktivitätsniveaus deutlich.

11.4 Skalierung von Programmkomponenten

Taxononomie für Programme

Ich habe für die Illustration der Interaktivitätsniveaus bisher überwiegend Bild- oder Film-Beispiele bemüht. Im folgenden will ich versuchen, dieselbe Taxonomie auf Programme anzuwenden, um die generelle Tragfähigkeit der Taxonomie für alle Sorten von Multimedia-Komponenten zu diskutieren. Für interaktive Programme könnte sich die Taxonomie wie folgt darstellen:

Stufe I: Automatischen Programmablauf ausführen

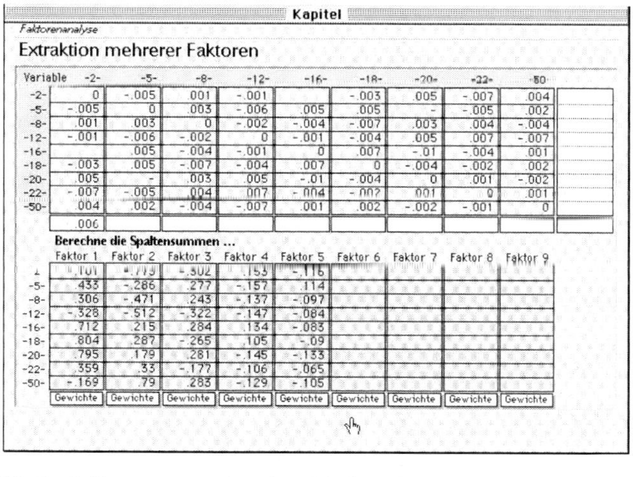

Abb. 39 Statistikprogramm, das eine Tabelle mit extrahierten Faktoren auswirft

Das Programm kann vom Benutzer gestartet werden, und es läuft automatisch ab wie ein Film. Der Benutzer kann den Ablauf evtl. beobachten und ansonsten nur das Ergebnis zur Kenntnis nehmen. Er verfügt über keine Eingriffsmöglichkeiten.

Stufe II: Mehrfache optionale Programmabläufe veranlassen

Auf der zweiten Interaktivitätsstufe kann ein Programm vom Benutzer mehrfach ausgeführt werden, wobei er evtl. zwischen mehreren Optionen wählen kann, so daß innerhalb derselben Übung mehrere Variationen angeboten werden. Der Benutzer hat aber nach wie vor keine Möglichkeit, den Ablauf des Programms zu modifizieren oder das Lernobjekt der Übung zu modifizieren oder auszutauschen.

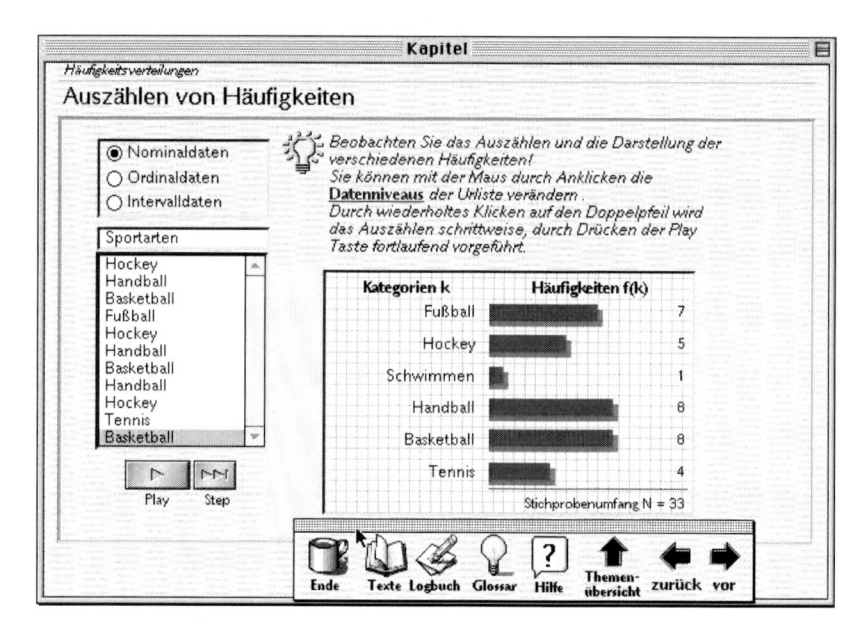

Abb. 40 Multiple Grafik in LernSTATS (Schulmeister/Jacobs 1992 1996)

Der Studierende kann in dem obigen Beispiel eine Datenreihe aus mehreren Datensätzen auswählen und für jede Datenreihe ein Balkendiagramm zeichnen lassen. Er kann dabei sogar den Skalentyp wechseln. Der Benutzer kann den Vorgang wiederholen, nicht aber den Diagrammtyp oder den Datensatz wechseln, d.h. Repräsentationsform und Inhalt bleiben unverändert.

Stufe III: Variation der Darstellung durch Eingriff in ein Programm

Modifikation der Repräsentation
Das Programm auf der nächsten Stufe der Interaktivität bietet dem Benutzer die Möglichkeit, die Repräsentation des Lernobjekts zu variieren, z.B. die Skalierung einer Kurve zu modifizieren, die Kurve zu dehnen oder zu komprimieren etc. Der Benutzer hat aber noch keine Chance, den Ablauf des Programms oder den Inhalt der Übung zu beeinflussen.

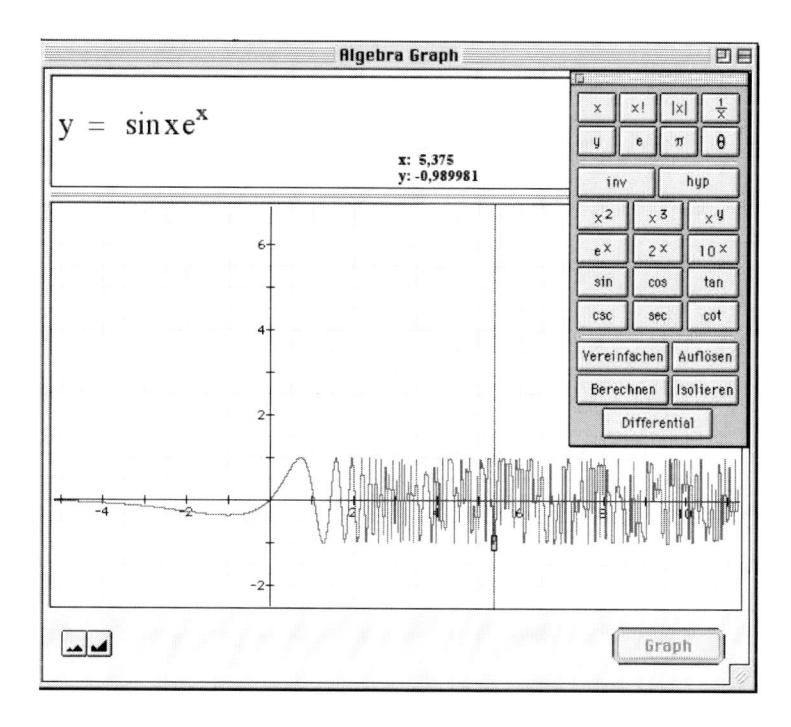

Abb. 41 AlgebraGraph: Zerren, Dehnen und Strecken von Kurven

Stufe IV: Variation durch Parameter oder Datenvariation

Modifikation des Lernobjekts
Das Programm erlaubt es dem Benutzer, auch den Inhalt des Programms zu variieren, z.B. in physikalischen Simulationen die Parameter zu variieren, in Statistikprogrammen andere Datensätze aufzurufen. Auf diese Weise kann der Benutzer Objekte modifizieren und zu anderen Resultaten gelangen.

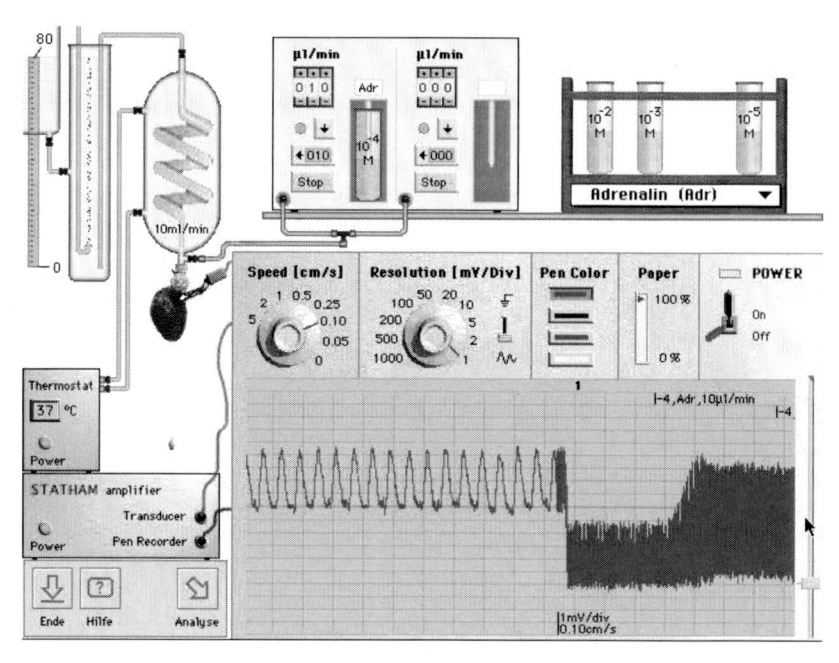

Abb. 42 SimHeart   Labor (Hirsch u.a. 1997)

Der Medizinstudent kann in dem künstlichen Labor Regler verstellen und Instrumente bedienen. Der Lernende kann die Parameter für Messungen und Berechnungen durch Manipulation der grafischen Objekte (Laborinstrumente) ändern. Er wird dadurch andere Ergebnisse erhalten und allmählich hinter die Gesetze des Zusammenspiels der Instrumente gelangen.

Stufe V: Objekte konstruieren und Prozesse generieren

Konstruktion von Mikrowelten

Während der Studierende das Labor nicht verändern und die Geräte nicht austauschen kann, erhält er auf Stufe V solche Programme, mit denen er zum Beispiel selbst Labore konstruieren kann. Das Programm gestattet es dem Benutzer, den Gegenstand der Repräsentation selbst zu konstruieren, z.B. in Simulationen andere Modelle zu generieren. Das Programm wird zum kognitiven Werkzeug, mit dem der Benutzer eigene Mikrowelten konstruieren kann. Im folgenden Beispiel, dem Programm *ithink* können mit grafischen Mitteln biologische oder physikalische Modelle erstellt werden, die dann wie ein Programm ablaufen und in iterativen Durchläufen zeitabhängige Daten liefern. In dem Beispiel wird das Wirken der Lernkurve modelliert. Das Produkt sind Kurven und Daten.

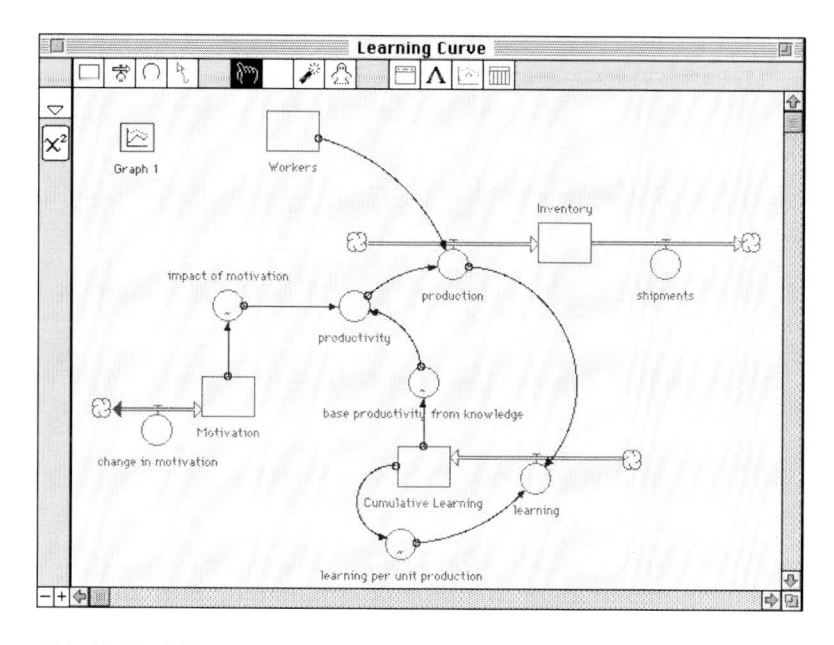

Abb. 43 Modellieren von Systemen (ithink, High Performance Systems)

Stufe VI: Prozesse und Programme mit Rückmeldung

Rückmeldung   Auf der höchsten Stufe der Interaktivität müssen die Programme es erlauben, daß der Benutzer sowohl die Repräsentation des Lernobjekts und das Lernobjekt modifizieren als auch Rückmeldungen zu seinen Handlungen erhalten kann. Programme, die mit intelligenten Rückmeldungen den Benutzer bei der Konstruktion seiner Mikrowelten unterstützen, sind noch selten. Ansätze dazu gibt es vorwiegend auf dem Gebiet des Programmierens mit Programmiersprachen.

Die nachstehende Abbildung zeigt oben links als Video ein Labor mit einem Roboterarm. Der Student kann in dem Fenster rechts oben mit grafischen Mitteln ein Programm zur Steuerung des Arms schreiben und an das Labor schikken und erhält dann im Video eine Rückmeldung dazu, wie erfolgreich sein Programm den Roboterarm gesteuert hat.

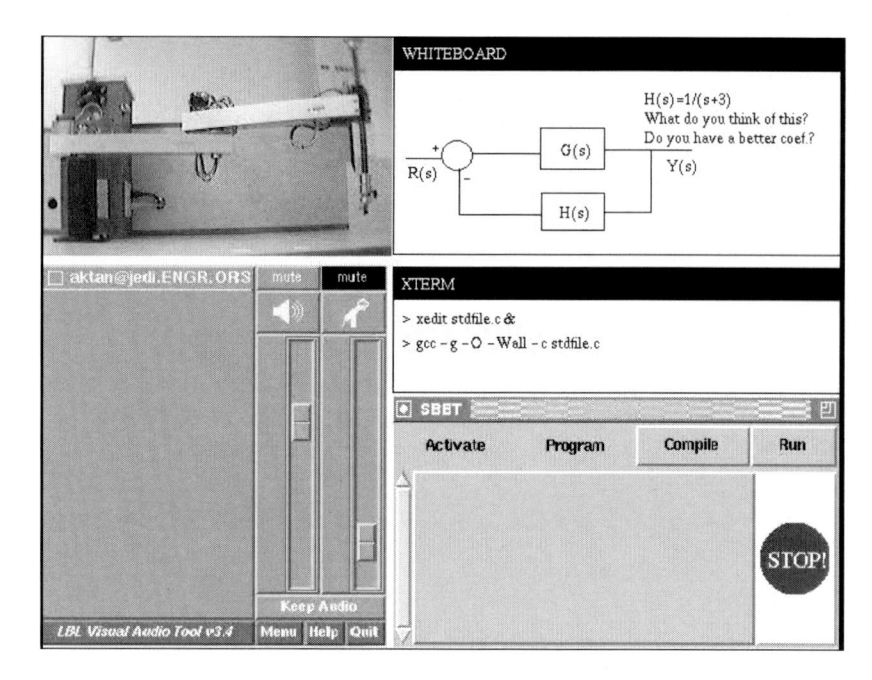

Abb. 44 Programmierung eines entfernten Roboters mit Rückmeldung durch Videoübertragung

11.5 Allgemeine Interpretation

In einem generelleren Sinne müssen wir die Benutzerhandlungen, die wir als *Interaktivität* bezeichnen, auf die Schichten des multimedialen Raumes beziehen. Benutzerhandlungen, auf den heutigen Computern ja noch vorwiegend konkret-anschauliche Interaktionen („enactive" im Sinne von Bruner 1966), verbinden den Ereignisraum mit dem Darstellungsraum und machen so den Bedeutungsraum zugänglich. „Der Lernende löst Ereignisse aus, indem er Multimedia-Objekte manipuliert [...] Dabei benutzt der Lernende Hypothesen über die Methoden, die in der Tiefenstruktur von den Objekten ausgelöst werden." (Schulmeister 1997, S. 40)

Hypothesen für die weitere Forschung

Bezogen auf die Stufen der Interaktivität lassen sich nun Folgerungen ziehen: Mit dem Ansteigen des Interaktivitätsniveaus wird der Ereignisraum vielfältiger, der Darstellungsraum wird variantenreicher und der Bedeutungsraum wächst. Und noch etwas anderes läßt sich an den Stufen der Interaktivität ablesen. Rhodes und Azbell (1985) unterscheiden drei Formen des Designs von Interaktivität in Lernumgebungen: Reaktives, Coaktives und Proaktives Design. Das reaktive Design entstammt dem behavioristischen Reiz-Reaktions-Paradigma, während proaktives Design dem Lerner eine aktiv konstruierende Rolle zuweist. Man erkennt sofort, daß mit den höheren Stufen der Interaktivität der proaktive Anteil an der Interaktivität steigt, während die unteren Stufen der Interaktivität eher reaktiven Charakter haben. Diese Abstufung hat den Charme, daß sie mit der historischen Abfolge der psychologischen Lerntheorien kompatibel ist: Die reaktiven unteren Stufen der Interaktivität nehmen leicht behavioristischen Charakter an, während die höheren Interaktivitätsniveaus eher kognitive Lernkonzepte voraussetzen und fördern, wie beispielsweise das entdeckende Lernen oder konstruktivistische Lernparadigmen (Schulmeister 1997, S. 71ff.).

Natürlich kommen wir selbst in der obersten Stufe der Interaktivität, die sich ja durch Feedback an den Lernenden auszeichnen soll, nicht zu einem wirklich menschlichen Modell der Kommunikation und Interaktion, denn „Die Reziprozität und Symmetrie der Kommunikation ist das, was den wirklichen Dialog von den künstlichen Dialogen der Programme unterscheidet. Ich kann mich mit dem Programm nicht über das Thema verständigen, das vom Autor vorgegeben ist, ich kann das Programm nicht veranlassen, den Stil der Interaktion zu wechseln und in eine Metakommunikation einzutreten. Die Reziprozität der Kommunikation wird in der Mensch-Programm-Interaktion verletzt." (Schulmeister 1997, S. 49)

Die hier vorgestellte Taxonomie der Interaktivität multimedialer Komponenten in Lernprogrammen ist eine formale. Warum kann es interessant sein, eine solch formale Unterscheidung von Interaktivitätsniveaus vorzulegen? Es werden bekanntlich viele pädagogische Hypothesen mit dem Begriff Interaktivitätsniveau verbunden. So könnte man als Entwickler von Lernsystemen beispielsweise vermuten, daß die Motivation der Studierenden mit der Höhe des Interaktionsniveaus steigt. Ein Blick auf die vielen interaktiven Computerspiele scheint dies zumindest für bestimmte Altersstufen zu bestätigen. Eine solche Hypothese ließe sich mit Hilfe einer Übung, die in unterschiedlichen Interaktionsformen angeboten wird, genauer überprüfen. Oder man könnte experimentell untersuchen, ob die durch höhere Interaktionsniveaus ermöglichten alternativen lerntheoretischen Konzepte sich auf die Lerneffizienz und das Niveau der Lernprozesse und Lernergebnisse auswirken. Es wäre auch wichtig zu wissen, ob die unterschiedlichen Interaktivitätsniveaus mit verschiedenen Lernertypen korrelieren.

KAPITEL 12

Die Virtualisierung der Ausbildung

12.1 Der Hype um Virtuelles

Gelegentlich erinnert mich die Diskussion um virtuelle Universitäten und eLearning an die merkwürdige Idee zweier japanischer Forscher, die sich die bedeutsame Frage gestellt haben: Was macht man, wenn man in einer zu einem beliebigen Zeitpunkt, also asynchron betretenen virtuellen Lernumgebung keine Mitstudierenden antrifft, mit denen man synchron kooperieren kann, obwohl die Umgebung mehr als eine asynchrone Nutzung zuläßt? Die Antwort der japanischen Jungforscher lautet: Man erfinde sich Mitstudierende! Man konstruiere virtuelle Homunkuli, die angesichts der zumeist asynchron aufgesuchten Lernumgebung die Rolle und Funktion realer Mitstudierender übernehmen:

> „In the agent based virtual classroom, in place of participations of real students, a virtual student [...] plays the role of the student in place of the real student." (Sakakibara/Naka 2001)

Sollte man sich tatsächlich auf diese absurde Konstellation einlassen, so wird man sicher enttäuscht sein, wenn die virtuellen Mitstudenten der beiden japanischen Softwareentwickler, mit denen man kooperieren soll, nur simple Smileys sind.

Die Verführbarkeit, das tatsächlich zu verwirklichen, was technisch realisierbar ist, scheint groß zu sein. Die technischen Möglichkeiten auszureizen, lockt viele Techniker und Ingenieure, sie nicht einzusetzen, fällt anscheinend schwer. Es ist heute mehr realisierbar, als wir sinnvoll nutzen können.

Die Verführbarkeit durch das technisch Machbare

Ein anderes Beispiel für diese These wurde in einem Vortrag eines amerikanischen Jungforschers auf der HCI 2001 in New Orleans zum Thema „Wearable Computing" demonstriert. Der Cyberwissenschaftler läuft ständig mit einer Kamera auf dem Kopf herum, die auf einem tragbaren Computer in gewissen zeitlichen Abständen Bilder seiner Gesprächspartner aufzeichnet. Sein Programm kann an der Größe des Kopfes erkennen, wie nahe der Kameraträger seinem Gegenüber ist. Warum dies wichtig sein könnte, erklärt der amerikanische Forscher so: Der Computer erkenne, ob er sich mit einer anderen Person in einem intensiven Gespräch befinde und könne dann sein Handy ausschalten, damit das Gespräch nicht durch einen Anruf gestört wird. Ist es zuviel verlangt, eine derartige Entscheidung persönlich zu treffen?

Ein weiterer Forscher bringt einem Programm bei, Gesten per Kamera zu erkennen, mit denen man die Lautstärke der HiFi-Anlage oder den Dimmer der Raumbeleuchtung regeln kann. Befragt, wie denn das Programm entscheide, welche Funktion bei gleichartigen Gesten gemeint sei, antwortet der Forscher: Wenn ich näher an der HiFi-Anlage dran bin, ist die HiFi-Anlage gemeint, bin ich näher an der Tür, ist der Lichtschalter gemeint. Kritische Anmerkung eines Zuhörers: „Wenn ich näher an der HiFi-Anlage dran bin, warum bediene ich den Knopf dann nicht manuell?"

Ich sagte eingangs, gelegentlich erinnert mich die Diskussion um virtuelle Universitäten und eLearning an solche und ähnliche Beispiele. Virtuelle Universitäten sind technisch machbar. Also werden sie realisiert. Es wird nicht mehr gefragt, ob eine virtuelle Universität sinnvoll ist, sofern man annimmt, daß sie sich ökonomisch rechnen könnte. Für einige virtuelle Studiengänge scheint ein Markt zu bestehen, und in dem Fall wird nicht mehr gefragt, ob diese virtuellen Studiengänge didaktisch wirklich sinnvoll sind und ob alles, was sich virtuell anbieten läßt, wirklich Ausbildungsqualität hat.

12.2 Fragwürdige Vorreiterrolle

Das Beispiel der University of Phoenix Online

Die University of Phoenix Online wird überall als Erfolgsstory einer virtuellen Universität angeführt. Immer wenn über die Chancen virtueller Universitäten diskutiert wird, fällt den Diskutanten zuerst die University of Phoenix ein. Ihr wird eine „Vorreiterrolle" (Faschingbauer 2001, S. 117) zugeschrieben. Das ist bezeichnend für die aktuelle Situation, weil nahezu alle anderen virtuellen Universitäten bis heute keinen durchschlagenden Erfolg nachweisen konnten, weder ökonomisch noch didaktisch.

Die Western Governors' University (W.G.U.) wurde von den Gouverneuren der westlichen 21 Staaten der USA 1998 ins Leben gerufen (Schulmeister 2001). Ihre Projektion für die Zulassungszahlen der Studienbereiche ist nicht eingetroffen. Im Graduiertenprogramm wollte man 1998 mit 100 Studierenden beginnen und 2008 bis zu 8.000 Studierende aufnehmen. In Zertifikatskursen wollte man mit 500 Studierenden starten und bei 15.000 Studierenden enden. Mehr Zulassungen als in den klassischen Studienfächern, nämlich 30.000 Teilnehmer, sollte es in den Corporate Training Programs (firmeninterne Weiterbildung) geben und 42.000 sollten sich für kommerzielle Weiterbildungsangebote von gewerblichen Veranstaltern interessieren, die die W.G.U. lediglich als Organisationsdach für ihre Angebote, soz. als „Mietuniversität" nutzen. Es häufen sich die Nachrichten, daß W.G.U. weit unter ihren Erwartungen geblieben ist. Sie soll laut Thomas C. Reeves (Vortrag auf der EDMEDIA 2001 in Tampere, Finnland) nur 500 Studierende haben.

Die mit viel Vorschußlorbeeren angekündigte California Virtual University hat ihren Betrieb mit Wirkung vom 1. April 1999 eingestellt. Die Liste mit den Kursangeboten der mehr als 100 Institutionen wird jedoch weiterhin auf der Website des California Board of Regents angeboten (Schulmeister 2001). Auch die anderen virtuellen Universitäten haben ihre Geschäftsziele nicht erreicht, wobei die noblen Ableger der Elite-Universitäten mit ihren exorbitanten Einnahmen pro Kursus sich noch am ehesten eine finanzielle Durststrecke leisten können (s. aber die hohen Entlassungszahlen bei der Nobelschmiede UNext). Die USA-Universitäten haben zwar Expansionsversuche auf dem europäischen und asiatischen Markt gestartet, aber in einigen Fällen auch schon wieder zurückgenommen.

Kommen wir zurück zur Frage, warum die University of Phoenix Online die fast einzige erfolgreiche virtuelle Universität ist: Die zur Apollo Group Inc. gehörende privatwirtschaftliche University of Phoenix Online besteht seit 1976. Sie ist eine Universität für berufstätige Erwachsene. Sie hat etwa 68.000 Studierende und verfügt über 81 Campus Stätten und Lernzentren. Seit 1989 agiert die University of Phoenix auch als Fernuniversität. In den letzten Jahren hat sie einen Online-Campus für berufstätige Studierende eingerichtet, in dem 1997 1.600 Studierende eingeschrieben waren, 1998 etwa 4.000 Studierende (Pamela Burdman, San Francisco Chronicle 20.7.1998). Die University of Phoenix bietet in ihrem Online-Bereich einige Studiengänge an, die komplett im Netz absolviert werden können.

Das Unternehmensziel für das Jahr 2000, nämlich 100.000 Studierende, wurde nicht erreicht. Der Bericht der Gesellschaft für Mathematik und Datenverarbeitung (GMD) „Anytime, Anywhere IT-gestütztes Lernen in den USA" über die Studienreise des Staatssekretärs im BMBF, Uwe Thomas, spricht von 20.000 Studierenden, die im Jahr 2001 an der University of Phoenix studieren. Das ist sicher eine beeindruckende Zahl, die allerdings weit unter der eigenen Zielprojektion der University of Phoenix Online liegt und die sich zum größten Teil durch die besondere Geschichte der Erwachsenenuniversität mit Fernstudienkomponente erklärt. Zum anderen Teil erklärt sich der scheinbare Erfolg durch die spezielle Kostenstruktur der University of Phoenix, die mit freiberuflichen nebenamtliche Lehrkräften und nicht mit hauptamtlichen Lehrkräften arbeitet (Faschingbauer 2001) und keine Forschung ermöglicht.

Lohndumping als Erfolgsfaktor

In recht offener und offensiver Weise bekennt sich die University of Phoenix zur Kostenreduktion als dem hauptsächlichen Grund für den Schritt zur Virtualisierung ihrer Angebote. Das geht sogar so weit, daß sie mit augenscheinlichem Stolz darauf verweist, daß ihre Lehrkräfte um 50% schlechter besoldet werden als die anderer Universitäten (weniger als der halbe Stundensatz für Lehrbeauftragte in deutschen Universitäten, die tatsächliche Kaufkraft des Dollars noch nicht einmal berücksichtigt):

> „UOP faculty members are paid $12 to $17 per hour, about half as much per hour as the average assistant professor in U.S. universities."

University of Phoenix ist kein Vorbild

Eignet sich die University of Phoenix als Konkurrenzmodell zu Präsenzuniversitäten? Drei Faktoren hindern die University of Phoenix daran, in Wettbewerb zu den klassischen Universitäten zu treten: Die Tatsache, daß sie als reiner Weiterbildungsträger nicht mit forschenden Institutionen konkurrieren kann oder muß, das Faktum, daß ihre bisherigen Klienten ausschließlich ältere Berufstätige sind, und schließlich das von der University of Phoenix praktizierte Lohndumping, das den Klientel günstige Preise beschert. Die University of Phoenix ist damit trotz ihres offenbaren Erfolgs nicht das geeignete Objekt, mit dem der Untergang der Präsenzuniversitäten an die Wand gemalt werden kann.

Zwei weitere Gesichtspunkte schränken den Vorbildcharakter der virtuellen Universitäten für den europäischen Markt zusätzlich ein: die Frage der Studiengebühren (s. Martens, Clement et al 2000) und die Nutzung öffentlicher Ressourcen durch privatwirtschaftliche Bildungsträger.

Studiengebühren

Zunächst zu den Studiengebühren: In Europa werden von den staatlichen Universitäten keine Studiengebühren erhoben. Bisher ist selbst das Fernstudium in Deutschland gebührenfrei. Es werden lediglich Kosten für Studienmaterialien erhoben. In der Weiterbildung sind bisher moderate Kostenbeiträge erhoben worden. Die Studiengebühren der virtuellen US-amerikanischen Universitäten betragen zwischen 150 US$ und 8.000 US$ pro Kurs. Derartige Sätze sind für Deutsche und Europäer nicht (noch nicht?) akzeptabel.

Nutzung öffentlicher Resourcen

Dann zur Frage der Nutzung öffentlicher Ressourcen: Eine virtuelle Universität wie UOP macht damit Werbung, daß 100% ihres Studienmaterials online verfügbar ist. Das stimmt und das stimmt zugleich nicht. Es stimmt insofern, als die in den Kursen genutzten Materialien vorhanden sind. Es stimmt nicht, insofern man als Student für eine wirkliche wissenschaftliche Qualifikation mehr lernen und lesen sollte, als in den Unterrichtsmaterialien angeboten wird, sofern wir nicht einer Verschulung Vorschub leisten wollen. Die virtuellen Universitäten können nur dann ein vollwertiges Studium anbieten, wenn sie ihren Studierenden auch den Zugang zu öffentlich finanzierten Ressourcen ermöglichen. Das betrifft vor allem den Zugang zu wissenschaftlichen Bibliotheken und wissenschaftlichen Laboren, aber auch den Zugang zu Praxisfeldern. Da die kommerziellen virtuellen Universitäten aber keinen Beitrag zur Finanzierung dieser Ressourcen leisten, scheinen sie öffentlich finanzierte Leistungen kostenlos in Anspruch nehmen zu wollen.

12.3 Gründe für den Mißerfolg: Übersehene Faktoren

Virtuelle Universitäten als Konkurrenz?

Die Verfechter der virtuellen Universität singen das Lied vom Untergang der Alma Mater. Das „Szenario: Die Universität im Jahre 2005" von Encarnação, Leidhold und Reuter (1999) prognostiziert, daß bereits 2005 über 50% der Studierenden in virtuellen Universitäten eingeschrieben sind, während die klassische Alma Mater auf eine Restgröße schrumpfen wird:

> „Die alte Alma Mater hat in zweierlei Form überlebt – in verringerter Zahl oder auf reduziertem Niveau. Dort wo sie überlebte, hat sie sich ebenfalls um ein Online Angebot bereichert." (135)

Eine solche Tendenz ist nicht zu erkennen. Dennoch wiederholen unsere Hochschulpolitiker die Thesen der Zukunfts„forscher". Sie prognostizieren hohe Anteile für die virtuelle Ausbildung und drohen den klassischen Universitäten einen vernichtenden Verdrängungswettbewerb an, sofern sie nicht auf diesem Instrument spielen. Ich glaube jedoch nicht, daß unsere Präsenzuniversitäten Angst vor der Konkurrenz der virtuellen Bildungsträger haben müssen.

Warum nicht? Die Antwort hat mit der Frage zu tun, wie sich der bisherige Mißerfolg der virtuellen StartUps erklären läßt. Die Verfechter des Virtuellen erklären dies mit Anlaufschwierigkeiten. Doch ich meine, es gibt dafür ganz andere Gründe: Die Motivation der Studienanfänger, die ausbleibende Nachfrage, der fehlende Content, die mangelhafte Didaktik, die geringe Übertragbarkeit und Wiederverwendbarkeit der Lernmaterialien und die ungeklärten Copyright-Fragen. Ich werde im folgenden versuchen, einige dieser Gründe kurz darzustellen.

12.4 Motivation von Studienanfängern

Soziale Faktoren sind wichtiger

Studienanfänger scheinen von ganz anderen Motiven beherrscht zu werden als den von den Machern virtueller Universitäten angenommenen (unterstellt werden Karrierebewußtsein, Streben nach der besten Ausbildung, Zeit- und Ortsungebundenheit, Mobilität). Es ist aus vielen Befragungen von Erstsemestern bekannt, daß die vordringlichsten Ziele von Studienanfängern soziale Ziele sind. Sie wollen vor allem Kontakt, Kontakt zu Kommilitonen, zu realen Lerngemeinschaften und zu ihren Professoren. In einer virtuellen Universität hingegen bleiben der Lehrkörper und die Mitstudierenden in bestimmter Hinsicht stets unpersönlich und anonym, selbst wenn mit Chats, virtuellen Cafés und Videokonferenzen versucht wird, dem Defizit zu begegnen. Hohe Abbrecherquoten mögen denn auch zum großen Teil darauf zurückzuführen sein, daß der soziale Kontakt nicht ausreichend gefördert wurde, trotz Einsatzes von Tutoren und virtuellen Sprechstunden. Nur die wenigsten Bildungswilligen sind an rein virtuellen Studiengängen interessiert. Dies bestätigen Brockhaus, Emrich et al (1999) in ihrer Untersuchung an 18 bis 24 jährigen Studierenden (S. 153).

Für Studienanfänger scheinen mir die Bedingungen des virtuellen Studiums zudem wenig förderlich zu sein, vor allem, weil es schwierig ist, virtuell Studierfähigkeit zu erwerben. Es scheint mir auch problematisch zu sein, Propädeutik virtuell vermitteln zu wollen, also Lernfähigkeit und Lernstrategien, heuristische Fähigkeiten etc. Schon aus diesem Grunde würde ich es vermeiden wollen, Studienanfänger gleich in ein virtuelles Studium aufzunehmen. Es erscheint mir viel vernünftiger, wenn Präsenzstudium und virtuelles Studium sich eine unterschiedliche Klientel suchen, wobei es gleitende Übergänge zwischen beiden geben kann, also beispielsweise fortgeschrittene Studierende einer Präsenzuniversität zu einer virtuellen Universität überwechseln oder zumindest Angebote virtueller Universitäten zusätzlich wahrnehmen.

Anforderungen und Studienverhalten	An das Studien- und Lernverhalten von Studierenden in virtuellen Lernumgebungen werden hohe Anforderungen gestellt. Ein hohes Maß an Leistungsmotivation, Lernfähigkeit und vor allem Selbständigkeit im Lernen und Selbstdisziplin wird erwartet und vorausgesetzt, da die sozialen Situationen fehlen, in denen sich derartige Fähigkeiten und Einstellungen kommunikativ entwickeln könnten. Es ist deshalb absehbar, daß ein relativ hoher Prozentsatz der Studierenden diese Hürden nicht nehmen wird. Die Abbrecherquoten im Präsenzstudium sind in einigen Fächern erschreckend hoch. Im Fernstudium sind die Abbrecherquoten bekanntermaßen noch höher. Man nimmt sehr viele Studierende auf, aber nur wenige bestehen das Studium. Man hat dieses stets in Kauf genommen, weil die Fernuniversitäten mit den Berufstätigen ja eine zusätzliche Klientel gewinnen sollen, und zwanzig Prozent einer großen zusätzlichen Klientel ist immerhin noch eine Menge. In der virtuellen Lehre und in Online-Seminaren aber kann man ähnlich hohe Dropoutraten feststellen (Astleitner und Baumgartner 2000, S. 167ff.). Dies darf aber bei virtuellen Universitäten nicht in Kauf genommen werden, wenn sie mit den Präsenzuniversitäten um Erststudierende konkurrieren wollen.

Ich vermute aus den genannten Gründen, daß sich vor allem fortgeschrittene Studierende, berufstätige Studierende und verheiratete Studierende für ein virtuelles Studium interessieren werden. Die virtuelle Universität lebt nicht von den klassischen Präsenzstudenten, nicht einmal von den klassischen Fernstudenten, sondern „from the growing base of parttime and nontraditional students, not the flood of campusbound 18 to 24 year olds" (Blumenstyk 1998). Was uns als virtuelle Universität präsentiert wird, ist also jeweils genau auf seine Angebotsstruktur hin zu befragen, bevor man sich von den großen Zahlen beeindruckt zeigen sollte. Eine virtuelle Universität wie die UOP steht demnach nicht in Konkurrenz oder in einem Verdrängungswettbewerb mit Präsenzuniversitäten.

Die Konsequenz wäre, daß virtuelle Universitäten vorwiegend Weiterbildung anbieten und gezielt Berufstätige mit einer bereits arrivierten Position als Kunden suchen müßten. Wenn diese These zutrifft, müßten virtuelle Universitäten zukünftig hauptsächlich Ergänzungsstudien, Kurzstudien oder einzelne Online-Seminare anbieten, da die berufstätige Klientel es gewohnt ist, gezielt spezielle Kenntnisse vermittelt zu bekommen. Eine solche Strategie würde sich auch mit der kommerziellen Natur der virtuellen Lehre vertragen, da die Berufstätigen und deren Arbeitgeber für die Weiterbildung finanziell aufkommen. Der Vorsitzende der GMD, Dionysios C. Tsichritzis, vertrat bei einer Anhörung vor der Bund-Länder-Kommission für Bildungsplanung sogar die

Ansicht, daß aufgrund der hohen Kosten für die Produktion von Multimedia die Strategie der Virtualisierung bei der Weiterbildung beginnen müsse:

> „Nur in der Weiterbildung läßt sich relativ schnell Geld verdienen. Die teure Produktion von Multimedia muss finanziert werden, also wird sie über die Weiterbildung laufen müssen. Man fängt mit der Weiterbildung an, um genü gend Geld zu verdienen und um Erfahrungen im Multimediageschäft zu krie gen, und setzt die Produkte dann vielleicht langsam auch in den grundständigen Studienangeboten ein." (BLK 2000, S. 14)

12.5 Annahmen zur Nachfrage nach Weiterbildung

Reine virtuelle Ausbildung nicht erwünscht

Selbst Personalmanager von kleinen und mittleren Betrieben (KME) scheinen von den Qualitäten eines virtuellen Studiums nicht überzeugt zu sein, obwohl sie dadurch in erheblichem Maße Reisekosten und sonstige Kosten für die Infrastruktur sparen würden. Wie häufig wird von Protagonisten der virtuellen Universität behauptet, daß es eine steigende Nachfrage nach Bildungsangeboten für das lebenslange Lernen und einen ständig wachsenden Weiterbildungsmarkt der Wissensgesellschaft gäbe. Angesichts solcher Argumentationen sollte man sich die Ergebnisse der Teleman-Studie in die Erinnerung rufen.

Die Teleman-Studie (Marien, Martin et al 1998; www.teleman.org/teleman/results.htm) wurde als Europäisches Projekt in Telematics von einer Gruppe europäischer Forschungsinstitute durchgeführt, darunter dem Fraunhofer Institut für Arbeitswirtschaft und Organisation (IAO) in Stuttgart. Das Projekt befragte 1.000 Personalmanager kleiner und mittlerer Betriebe (SME = small and medium enterprise) hinsichtlich der Nachfrage nach berufsbezogener Weiterbildung.

Die Ergebnisse dieser Studie müßten die Macher virtueller Universitäten ernüchtern, die Weiterbildungsmaßnahmen für Berufstätige anbieten wollen. Denn erstens nutzt die Mehrheit der Befragten die Möglichkeiten der virtuellen Weiterbildung nicht, und zweitens äußerten 76% der Befragten eine deutliche Präferenz für eine Mischung aus Präsenzlernen und Online-Lernen. Es ist also offenbar keineswegs so, daß die Wirtschaft ungeduldig auf das virtuelle Lernen wartet, um Geld und Zeit zu sparen, im Gegenteil, den für die betriebsinterne Weiterbildung verantwortlichen Personalmanagern ist der Wert und die Nicht-Ersetzbarkeit des sozialen Lernens in realen Gruppen bewußt, selbst angesichts höherer Kosten. Möglicherweise ist der Bedarf an Weiterbildung nicht beliebig steigerbar (s. Clement und Martens 2000).

12.6 Defizitäre Inhalte und didaktische Modelle

Die Content-Entwicklung, die für den in virtuellen Ausbildungsangeboten benötigten Inhalt sorgen soll, hinkt weit hinter der technischen Entwicklung her, und wo Content entwickelt wurde, hat er häufig mangelhafte didaktische Qualität. Dies hat seinen Grund darin, daß rasch ins Netz gestellt wird, was bereits verfügbar ist, was aber ursprünglich nicht für den webbasierten Einsatz konzipiert wurde.

Fehlende Inhalte, schlechte Didaktik

Die Masse der Unterrichtsmaterialien der virtuellen Universitäten besteht aus Texten, aus Vorlesungsskripten, gedruckten Lehrbüchern, Aufsätzen bzw. rasch erstellten Lernmaterialien im Hypertext-Format. Versuche, diese textlastige Welt im Internet durch Bilder, Filme, Animationen und JavaApplets anzureichern, sind rar. Und wenn versucht wird, Multimedia-Komponenten in die mit Text vollgestopften Hypertexte zu integrieren, dann handelt es sich in der Regel um statische illustrative Abbildungen, selten um dynamische Visualisierungen, und nur ganz wenige Beispiele bieten interaktive Komponenten an, mit denen die Inhalte variiert und der Output manipuliert werden kann. Die didaktische Unterstützung des Lernprozesses durch kognitive und konstruktive Werkzeuge ist minimal. Das größte Defizit der Lernumgebungen in der virtuellen Lehre bilden interaktive Anwendungen auf dynamischen Seiten, mit denen Studierende Daten und Objekte manipulieren und neue Daten und Objekte generieren können.

Selbst wenn man sich mit der Integration von Multimedia-Komponenten Mühe gibt, so läßt sich doch durchweg feststellen, daß die Struktur der Inhalte in den meisten Fällen bei einer expositorischen Darstellung stehengeblieben ist. Die Repräsentation der Inhalte bleibt deduktiv wie in Lehrbüchern, das didaktische Konzept, wenn denn eines angestrebt wird, ist instruktionalistisch. Die neuen Möglichkeiten des netzbasierten Lernen müßten aber zu alternativen didaktischen Konzepten führen, die das kognitive und selbständige Lernen unterstützen, also zum explorativen oder entdeckenden Lernen beispielsweise oder zu konstruktivistischen Modellen (Schulmeister 1997; Clancey 1997). Beispiele dafür lassen sich in virtuellen Universitäten an einer Hand abzählen.

Häufig wird von den Autoren der webbasierten Lehrmaterialien darauf verwiesen, daß man Lehrtexte durch Fragen und Tests „interaktiv" gemacht habe. Sofern Skripte im Internet durch didaktische Anteile für Übungen und Rückmeldung ergänzt werden, lassen sich immer wieder schlichte Rückgriffe auf überholte didaktische Konzepte und Modelle des Lernens aus der Frühzeit der

Lernsysteme in den 60er Jahren feststellen (Lückentexte, Multiple-Choice-Tests, Satzergänzung, Zuordnung, Klassifikation). Dieser Trend wird unterstützt durch die von vielen Lernplattformen den Autoren angebotenen Testformen: „Möglicherweise findet eine schlechte Didaktik lediglich eine andere (virtuelle) Plattform." (Martens, Clement et al 2000, S. 236ff.) Gerade für Übungen zum Selbstlernen, Tests zur Selbstüberprüfung und Rückmeldungen scheint den meisten Multimedia-Autoren nicht viel einzufallen.

Die didaktische Phantasie bleibt der Schwachpunkt der virtuellen Lehre (Schulmeister 1997, S. 415ff.). In den neuen staatlichen Förderprogrammen in Deutschland, in Österreich und in der Schweiz ist die Qualität der Lehre eines der wichtigsten Ziele. Qualität der Lehre oder hochschuldidaktische Qualität hätte immer schon ohne Multimedia und eLearning ein wichtiges Ziel der Hochschullehre sein können. Sie wurde aber in den letzten Jahrzehnten nicht besonders gefördert. Heute erlebt die Hochschuldidaktik eine Renaissance, leider aber nur im Zuge der Vermarktung von eLearning. Betrachtet man den Trend zur virtuellen Universität näher, so ist sicher nicht die didaktische Innovation der Motor der politisch angeheizten Situation auf dem virtuellen Markt: „Man kann auch vermuten, daß weniger das Ziel einer verbesserten Lehre als vielmehr gesellschaftliche und wirtschaftliche Rahmenbedingungen des Computer-Einsatzes in der Hochschullehre die treibende Kraft der Multimedia-Diskussion bilden." (Martens, Clement et al 2000, S. 238)

12.7 Sektorale Rolle der virtuellen Angebote

Nicht jedes Studienfach ist virtuell lehr und lernbar

Was in der Diskussion über virtuelle Universitäten häufig übersehen wird, ist die Tatsache, daß die virtuellen Bildungsträger sich nur auf einen für profitabel gehaltenen Sektor von Studiengängen einschießen. Die kompletten Studiengänge, die im Internet am häufigsten angeboten werden, sind Nursing und Business Administration, zu denen nun sinnigerweise auch europäische Anbieter konkurrierende Angebote entwickeln wollen. Angebote im Bereich der Lehrerausbildung, in den Geisteswissenschaften oder in den sozial- und kulturwissenschaftlichen Fächern finden sich hingegen ausgesprochen selten. Und wenn schon Geschichtswissenschaft oder Politikwissenschaft angeboten wird, dann in einer derart provinziell amerikanischen Variante, beschränkt auf amerikanische Geschichte und Politik oder Kultur des Pazifik-Raumes, daß eine internationale Vermarktung ausgesprochen unklug wäre. Virtuelle Universitäten können schon deshalb keine Konkurrenz zu Präsenzuniversitäten sein, weil sie sich auf ein enges Segment „machbarer" Studiengänge beschränken.

In Fällen, in denen die angebotenen Kurse über dieses marginale Spektrum hinausgehen, besteht allerdings die Gefahr, daß die Grenzen, die einer Virtualisierung von Studienangeboten durch die Natur der fachwissenschaftlichen Inhalte gesetzt sind, überschritten werden. Es werden in Psychologie, Sozialpädagogik, Erziehungswissenschaft, Medizin und anderen Fächern in der Regel nur die Inhalte angeboten, die in virtuellen Umgebungen gerade noch studierbar sind, also vorwiegend die theoretischen, technischen, naturwissenschaftlichen oder methodischen Anteile. Auf diese Weise werden Studiengänge, für die der direkte Umgang mit Menschen in Therapien, im Unterricht, am Krankenbett etc. essentiell ist, auf ein virtuell studierbares Maß zurechtgestutzt, und es werden so völlig andere Qualifikationsprofile erzeugt. Mit diesen Mitteln kann ich keinen psychologischen Therapeuten, sondern nur einen psychologischen Marktforscher ausbilden. Oder aber es werden illegitimerweise in virtuellen Seminaren Inhalte behandelt, die nicht dahin gehören, zum Beispiel Therapiemethoden oder pädagogische Methoden als „Trockenkursus", die in diesem Medium nicht adäquat gelehrt und gelernt werden können. Weil die virtuellen Hochschulen expandieren wollen und dies nur in Konkurrenz zu den Präsenzhochschulen können, besteht die Gefahr, daß sie diese Wege dennoch beschreiten werden.

12.8 Mangelnde Wiederverwendbarkeit der Lernmaterialien

Re Usability der Lernobjekte

Als eine wichtige Begründung für die Virtualisierung der Bildungsangebote wird häufig die Wiederverwendbarkeit (Reusability) der Inhalte genannt, die langfristig dazu führen könnte, die virtuelle Ausbildung kostengünstiger zu gestalten. Die Reusability der Inhalte virtueller Ausbildungsangebote ist heute niedrig, vermutlich niedriger als die Reusability von traditionellen Lehrbüchern und auf jeden Fall weit niedriger als die von Filmkonserven. Und vielleicht ist sie auch kein gültiges Kriterium für die Zukunft. Die Diskussion um Metadaten, die vielleicht zur Interoperabilität von Inhalten beitragen könnten (LOM, Dublin Core, Ariadne etc., s. Schulmeister 2001, S. 146ff.), befindet sich noch ganz am Anfang und vermag auf längere Sicht noch keine Übertragbarkeit zu gewährleisten, zumal die international vereinbarten Standards keine Metadaten für die Content-Klassifikation fachspezifischer Inhalte oder Metadaten für die pädagogisch-didaktischen Verwendungskriterien mit einschließen werden, weil man sich in diesem komplexen Gebiet vermutlich nicht auf gemeinsame internationale Standards einigen kann. Diejenigen Metadaten, die in den bisherigen Entwürfen als „pädagogische" bezeichnet werden, verdienen diesen Namen jedenfalls nicht (Schulmeister 2001, S. 148).

Und selbst in dem Fall, daß man sich international auf gemeinsame Standards einigen sollte, werden die Regeln privatwirtschaftlichen Handelns und damit die Preise für Content einer Wiederverwendbarkeit und Übertragbarkeit von Inhalten und didaktischen Arrangements entgegenstehen. Die virtuellen Universitäten beanspruchen das Copyright über die Lehrmaterialien ihrer Lehrbeauftragten. Die Lehrenden hingegen möchten das Urheberrecht für ihre Lehrmaterialien behalten. Zu dieser Frage laufen bereits einige Prozesse. Darüber habe ich an anderer Stelle schon berichtet (s. Schulmeister 2001, S. 159ff.).

12.9 Akkreditierung

Virtuelle Studiengänge machen nur Sinn, wenn sie stark modularisiert sind. Eine Modularisierung aber setzt zwangsläufig ein anderes Leistungsbewertungssystem wie beispielsweise ein Credit-Point-System voraus. Credit-Point-Systeme ihrerseits machen nur dann Sinn, wenn sie einen Transfer erlauben, also zwischen den Hochschulen anerkannt und austauschbar sind. Dafür stehen uns außer der Zentralen Evaluations und Akkreditierungsagentur Hannover (ZevA; www.zeva.unihannover.de/) noch keine Akkreditierungsinstanzen zur Verfügung. Sofern existierende Hochschulen virtuelle Angebote machen, die sich an ihre eigene Klientel richtet, haben sie kein Akkreditierungsproblem, sofern sie aber externe Angebote machen, die zu bestehenden Studiengängen nicht kompatibel sind, muß die Akkreditierungsfrage noch gelöst werden.

Ist ein Credit Point System geeignet?

Der Credit-Point-Transfer führt wahrscheinlich zu einem anderen Studierverhalten, das auf der Ungebundenheit und Mobilität der Studierenden aufbaut. Es ist also nicht gesagt, daß ein Studierender einen Studiengang, den er an einer Universität begonnen hat, auch an dieser abschließen muß. Dafür entsteht dann neu die Problematik, welche individuelle Kollektion von Credit-Points ein sinnvolles berufsqualifizierendes Curriculum ausmacht und mit einem Abschlußzertifikat bescheinigt werden kann.

12.10 Behauptungen zum Mehrwert virtuellen Lernens

Es wird immer wieder behauptet, daß virtuelles Lernen einen didaktischen Mehrwert habe. Daß Menschen zeitunabhängig und ortsunabhängig studieren können, ist bereits ein konstitutives Merkmal der Fernuniversitäten, von denen einige enorme Anstrengungen unternommen haben, ihren Studierenden mit Satellitenverbindungen, verteilten Fernstudienzentren und seit einem Jahrzehnt auch mit digitalen Medien unterstützend entgegen zu kommen. Ich bin in meinen bisherigen Experimenten mit virtuellen Seminaren eher zu dem gegenteiligen Schluß gekommen, daß man als Hochschullehrer enorme zusätzliche Anstrengungen unternehmen muß, um sicherzustellen, daß ein virtuelles Seminar mit all seinen durch die Technik bedingten Einschränkungen annähernd die gleiche Qualität aufweist wie ein Präsenzseminar. Da auch die Studierenden meiner Präsenzseminare die Möglichkeiten der asynchronen Kommunikation per Email oder in Foren nutzen können, bestünde der Vorteil virtueller Seminare für sie ausschließlich in der synchronen Kommunikation über Lernplattformen. Und diese stellt eher eine „Krücke" als eine Bereicherung dar, jedenfalls für Studierende in Präsenzuniversitäten.

Günstige Betreuungsrelationen — Was immer wieder übersehen wird, wenn die „positiven" Aspekte der virtuellen Lehre betont werden, z.B. die Möglichkeiten, individuell auf einzelne Lernende einzugehen, sind die günstigen Betreuungsrelationen (z.B. 1:12) virtueller Universitäten, die mit Hilfe der Studiengebühren ermöglicht werden, und der vermehrte Einsatz von Tutoren selbst für kleinste Lerngruppen. Wenn ich in einer Präsenzuniversität nur Lehrveranstaltungen für 10 12 Studierende anbieten könnte und selbst in derart kleinen Gruppen noch Tutoren einsetzen kann, könnte ich meinen Studierenden eine ähnlich intensive Betreuung angedeihen lassen wie in virtuellen Universitäten.

12.11 Gründe für den Einsatz virtueller Umgebungen

Fernstudierende — Ein Argument für die virtuelle Universität scheint mir über jeden Zweifel erhaben: Eine im Netz angebotene Lehre stellt eine erhebliche Verbesserung der Studiensituation von Studierenden einer Fernuniversität dar. Sie erhalten auf digitaler Basis bessere, teilweise multimedial aufbereitete Studienmaterialien anstelle der gedruckten Studienbriefe. Sie können im Netz jederzeit Kontakt zu Kommilitonen, Tutoren und Dozenten aufnehmen. Sie haben viel kürzere Rückmeldezeiten durch Chat, Email und Foren. Aber in dem Maße, in dem die virtuelle Lehre eine Verbesserung der Situation für Fernstudenten bedeutet, würde sie keine Verbesserung, sondern eher eine Verschlechterung der Studiensituation für Studierende von Präsenzuniversitäten mit sich bringen, denn diese Mittel, Medien und Methoden stehen den Studierenden einer Präsenzuniversität ohnehin zur Verfügung. Und sie haben darüber hinaus den Vorteil, sich real in Gruppen treffen und ihre Professoren persönlich kennenlernen zu können.

Teilzeitstudierende Ein weiteres Argument für die Integration virtueller Lehre in die Lehre der Hochschulen scheint zutreffend zu sein, nämlich daß wir für die sich verändernde Studierendenschaft zukünftig mehr zeit- und ortsunabhängige Lehrangebote vorsehen müssen. Wir stehen in den Präsenzuniversitäten vor der Notwendigkeit, neue Lehr-Lernformen und eine neue Studienorganisation für Teilzeitstudierende anzubieten, weil sie immer mehr den Habitus von Fernstudenten annehmen, beruflich oder privat gebunden sind, sich auf den regelmäßigen Rhythmus von Tagesveranstaltungen nicht mehr einlassen wollen und sowohl örtlich als auch zeitlich unabhängig studieren wollen. Teilzeitstudierende stellen einen wachsenden Anteil an der Studierendenschaft. Für sie können virtuelle Veranstaltungen echte Vorteile bedeuten, ohne sich von der Präsenzuniversität verabschieden zu müssen.

Die Fernuniversitäten durch virtuelle Formen modernisieren und mehr virtuelle Lehre zur Bereicherung der Präsenzlehrveranstaltungen in Präsenzuniversitäten erproben und einführen — dies sind zwei praktische Konsequenzen, die sich aus der Diskussion um die Virtualisierung des Hochschulwesens ziehen lassen. Kommerzielle virtuelle Universitäten hingegen, die weder eine Grundlage in einer Fernuniversität noch in einer klassischen Alma Mater haben, scheinen keine allzu rosigen Erfolgsaussichten zu haben.

ANHANG 1
Erfahrungen mit SABA

INSTALLATION

Saba wurde in Java implementiert und benötigt entsprechende Serversoftware (TomCat). Die Installation von Saba ist sehr komplex. Saba wurde mehrfach installiert, und es wurden mehrfach Umgebungsvarianten (Datenbank, Tomcat etc.) ausgetauscht. Während des Installationsprozesses hat Saba dann eine neue Version geschickt, da die uns vorliegende Version nicht mit der neuesten Oracle Version kompatibel war. Dies geschah aber erst, nachdem wir schon mehrere Tage mit der Installation beschäftigt waren. Schließlich mußten wir Personal von Saba einfliegen lassen, damit das System nach einem langen Tag wenigstens abgespeckt zum Laufen gebracht werden konnte.

Das fehlerfreie Funktionieren des Systems hängt maßgeblich von der richtigen Konfiguration der einzelnen Software-Basiskomponenten ab und erfordert internes Wissen über die Plattform. Zur Administration des Serversystems ist eine ausführliche Schulung erforderlich,die Grundwissen in JRun, TomCat und in der Administration eines Oracle Servers voraussetzt.

Die Installation für das EVA:LERN-Projekt im Regionalen Rechenzentrum der Universität wurde laut Saba Software nicht richtig konfiguriert, die Oracle

Datenbank wurde nicht richtig eingerichtet, so daß die Foren viel zu langsam liefen. Genau spezifizieren konnte Saba den Fehler allerdings nicht, so daß er aufgrund des Zeitdrucks auch nicht behoben werden konnte.

KONFIGURATION UND ADMINISTRATION

Zur Administration von Grundeinstellungen des Serversystems ist ein Webzugang vorhanden. Dieser ermöglicht aber nur das Bestimmen von grundlegenden Systemparametern, nicht aber das Konfigurieren von Inhalten, der Benutzer, Rollen und Rechte.

Zur Konfiguration und Administration ist ein spezieller Client erforderlich, der von Saba erst nachträglich geliefert wurde. Er besteht aus 5 einzelnen Programmen, die jeweils unterschiedliche Funktionalität mitbringen und leider nur unter Windows laufen. Diese Programme sind in ihre Aufgabengebiete (Rollen) unterteilt, die von Saba fest vorgegeben sind. So ist das Einrichten von Benutzern nur mit dem Sales & Marketing Manager möglich, die Rollenverteilung wiederum nur mit dem Administrationsprogramm.

Die Benutzerinterfaces der Administrationsprogramme sind recht rudimentär und erlauben nur die notwendigsten Funktionen. So kann ein Client mehreren Gruppen nicht in einem Schritt zugeordnet werden, sondern nur nacheinander.

Für die Installation des Managers war die Installation eines Oracle-Clients notwendig, der auf der CD-ROM leider nicht mitgeliefert wurde. Das Installationspaket hatte eine Größe von ca. 270 MB. Für die Installation dieses Clients wurden nochmals 1,2 GB Festplattenplatz benötigt. Ohne diese Komponente war der Saba Manager nicht funktionsfähig. Die Installation erwies sich als schlecht dokumentiert, so daß wir hierfür nochmals den Support von Saba in Anspruch nehmen mußten. Allein die Installation des Clients hat einen Aufwand von mehr als 12 Stunden verursacht.

HERSTELLER-SUPPORT UND LMS-EINFÜHRUNG

Der Hersteller war sehr bemüht, ein gutes Bild seines LMS bei unserem Projekt abzugeben. So kam von Saba die bei weitem ausführlichste Dokumentation. Leider entsprach der Installationsaufwand dem Umfang der Dokumentation, so daß die im obigen Abschnitt beschriebenen Probleme auftraten.

Wir hatten die Ziele für die Schulung der Teilnehmer im Vorfeld festgelegt. Dennoch wurde die Schulung weitestgehend dazu genutzt, Anwendungskonzepte und Begriffsbestimmungen von Saba zu klären, anstatt auf die Belange der Teilnehmer einzugehen und die Arbeit mit dem System, insbesondere die Einbindung von Inhalten und Lernobjekten, zu demonstrieren.

BESCHREIBUNG DES LMS

Das System hat seine eigenen Begriffe und Regeln, die deutlich aus dem kommerziellen Bereich kommen. Kurse werden zu Paketen zusammengefaßt und als Produkte verkauft, die dann vom Kunden gebucht werden müssen. Hierbei treten Benennungsunstimmigkeiten auf wie die Angabe einer Produktgruppe (nicht Paketgruppe) zu einem Paket, die den Umgang mit dem System erschweren.

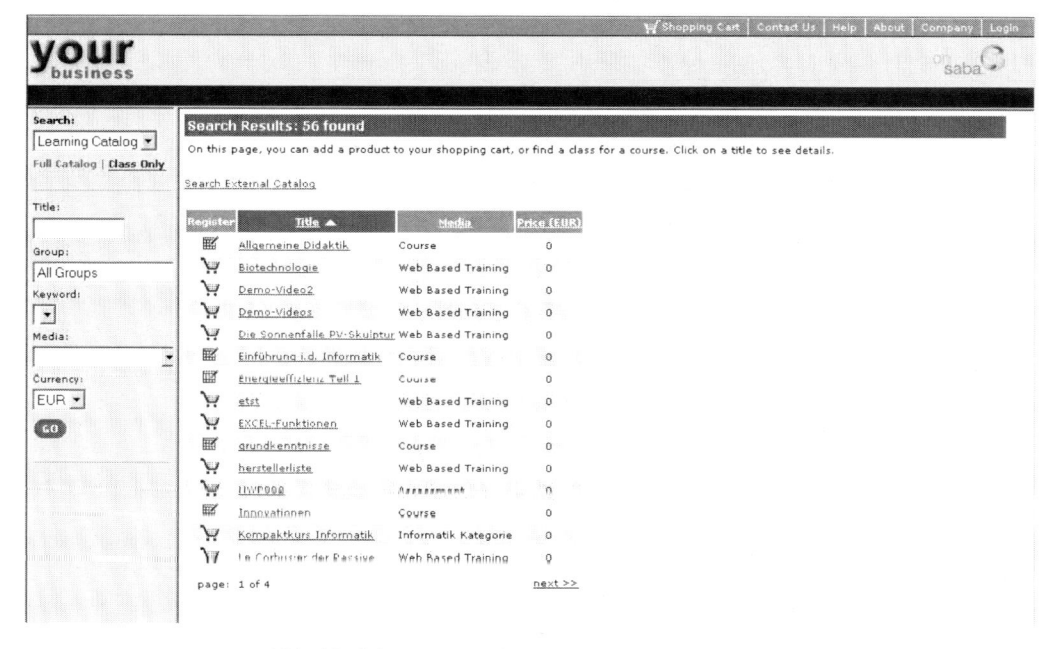

Abb. 45 Saba Kursverzeichnis

Dieser vorgegebene Aufbau kann laut Saba auch individuell angepaßt werden, was aber einen erheblichen Aufwand darstellen wird, da schon die „einfache"

Konfiguration des Systems sehr komplex ist. Jede Anpassung, die seitens des Herstellers vorgenommen wird, muß gesondert bezahlt werden.

Kurse können mit sehr vielen Informationen versehen werden. Pre- und Postbedingungen, Zertifizierung, Benotung, Äquivalente Kurse, Ressourcen, etc. In Saba stellt ein Kurs aber lediglich die Metainformationen eines Kurses, nicht aber seinen Inhalt dar. Der Kursinhalt wird in Saba als Content bezeichnet und kann lediglich über Links an den Kurs angeheftet werden. Man ist also gezwungen den Kursaufbau (Struktur) mit eigenen Werkzeugen zu realisieren.

Präsenzveranstaltungen werden in Saba durch „Classes" repräsentiert, die unabhängig von einem Kurs laufen, an diesen aber angebunden sein können.

Rollen und Rechte können in Saba frei definiert werden. Gruppen können mit differenziertesten Rechten versehen werden. So kann das Einrichten einer Gruppe schon mal gut eine Stunde in Anspruch nehmen.

Weiterhin verfügt Saba über eine Ressourcenverwaltung und ein Abrechnungssystem.

Einloggen

Abb. 46 Log In Bildschirm für Saba

Das System verfügt über eine Selbstregistrierung. Ein neuer Benutzer wird einer vorgegebenen Gruppe (Client) zugeordnet und verfügt über die entsprechenden Möglichkeiten. Loggt man sich in das System ein, kommt man auf eine Startseite, die aus drei Bereichen besteht:

Im oberen Frame wird ein Popup-Menü angezeigt, das die Bereiche umfaßt, zu denen der Benutzer Zugang hat. Im Hauptframe wird zunächst der eigene Startbereich (MySaba) angezeigt, der individuelle QuickLinks auf Kurse und Communities, sowie Notizen und Internet-Links enthält.

Je nachdem, welchen Bereich man im Pop-Up Menü des oberen Frames wählt, verändert sich die darunter liegende Menüleiste. Die einzelnen Bereiche sind u.a.:

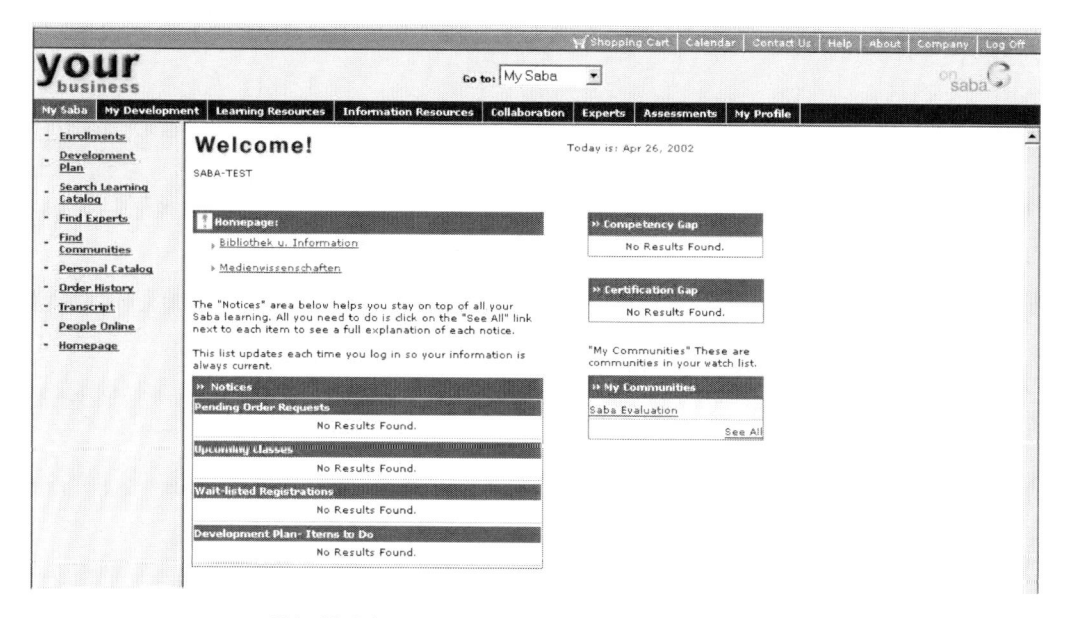

Abb. 47 Die personalisierte Benutzerseite in Saba

- Catalog

    In diesem Bereich werden Produkte, Pakete und Kurse angezeigt, die gebucht bzw. verwaltet werden können.

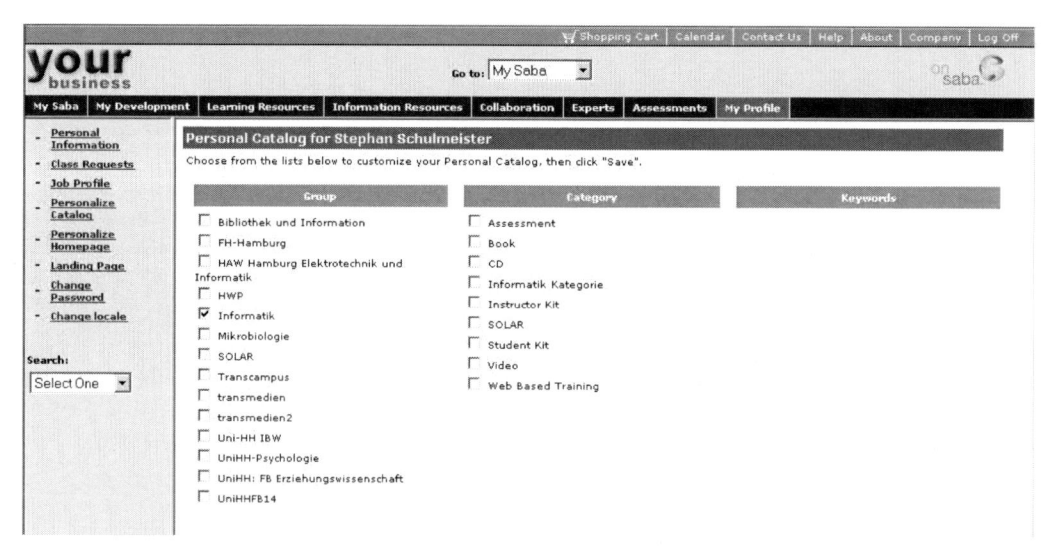

Abb. 48 Ressourcenverwaltung in Saba

- Classes

  In diesem Bereich werden die als Classes bezeichneten Präsenzveranstaltungen angeboten und können verwaltet bzw. gebucht werden.

- Collaboration

  In diesem Bereich befinden sich u.a. die sog. Communities (über Communities werden in Saba die Foren geregelt), die Surveys und der Q&A-Bereich

- Content

  In diesem Bereich kann man die Erstellung und Anbindung von Inhalten vornehmen. Diese Funktion greift immer auf sämtliche Inhalte zu, so daß die Administration zentral geregelt werden müßte! Dies ist eine Kondition, die für Hochschulen kaum praktikabel sein dürfte. Die Bearbeitung umfaßt u.a. die Erstellung von Verzeichnissen und das Uploaden von ZIP-Dateien mit anschließender Dekomprimierung.

- Resources

  In diesem Bereich befinden sich die Ressourcen, die Räume, Lehrmaterialien, Fakultäten, Fachbereiche.

Authoring

Das Authoring ist in Saba mit Hilfe eines Web-Editors möglich, der wie alle anderen Lösungen auch nur rudimentär funktioniert. Zur Erstellung von Inhalten und Tests liefert Saba (gegen Lizenzgebühr) den Saba Publisher, der allerdings auch nur unter Windows läuft. Mit ihm können interaktive Inhalte SCORM konform erzeugt werden, so daß diese auch Daten mit dem LMS austauschen können.

ZUM EVA:LERN-FRAGEBOGEN

Wie fast alle Hersteller hat auch Saba teilweise falsche Angaben im Fragebogen gemacht. Dies betrifft bei SABA vor allem die Angaben zur Administration und zur Benutzerverwaltung des Systems, die zum großen Teil nur über den SABA-Admin zur Verfügung stehen und damit für die Universität nicht brauchbar sind.

Was die einzelnen Angaben im Fragebogen betrifft, so müßte man den Fragebogen umformulieren, um dem SABA LMS gerecht zu werden, da das Konzept von SABA anders aufgebaut ist als es im Fragebogen vorgesehen wurde.

Trotzdem können einzelne Punkte angegeben werden:

- ein integriertes Whiteboard ist nicht vorhanden
- die Contentpräsentation von Studierenden ist nicht vorgesehen („Publish own Content" war aber ein K.O.-Kriterium)
- Tests können nur mit externen Tools realisiert werden.

GESAMTEINDRUCK

SABA gehört zu den komplexeren, funktionsreicheren Systemen, zumindest in den Sektoren Administration und Curriculum-Management. Es ist fast vollständig personalisierbar. Dies bedingt aber auch wesentlich längere Einarbeitungszeiten als bei anderen Systemen. Das Benutzerinterface ist wenig intuitiv und der Administrationsaufwand hoch.

Die Grundstruktur des Systems ist nicht auf universitäre Belange ausgelegt, sondern implementiert ein kommerzielles Weiterbildungsverwaltungssystem für Betriebe. Die SABA Administrationssoftware, die nur unter Windows läuft, sowie weitere Einschränkungen machen die Plattform für Universitäten praktisch unbrauchbar.

LIZENZPREISE

Die Lizenz für SABA Learning Release 4 ist nach Anzahl der User gestaffelt. Für 1.000 bis 7.500 Usern wird ein Preis von 47€ pro User verlangt, d.h. bei 2.500 Usern wären 117.500 € fällig.

Für die weiteren Instrumente wie den SABA Publisher werden jeweils Lizenzen pro Stück fällig von ca. 1.700 US$. Geht man von einer angemessenen Stückzahl aus, liegt SABA zusammen mit der Zusatzsoftware allerdings in derselben Höhe wie CLIX und WebCT.

ANHANG 2

Erfahrungen mit WebCT

INSTALLATION

WebCT

WebCT wurde im Rechenzentrum der Technischen Universität Harburg installiert, das bereits vor Beginn von EVA:LERN eine Testlizenz erworben hatte. Frühere Installationen von WebCT durch nicht speziell geschultes Personal (z.B. am IZHD für das Projekt „Methodenlehre-Baukasten") haben nicht mehr als wenige Stunden in Anspruch genommen. Die Basis von WebCT 3.6 ist noch Perl. Die Version 4 (Codename Vista) hat eine die Portierung auf Java durchgeführt. WebCT versucht, mögliche Probleme beim Umstieg von der Campus-Edition auf die Vista-Version durch eine intensive Beratung und Begleitung der Hochschulen zu vermeiden.

WebCT 3.6 arbeitet noch ohne darunterliegende Datenbank, erbringt aber mit der Textengine selbst bei hoher Frequenz gute Leistungen. Die Version 4 nutzt Oracle als Datenbank. Zur Administration von Grundeinstellungen des Serversystems ist ein Webzugang vorhanden. Dieser ermöglicht das Bestimmen von grundlegenden Systemparametern und die Konfigurierung von Inhalten, Benutzern und Rechten sowie das Anlegen von Kursen, etc.

Hersteller-Support und Einführung in das LMS

Der Distributor war sehr bemüht ein gutes Bild seines LMS bei unserem Projekt abzugeben, und sicherte uns jedwede Unterstützung zu. Die Schulung erfolgte kostenlos und absolut kompetent.

Beschreibung des LMS

WebCT wurde ursprünglich an der University of British Columbia entwickelt. Das System verrät durch sein Konzept noch deutlich den Ursprung aus dem universitären Bereich und die Nähe zur Hochschulausbildung. Das Hauptmerkmal ist der Kurs. Er kann aus verschiedensten Teilen bestehen, die auf sog. Organizerseiten präsentiert werden. Diese Kursteile können über Inhaltsmodule strukturiert und auf Wunsch in der Menüleiste angezeigt werden.

Rollen können in WebCT nicht frei definiert werden. Die Benutzer verfügen aber für die Administration über Bereiche, auf die nur sie Zugriff haben. Als Rollen stehen Administrator, Tutor, Designer und Student zur Verfügung. Ein neuer Benutzer wird einer vorgegebenen Gruppe (Client) zugeordnet und übernimmt damit die Handlungsmöglichkeiten dieser Gruppe.

Kurse müssen durch den Systemadministrator angelegt werden, können aber im Nachhinein vollständig durch den Dozenten oder Autor (in WebCT: Designer genannt) angepaßt werden. Das System erlaubt das Erstellen und automatische Auswerten von verschiedenen Testtypen. Mit einem rudimentären Shell-Programm ist es möglich, Kursinhalte SCORM konform zu verpacken.

Einloggen

Das System verfügt über Selbstregistrierung. Loggt man sich in das System ein, kommt man auf eine Startseite (MyWebCT), die aus den Bereichen : Kursliste und Kursbereich besteht.

- Kursliste

  Diese Liste umfaßt die gebuchten Kurse bzw. die zu verwaltenden Kurse, die Ankündigungen des Administrators und die institutionellen und eigenen Lesezeichen. Wenn man einen Kurs auswählt, gelangt man in den Kursbereich.

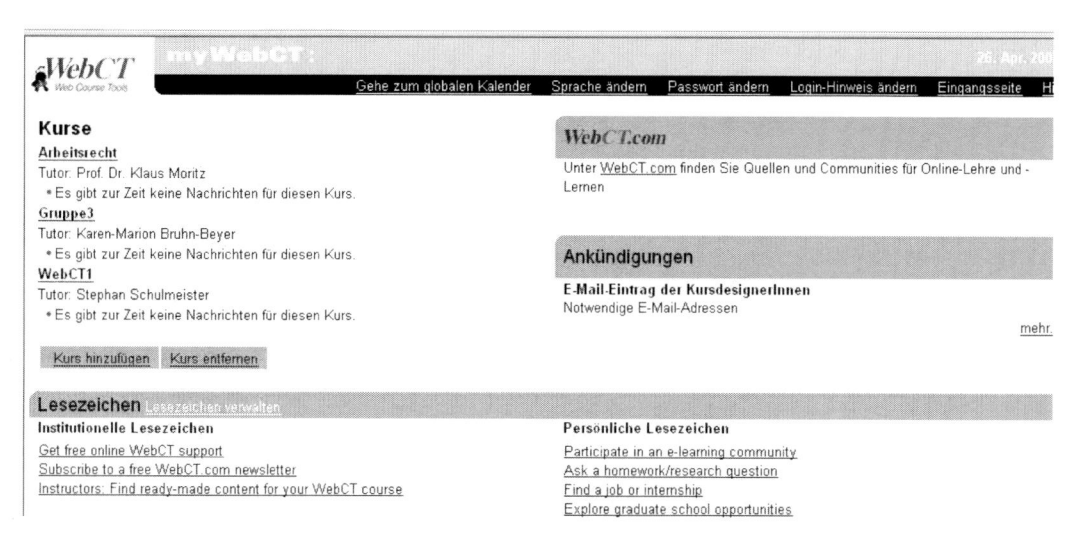

Abb. 49 Startseite für Benutzer: MyWebCT

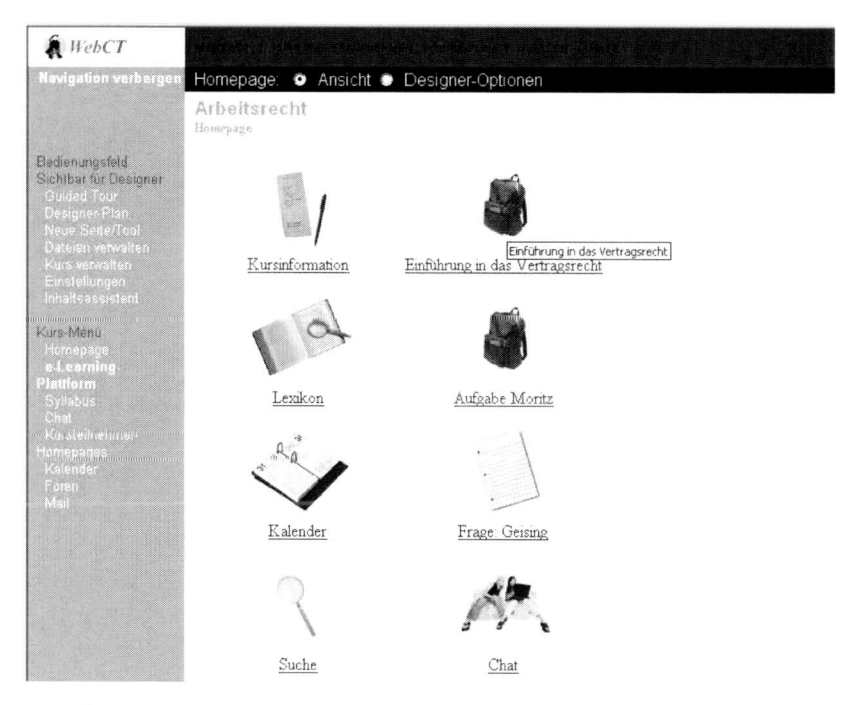

Abb. 50 Homepage eines Kurses mit Inhalt und Werkzeugen

- Kursbereich

  Der Kursbereich besteht aus der Kurs-Menüleiste auf der linken Seite, die durch den Kursautor individuell aufgebaut werden kann, sowie dem Bereich mit den Kursinhalten (in WebCT Organizerseiten genannt).

  Die Kursbestandteile können u.a. von folgenden Typen abgeleitet werden:

- Kursinhalt und verwandte Tools

  Inhaltsmodul, Lehrplan, Glossar, Suche, Graphik-Datenbank, Kalender, Index, CD-ROM, Kompilieren, Kurs wiederaufnehmen (Resume)

- Kommunikationswerkzeuge

  Foren, Mail, Chat, Whiteboard

- Seiten/URLs

  Organizerseite, URL, Einzelseite

- Evaluationstools

  Test/Umfrage, Selbsttest, Meine Noten, Aufgaben

- Lernwerkzeuge

  Mein Fortschritt, Sprache, Kursteilnehmer-Präsentationen, Homepages und Tips für Kursteilnehmer

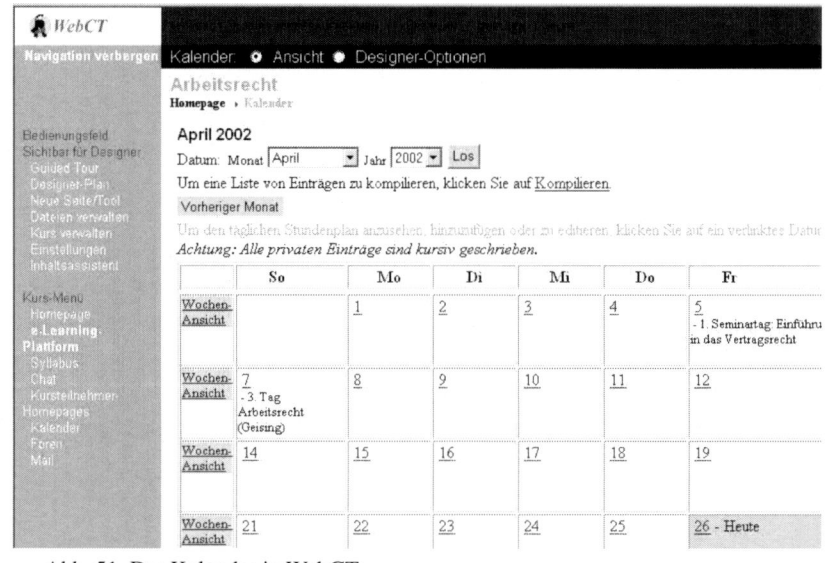

Abb. 51 Der Kalender in WebCT

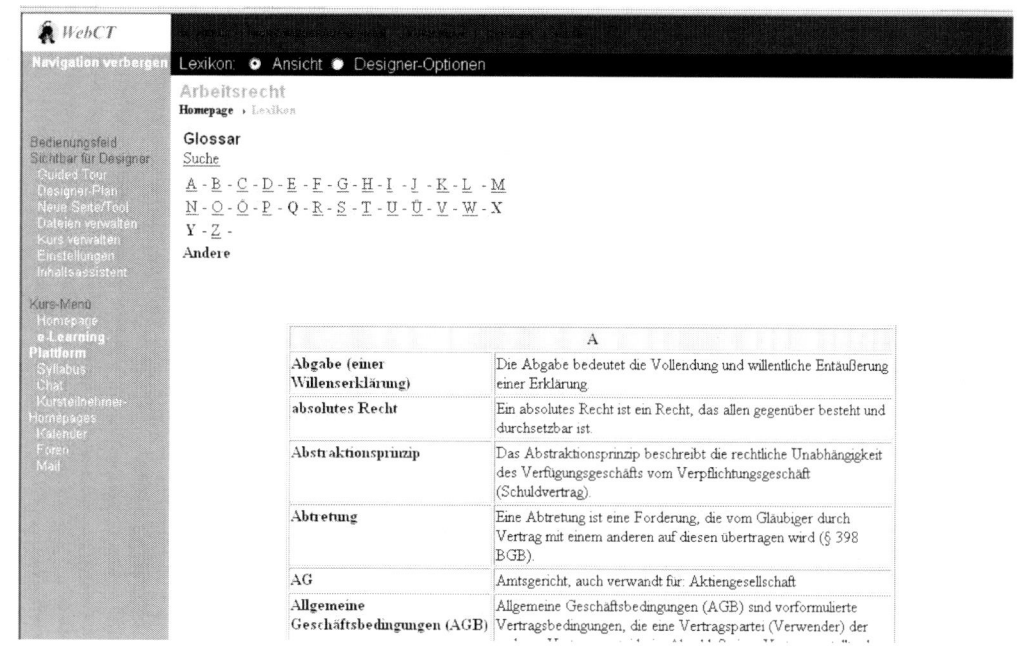

Abb. 52 Das Glossar in WebCT

Ist man als Autor des Kurses eingeloggt, kann man mit einem einfachen Mausklick von der Präsentationsansicht in den Designermodus wechseln und umgekehrt. Dieser Wechsel erfordert in anderen Plattformen zumeist mehrere Schritte und macht es nötig, sich als Designer auszuloggen und erneut als Student einzuloggen. Im Designermodus kann man einzelne Bestandteile der Organizerseiten oder des Kurses bearbeiten, den Kurs individuell strukturieren und im Design anpassen.

Authoring

Wechselt man in den Designermodus, teilt sich die Kursmenüleiste in den Kursteil und in den Designerteil. Im Designerteil erhält man zusätzliche Optionen, z.B. einen Zugang zum Designerplan oder zur Dateiverwaltung.

Abb. 53 Dateiverzeichnis

Der Designerplan bietet einen Gesamtüberblick über die Funktionen des Kursdesigners und funktioniert zugleich als Menü.

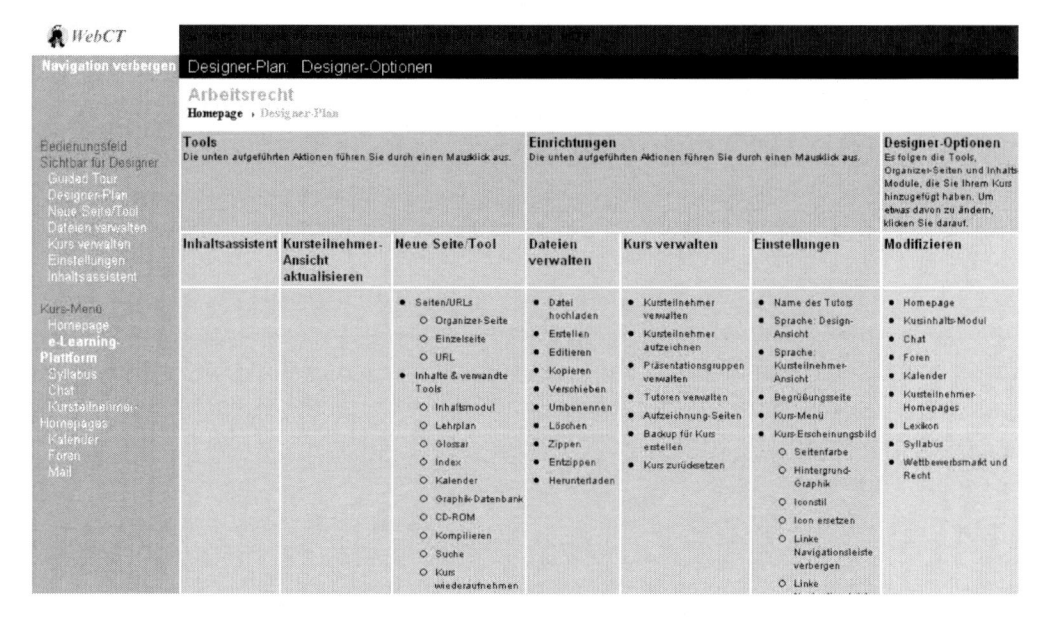

Abb. 54 Designeroptionen in WebCT

Zur Erstellung von HTML-Seiten ist in WebCT ein rudimentärer Web-Editor enthalten. Man kann zur Erstellung von Inhalten jedes andere Programm nutzen, muß sich dann aber bei der Struktur der Seiten an einige Vorgaben halten, ansonsten funktionieren z.B. Navigationsbuttons nicht. Kurspläne, Inhaltsseiten und Tests werden innerhalb von WebCT erstellt.

Hat man einen kompletten Kursinhalt erstellt, kann man diesen als ZIP-Archiv hochladen, vor Ort entpacken und an einen Kursinhalt oder an eine Seite anbinden.

WebCT verfügt über Inhaltsassistenten oder Wizards, die bei der Kursinhaltserstellung behilflich sind.

ZUM EVA:LERN-FRAGEBOGEN

Der Distributor von WebCT für den deutschsprachigen Raum, Lerneffekt, hat den Fragebogen gewissenhaft ausgefüllt. WebCT erfüllt tatsächlich, wenn auch einzelne Punkte unterschiedlich interpretiert werden mögen, alle im Fragebogen erhobenen Kriterien.

GESAMTEINDRUCK

WebCT gehört zu den einfacheren Systemen. Es deckt den Bedarf an universitären Anforderungen aber trotzdem zum großen Teil ab, da es ursprünglich aus diesem Bereich stammt und eine hochschulnahe Anlage besitzt. Ein Pluspunkt ist das intuitive Benutzerinterface, das die Einarbeitung fast ohne Hilfestellung möglich macht. Schwächen gibt es in der Kursverwaltung und Ressourcenverwaltung.

Perspektiven

Bei diesen Funktionen wird die neue Version Vista deutliche Verbesserungen bringen. Der neue Report „Learning Management Systems 2002" von Brandon Hall (2002) deutet an, daß die Bedeutung und die Chancen von WebCT für den Hochschulmarkt eher gewachsen sind (siehe „WebCT" auf Seite 146):

> „Vista should help WebCT to further strengthen its hold in the higher education market, with the more flexible and robust architecture likely to attract the attention of very large universities, institutional consortia, and possibly organizations straddling the corporate and academic sectors, such as professional associations."

ANHANG 3

Erfahrungen mit CLIX

INSTALLATION

CLIX® Campus

Die Installation von CLIX erwies sich als schwierig. Die Oracle-Datenbank mit zwei Instanzen (SABA und CLIX) mußte mehrfach neu eingestellt oder konfiguriert werden. Die Installation kann man insofern als „fehlgeschlagen" bezeichnen als immer noch nicht alle Pfade innerhalb der Konfigurationsdateien auf die Serveradresse verweisen. Das Lesezeichen und der Terminplan sind davon betroffen und funktionieren nicht. Das System scheint im aktuellen Stadium der Installation auch ein wenig anfällig. Die vielen Fehler, die wir im ersten Installationsversuch hatten, resultierten aus einer fehlerhaften Installations-CD. Die Datenbank war nicht mit der Oracle-Version kompatibel, was dem Hersteller zunächst auch nicht bewußt war.

Nach vielem Hin und Her bekamen wir dann eine neue leere Datenbank. Wir erhielten aber leider nur einen leeren Mandanten, so daß alle Projekte im selben Mandanten laufen mußten. Rollen, Rechte und Inhalte sowie Services mußten von uns eingestellt und erdacht werden. Wir waren hierdurch über die Maßen mit Anfragen beim Support der Firma imc beschäftigt. Positiv erwies sich aber immer das Handling des Systems. So konnte man mit Telefonunterstützung einen neuen Medientyp erstellen, der den ZIP-Upload für ein WBT ermöglicht. Um die volle Leistungsfähigkeit des Systems auch nutzen zu können, braucht man allerdings einen sehr gut geschulten und kompetenten Administrator.

Hersteller-Support und Einführung in das LMS

Der Support der Herstellers und die Einführung des EVA:LERN-Teams war kompetent. Mit Hilfe des telefonischen Services konnten die meisten Probleme beseitigt werden.

Beschreibung des LMS

Der Benutzer erreicht die unterschiedlichen Dienste des Systems vom Navigationsframe aus. Einzelne Services werden zusätzlich über die Startseite angeboten. Hier können auch Rubriken wie „Meine Vorlesungen", „Meine Veranstaltungen" oder Nachrichten untergebracht werden.

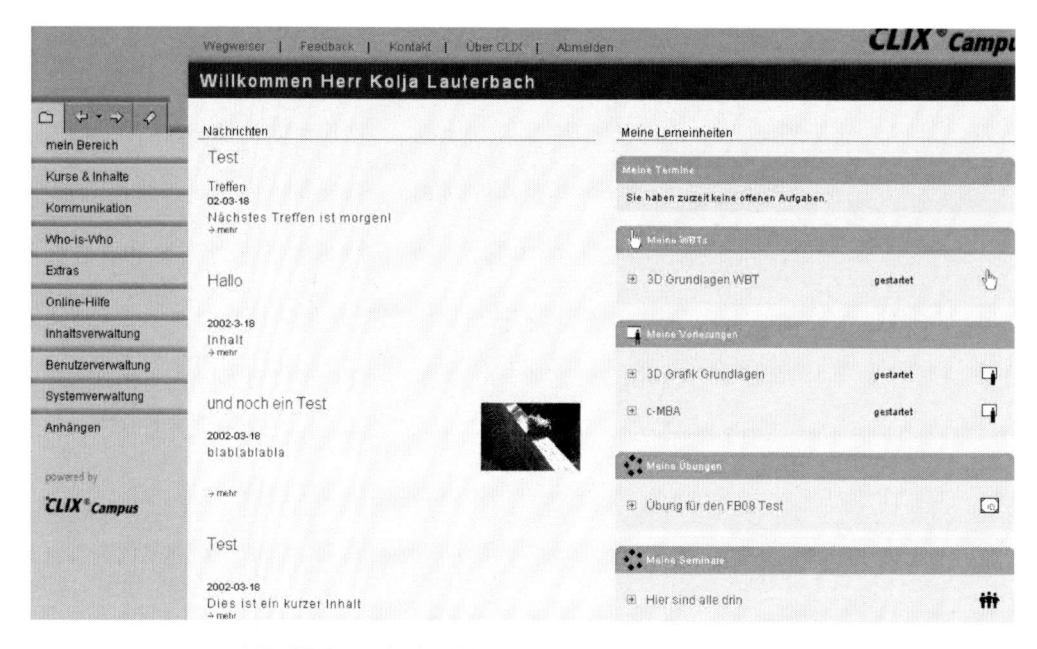

Abb. 55 Startseite in CLIX

Die Menüpunkte des Navigationsframes beinhalten in der Demoversion die Bereiche „Mein Bereich" mit der eigenen Vorlesungsverwaltung, „Adreßbuch", „Nachrichtenverwaltung" und „Kalender". Unter dem Menüpunkt „Kommunikation" gelangt der Benutzer an Chats, Foren und Blackboards.

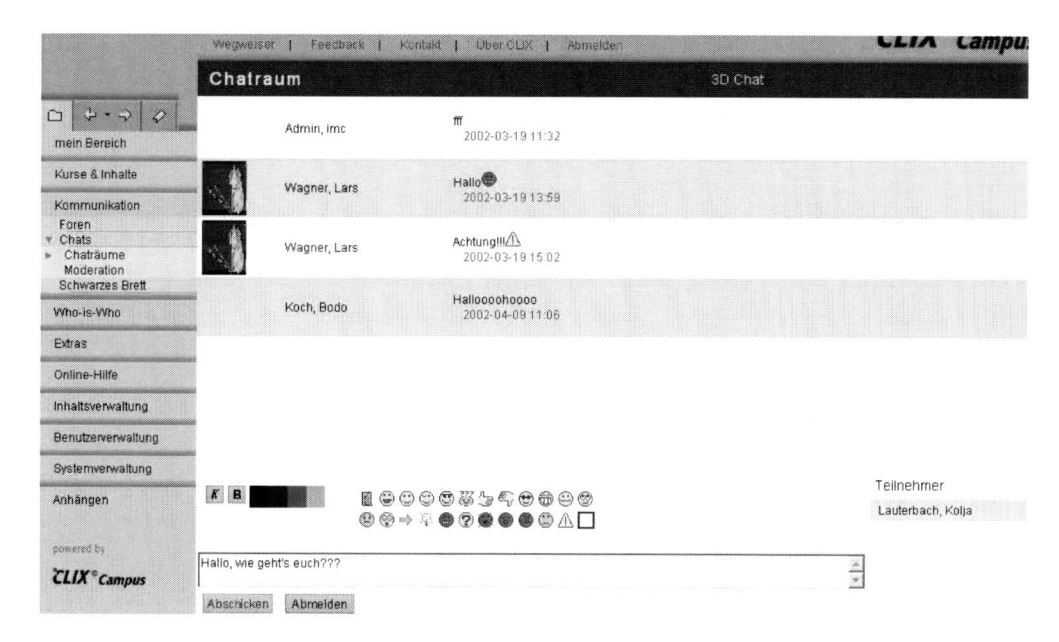

Abb. 56 Chatraum in CLIX

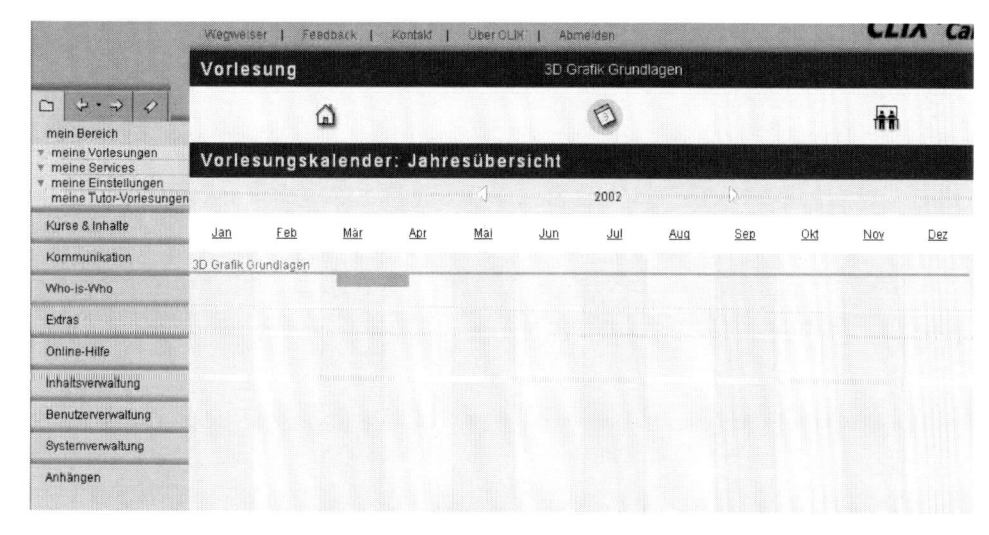

Abb. 57 Kalender in CLIX

Der Bereich „Kurse und Vorlesungen" beinhaltet den Kurskatalog. Das Frontend hinterläßt in dieser Form einen etwas sehr nüchternen Eindruck. Mit den nötigen Kenntnissen kann ein Administrator das Erscheinungsbild anpassen.

Abb. 58 Der Bereich Kurse und Vorlesungen in CLIX

Eine wichtige Rolle bei CLIX spielen die sogenannten CLIX-Gruppen (Rollen-Einrichtung).

Die Gruppen sind hierarchisch aufgebaut. Unter der Hauptgruppe kann man Administratorgruppe, Tutorgruppe, Studentengruppe und beliebige eigene Gruppen anlegen. Diese Gruppen können wiederum Untergruppen beinhalten. Hierfür gilt: alle positiven Zugriffsrechte werden auf die Untergruppe übertragen. Es können also nur Rechte hinzugefügt werden, keine beschnitten werden. imc spricht hier von „positiver Vererbung".

Die Zugriffsrechte steuern die Rechte für die Benutzung aller Elemente des Navigationsframes. Hier wird auch festgelegt, ob der Benutzer Bereiche sehen und ausführen kann oder nicht. Die Eigenschaften, die jeder Menüpunkt aufweist, können im Navigationseditor eingestellt werden. Hier kann man auch neue Menüpunkte und Unterpunkte erstellen, die zum Beispiel einen Katalog aufrufen.

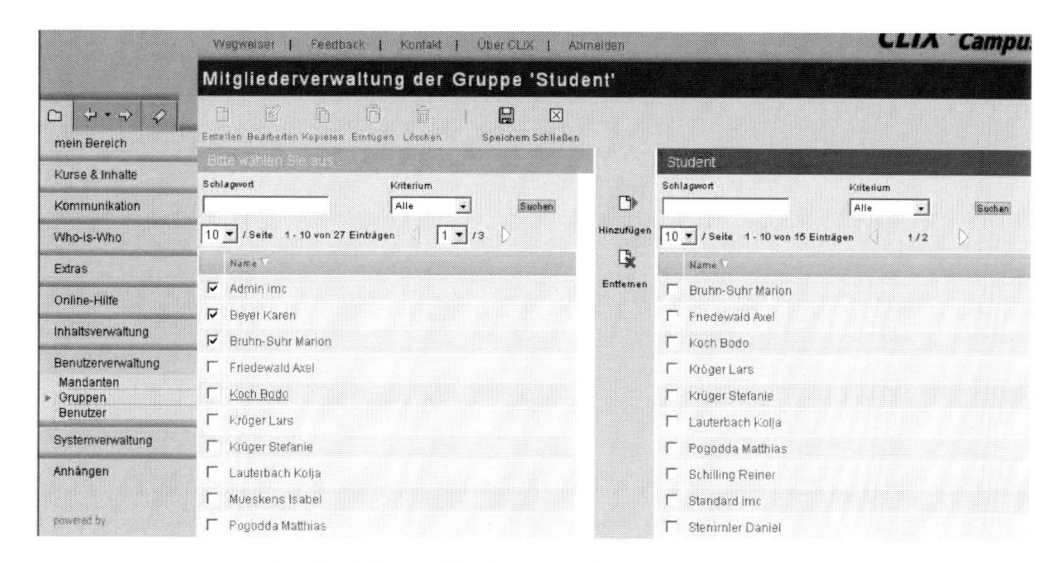

Abb. 59 Rollen und Rechte in CLIX

Die Benutzerverwaltung präsentiert sich genauso einfach wie die übrigen Editoren. Der Benutzer erhält seine Rechte, indem er einer oder mehreren Gruppen zugewiesen wird.

Authoring

Besondere Methoden wie Chat, Blackboard, Foren und Funktionen aus 3rd-Party-Produkten lassen sich im Servicemanager anlegen. Die einzelnen Servicetypen können bearbeitet oder neu erstellt werden. Die Inhalte wie WBTs, FAQ, Linkliste, etc. werden im Medienmanager durch Auswahl des entsprechenden Medientyps erstellt. Die einzelnen Medientypen können unter Medientypen bearbeitet oder neu erstellt werden. Ein Wizard führt durch die einzelnen Schritte der Erstellung.

Die Service und Medientypen kann ein Administrator im „Repository" mit Metatags ergänzen. Auf diese Weise haben wir z.B. den „ZIP WBT" Medientyp erstellt. Die Teilnehmer können nun auf einfache Art und Weise ihren Content als komplettes Archiv hochladen.

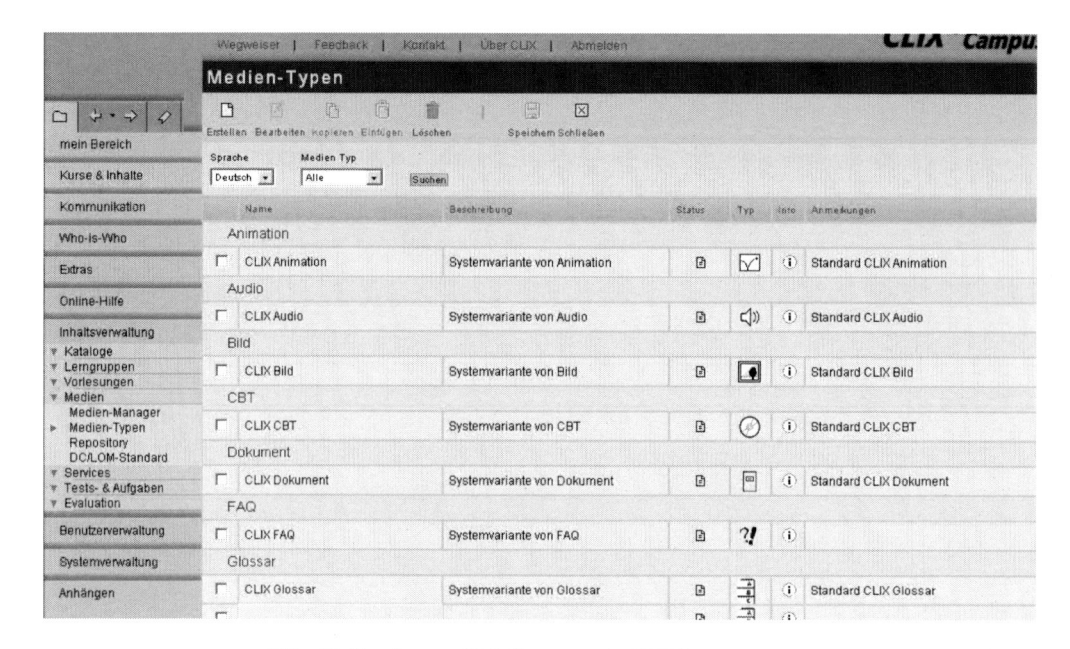

Abb. 60 Service und Medientypen in CLIX

Die angebotenen Servicetypen und Medientypen decken weitestgehend die Anforderungen aus der Evaluation ab. Leider wurden relevante 3rd-Party Produkte nicht mitgeliefert, so daß es nicht möglich war, diese Funktionen mit zu testen. Den so erstellten Content weist man nun im Vorlesungsmanager einer Vorlesung zu. Das Interface präsentiert sich in seiner Benutzerführung analog zum Service- und Medienmanager. Die Vorlesungen werden wiederum im Katalogmanager einem Katalog zugewiesen, über welchen sie auch vom Teilnehmer gebucht werden können. Dieser Katalog muß im Frontend zugänglich sein (falls notwendig im Navigationseditor als Unterpunkt einfügen).

Was CLIX fehlt, ist ein Browser-basierter HTML-Editor, um zum Beispiel WBTs zu pflegen. CLIX verfolgt anscheinend hier den Ansatz, solche Inhalte extern zu erstellen und dann als HTML-Archiv (WBT) in die Veranstaltung einzubinden.

ANGABEN ZUM EVA:LERN-FRAGEBOGEN

Folgende Abweichungen bei der Beantwortung des Fragebogens sind aufgefallen:

Administration

- Integrierte Autorenwerkzeuge für HTML nicht vorhanden

Didaktik

- Keine Homepage für Studenten, Teacher
- Keine Privaten Bookmarks für Studenten, Teacher (dies war ein K.O.-Kriterium)

Technologie

- Instabil unter MicrosoftIE auf MacOS

GESAMTEINDRUCK

Das System ist sehr komplex. Obwohl die Vorgehensweise immer die gleiche ist, kann man einige Funktionen wieder schnell vergessen. Das System ist modular aufgebaut. Die Bedienung des Systems erfolgt hauptsächlich über Wizards und beschränkt sich auf das Nötigste. Die Benutzerführung innerhalb der Editoren (Manager) ist konsequent und gradlinig gehalten. Das Benutzerinterface ist übersichtlich. Der Ablauf ist in allen Editoren gleich: auswählen (erstellen), bearbeiten, speichern, schließen. Das System ist einfach zu konfigurieren und sehr anpassungsfähig. Bei einer sauberen Installation mit Trennung der Bereiche Server und Datenbank hat man mit CLIX viele Möglichkeiten.

In der Demoversion funktionierten der Kalender und Lesezeichen nicht, was aber an der fehlerhaften Konfiguration des Servers lag.

ANHANG 4

Erfahrungen mit IBT Server

INSTALLATION

IBT Server ist auf TCL und Javascript aufgebaut. Das System kommt mit der denkbar einfachsten Installationsmethode: Als gepackte Datei. Die Installation beschränkte sich auf das Entpacken der Datei und dem anschließenden Entfernen des Schreibschutzes. Weitere Anpassungen waren nicht notwendig. Die Lizenz wird über eine Lizenz-Datei gesteuert. Die Datenbank ist eine kostenlose HSQL-Datenbank, die laut Aussage von time4you auch bei starker Beanspruchung keinen spürbaren Leistungsabfall haben soll.

Merkwürdig ist allerdings die Tatsache, daß das System aus ca. 25.000 Dateien besteht, von denen einige auch nachweislich Teile der Version 4 sind. Auch ist die Verzeichnisstruktur sehr undurchsichtig.

Leider kommt man auch um einen FTP-Zugang nicht herum, da eine Menge Funktionen nur über die direkte Bearbeitung der Dateien einzubinden sind.

HERSTELLER-SUPPORT UND EINFÜHRUNG IN DAS LMS

Der Support des Herstellers mußte von uns nicht sonderlich frequentiert werden, da dieses System keine großen Probleme bei der Installation oder Konfiguration hatte (bis auf die fehlenden Funktionen). Die Schulung wurde kompetent und professionell vom Supporter durchgeführt.

BESCHREIBUNG DES LMS

Auf der Startseite, findet man die Navigation des Systems und News.

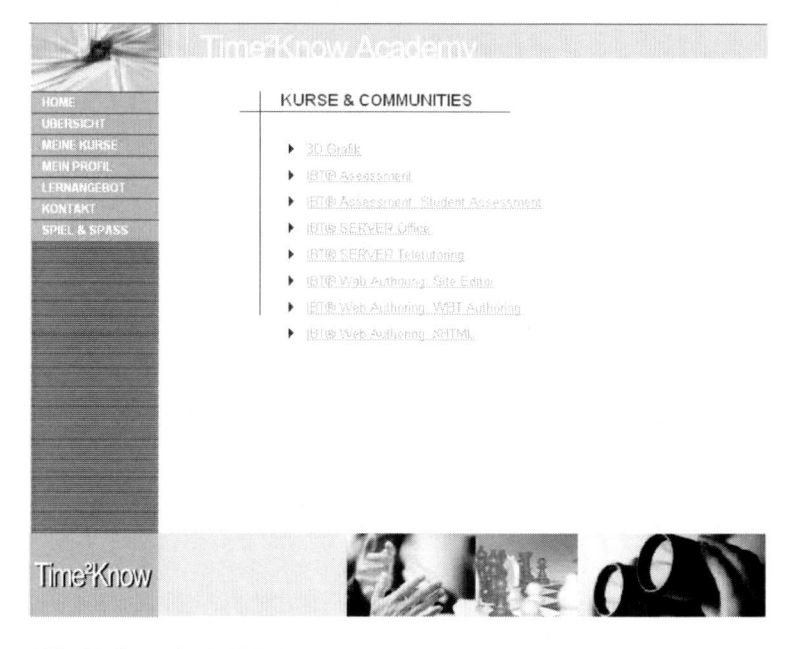

Abb. 61 Startseite in IBT Server

Die Navigationsleiste beinhaltet folgende Punkte:
- Home
  Home ist der Link zur Startseite
- Übersicht
  Hier erhält der Benutzer allgemeine Informationen zum System

- Lernangebot
  Lernangbebot beinhaltet alle öffentlichen Kurse, die man buchen kann
- Kontakt
  Kontakt ist ein einfacher „Mailto"-Befehl (keine Mailform)
- Foyer
  Foyer ist der eigene private Bereich, in den man sich einloggt

Hat man sich als Student angemeldet, erhält man weitere Menüpunkte:

- Meine Kurse
  Hier findet man alle Kurse, in die man eingeschrieben ist
- Mein Profil
  Unter mein Profil kann man seine persönlichen Daten ändern
- Spiel & Spaß

Desweiteren werden auf der Hauptseite die Kurse angezeigt, in die man eingeschrieben ist. Diese werden in einem neuen Fenster geöffnet und können somit ein völlig anderes Design haben. Hier bekommt man jetzt unterschiedlich viele Navigationspunkte, je nachdem welche Funktionen der Tutor freigeschaltet hat. Man kann auch Kurse einrichten, in denen sich z.B. nur Kommunikationselemente befinden.

Bei IBT ist es dem Tutor absolut freigestellt, wie oder was er in seinem Kurs realisieren möchte. Grundsätzlich hat er aber folgende Programmteile zur Verfügung: Pinnwand, Diskussionsforum, Konferenz, Sofortmitteilungen, Benutzergalerie, Dokumentenbereich, Tests, Tutor-Mail und Notizen.

Alle anderen Bereiche sind frei definierbar und an keine vorgegebene Form gebunden. Die Pinnwand ist eine Seite auf der kursweite Nachrichten angeheftet werden können. Diskussion ist ein normales Forum, Konferenz ist ein Chat ohne besondere Funktionen. Sofortmitteilungen ist eine Art Message-System, das private oder öffentliche Nachrichten an Online-User versenden kann. Hier hat man die Möglichkeit, die Nachricht als Java-Message oder als eigenes Browserfenster zu senden. Nutzt man die Option Browserfenster, kann man zusätzlich noch die Farbe bestimmen, was unter Umständen garantiert, daß das Fenster nicht übersehen wird.

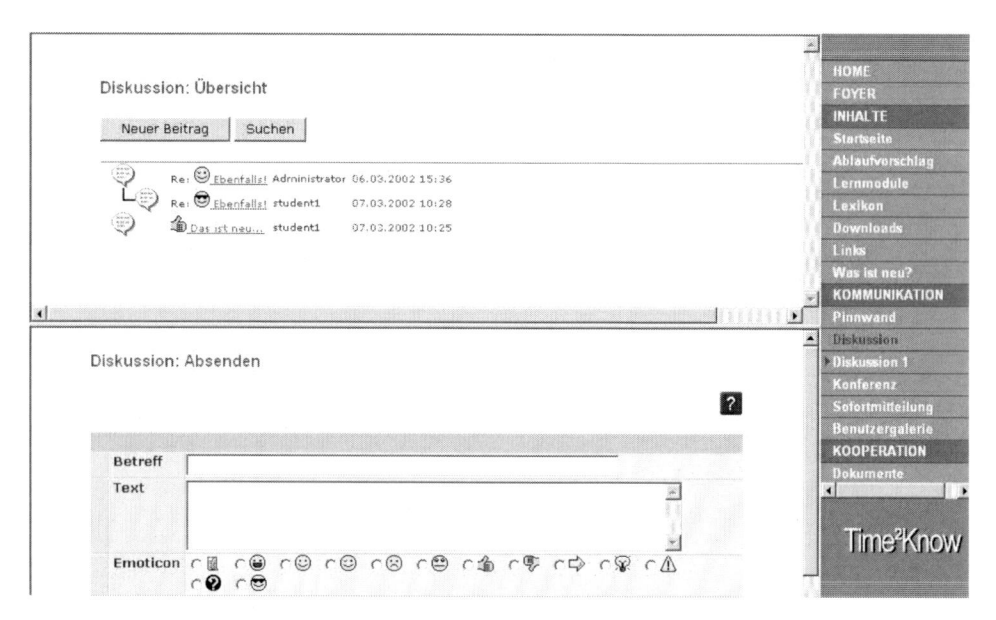

Abb. 62 Forum in IBT Server

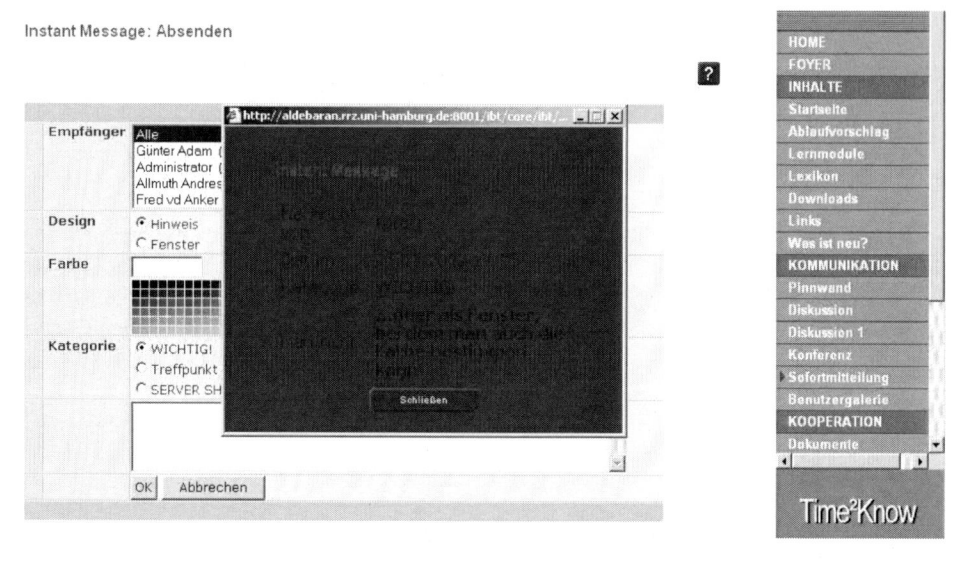

Abb. 63 Instant Messager in IBT Server

Die Benutzergalerie zeigt alle in diesem Kurs angemeldeten Benutzer an. Der Dokumentenbereich kann dazu verwendet werden, Dateien hochzuladen.

Die Tests sind über eine Textdatei realisiert. Das System wertet diese aus, und generiert daraus den Test. Leider kann man mit dieser Form des Tests nur Single/Multiple Choice-Fragen realisieren. Diese können aber detailliert ausgewertet und für den Studenten angezeigt werden. Tutor-Mail sendet eine systeminterne Nachricht an den Tutor. Notizen ist eine simple Funktion um persönliche Notizen zu speichern.

Für alle anderen Funktionen (Kurse) gibt es keine vorgegebene Gestaltung. Hier kann der Tutor vollkommen frei entscheiden, wie er den Inhalt realisieren möchte.

Kursgestaltung

Das System erkennt über Benutzername und Kennwort, welche Rechte die Person hat. Es gibt bei IBT keine vorgegebenen Rollen, sondern nur Rechtezuweisungen. Daher hat man die Möglichkeit, die Arbeitsbereiche sehr fein zu unterteilen. Man kann z.B. jemanden bestimmen, der sich nur um die Moderation der Kommunikationsmittel kümmert, aber ansonsten keine Rechte besitzt.

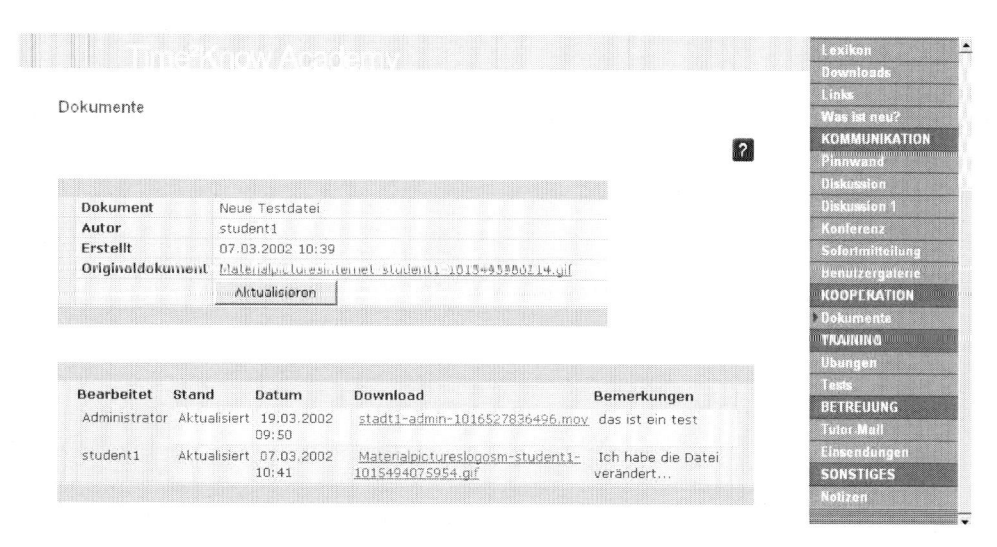

Abb. 64 Dateiverzeichnis in IBT Server

Mit dem in IBT integrierten Modul IBT SERVER Office können die Benutzer angelegt und verwaltet werden. Im IBT SERVER Office findet man folgende Bereiche:

- Abwicklung

  hier kann man Anmeldungen von Studenten bearbeiten, deren Fragen beantworten und Teilnehmerlisten sichten.

- Benutzerverwaltung

  hier kann man Benutzer anlegen, ihnen Rechte zuweisen, Teams bilden und den Benutzer-Icon-Ordner verwalten.

- Foren

  hier hat man die Möglichkeit auf die Kommunikationswerkzeuge zuzugreifen und die Dokumente und Steckbriefe (Selbstdarstellung der Person) der Benutzer zu sichten.

- Arbeitsplatz

  hier kann man sich Notizen machen oder sein Kennwort ändern. Module zählt die Module auf, auf die man Zugriff hat.

Im Punkt Benutzerverwaltung wird festgelegt, was der Benutzer darf und was nicht. Bearbeitet man einen bestehenden Benutzer, bekommt man eine Seite, auf der man dem Benutzer die Module zuweisen kann, auf die er Zugriff haben soll. Weiter unten auf der Seite kann man die Berechtigungen einstellen, wie z.B. modulbezogene Benutzerverwaltung, Campus Redaktion, Systemparameter ändern etc. Es gibt insgesamt 15 dieser Berechtigungen.

Um dem Tutor die Möglichkeit zu geben, einen Kurs zu erstellen, muß man ihm das Recht der Campus Redaktion und das Modul IBT Web Authoring Site Editor zuweisen. In diesem Modul hat der Tutor jetzt die Möglichkeit, mit Hilfe des Rapid Developers (eine Art Wizard) einen neuen Kurs (Modul) zu erstellen. Er hat hierdurch die Möglichkeit, die Bestandteile seines Kurses auszuwählen, die er verwenden möchte. Durch eine Aktualisierung der Module richtet man noch die Datenbank ein, und das Grundgerüst ist fertig.

Authoring

Um Inhalte einfügen zu können, benötigt der Tutor das Modul IBT Web Authoring: WBT Authoring / XHTML. Diese Module bieten umfangreiche Möglichkeiten der Seitengestaltung. Leider leidet der Workflow etwas unter der

Komplexität des Editors, so daß es schon mal 20 Sekunden dauern kann, bevor die Seite aufgebaut ist.

Grundsätzlich sind alle Aufgaben mit Hilfe dieses Editors zu erledigen. Auch sind hier bereits viele interaktive Elemente integriert, die sich komfortabel in eine vorhandene Webseite einbinden lassen. Hierzu zählen Testanbindungen, Timer, Rollover, persönliche Begrüßung und vieles mehr. Leider kann man die mit dem Rapid Developer erstellten Seiten nicht so stark bearbeiten, wie es manchmal nötig wäre. Eine Designänderung der Seiten zum Beispiel ist nicht so ohne weiteres möglich. Eine versehentlich gelöschte Seite bereitet Probleme. Um alle Funktionen des Systems ausschöpfen zu können, kommt man leider um einen FTP-Zugang nicht herum.

Testerstellung

Das System IBT bietet eine sehr einfache Variante der Testgestaltung. Man erstellt einfach eine Textdatei, in der sich, einer bestimmten Formatierung folgend, die Fragen befinden. Diese Datei wird über den IBT Web Authoring Bereich verknüpft. Das übrige, Auswertung, grafische Darstellung etc. erledigt das System.

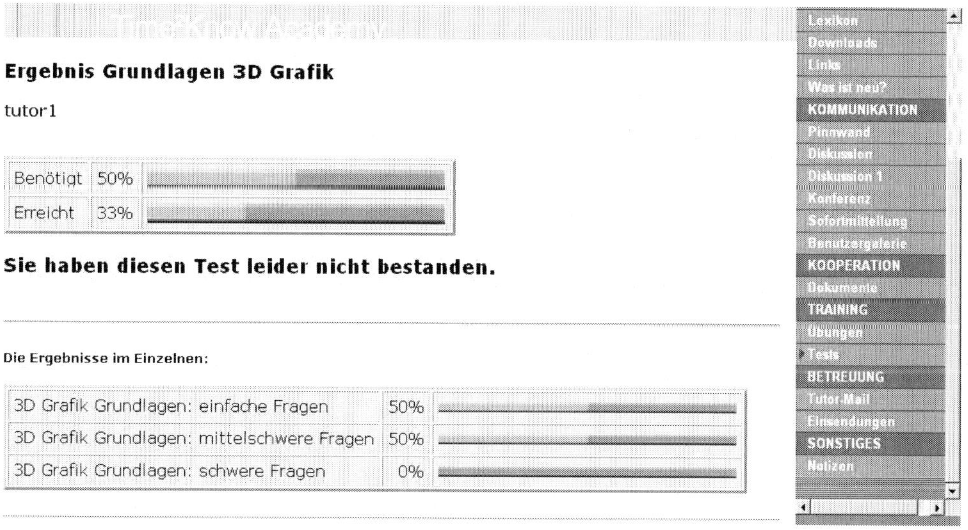

Abb. 65 Tests in IBT Server

Es scheint in IBT ein Tool für eine umfangreiche Testerstellung zu geben, in dem man mehr Möglichkeiten der Testgestaltung hat, aber leider war es uns nicht möglich, dieses Tool zu testen. Eine Anfrage bei time4you führte zur Aussage, man würde mit dem Tool selbst nicht arbeiten, die Testerstellung per Textdatei sei leistungsfähig genug (aber beschränkt, wie oben berichtet).

ZUM EVA:LERN-FRAGEBOGEN

Angaben zu Funktionen, die im Fragebogen positiv beantwortet wurden, die aber entweder nicht vorhanden waren oder nicht überprüft werden konnten:

Administration
- Backup- und Safetytools wurden nicht gezeigt oder erläutert
- Batchfunktion im Benutzermanagement nicht vorhanden
- Offline authoring nur beschränkt möglich
- Portabilität wurde nicht bewiesen

Didaktik
- Kein Whiteboard vorhanden (dies war ein K.O.-Kriterium)
- Kalender nur mit Drittanbietersoftware
- Application Sharing nur mit Drittanbietersoftware
- kein privater Kalender für Student, Teacher
- kein privates Directory für Student, Teacher
- Student kann keine eigenen Inhalte publizieren! („Publish own Content" war K.O.-Kriterium!)
- kein Curriculum Management
- angegebene Tests wurden nicht ermöglicht, die erfragten Testtypen können mit der Textdatei nicht realisiert werden)

GESAMTEINDRUCK

Das System IBT ist umfangreich und bietet viele Möglichkeiten. Der modulare Aufbau läßt darauf schließen, das die Einführung von neuen Funktionen nicht allzu schwierig sein kann. Es werden von time4you Erweiterungsmodule angeboten.

Die Erstellung von Kursen und Inhalten ist leistungsfähig, auch wenn die Arbeitsgeschwindigkeit manchmal etwas zu wünschen übrig läßt. Leider sind grundsätzliche HTML-Kenntnisse unbedingt notwendig! Auch müssen für eine effektive Nutzung der internen Navigation viele Javascripte angepaßt werden. Auch dies ist, wie bereits erwähnt, nicht immer direkt über das System möglich.

Möchte man also sämtliche Funktionen des Systems ausnutzen, kommt man um einen FTP-Zugang nicht herum. Einige Funktionen lassen sich nur nutzen, wenn man direkt auf dem Server arbeitet, um z.B. mehrere Foren oder Chats in einem Kurs einzurichten (das ist in einer Hochschulumgebung nicht möglich). Hierbei tritt aber schon das nächste Problem auf: Das System hat eine ziemlich undurchsichtige Ordnerstruktur. Um Kurse zu ändern, muß man z.B. in die sechste Ordnerebene gehen, und auch hier gibt es noch mindestens drei Unterebenen. Außerdem hat allein das Grundsystem schon ca. 25.000 Dateien. Hier haben wir festgestellt, daß ein und dasselbe Bild bis zu 500 mal im System vorhanden ist.

Auch ist keine vollkommene Trennung der Module voneinander möglich. Man hat als Tutor immer die Möglichkeit, bei allen Tutoren Änderungen durchzuführen. Auch die Bildung und Nutzung von Teams ist nur mit viel Programmieraufwand möglich. Grundsätzlich sollte noch an der Benutzerverwaltung gearbeitet werden, da die meisten Funktionen hier nicht so besonders gut gelöst wurden. Im schlimmsten Fall kann ein Benutzer das komplette System beschädigen, indem er ein programminternes Modul löscht!

LIZENZPREISE

IBT Server kostet 8.000€ pro 100 Studenten, bei 2.500 Usern insgesamt 200.000€. Alle weiteren Software-Zusatzprogramme von IBT sind nach Stückzahl gestaffelt.

ANHANG 5
Erfahrungen mit IntraLearn

Installation

intralearn software

IntraLearn arbeitet auf Basis von Coldfusion. Intralearn wurde von einem Mitarbeiter der Firma Smartlingua auf einem Rechner des Rechenzentrums der TU Harburg installiert. Es handelte sich leider um eine Win2K-Version, da die Solaris-Version nicht geliefert werden konnte. Angegeben wurden für die Installationsdauer ca. 3 Stunden. Der Mitarbeiter benötigte über 7 Stunden. Auch war es notwendig, eine veraltete Version zu installieren, da das System mit der neuen Version nicht kompatibel war. Weiterhin gab es Probleme mit dem Datum, was auf lizenzrechtliche Gründe zurückzuführen war. Erst nach Einspielung einer neuen Lizenz war das System lauffähig.

Es trat der Fehler auf, daß der Kalender nicht genutzt werden konnte, da man es anscheinend versäumt hatte, bei der Sprachumstellung das Datumsformat anzupassen. Die Behebung dieses Fehlers dauerte ca. 2 Wochen. Ein paar Tage, nachdem das System eingerichtet worden war, sind Hacker in den Rechner eingebrochen, wodurch sich das Rechenzentrum der TUH gezwungen sah, den Server abzuschalten. Ein paar Tage später wurde der Server von Mitarbeitern der Firma Smartlingua mit einer Firewall neu aufgesetzt. Im gleichen Zuge wurde auch das Update für den Kalender mit eingespielt. Seitdem läuft das System. Von der angekündigten Solaris-Version haben wir bis heute nichts gesehen.

Hersteller-Support und Einführung in das LMS

Der Hersteller war bemüht, einen guten Eindruck zu hinterlassen, bestach aber weder durch Kompetenz noch durch Tatendrang. So konnten uns diverse Fehler nicht erläutert werden, wurden auf die Demoversion abgeschoben und im weiteren meist auch gar nicht behandelt. Die im Fragebogen als vorhanden angegebene Unix-Version ist bis zuletzt nicht geliefert worden, so daß sich die Vermutung aufdrängt, daß sie (noch) nicht existiert oder noch nicht lauffähig ist.

Zur Einweisung in das LMS IntraLearn von Smartlingua wurde statt der zugesagten Solaris-Version nur eine Win2000-Version geliefert. Für die Schulung verwendeten wir unseren Win2000-PC als Clientsystem. Die Schulung begann mit einem Scriptfehler im System, der auf eine fehlgeschlagene Installation des Systems zurückgeführt wurde.

Die Kurserstellung wurde an einem Macintosh-Rechner vorgeführt. Hier traten weitere Probleme in der Darstellung auf. Die Wordkomponenten, die in die Administrationswebseite eingearbeitet waren, wurden nicht korrekt angezeigt. Nach ungefähr einer 3/4 Stunde konnte das Problem mit dem Script umgangen werden, indem die Sprachversion auf englisch zurückgestellt wurde.

Ferner ist uns ein Fehler im Programm aufgefallen, der von den SmartLingua-Mitarbeitern auch auf die fehlerhafte Installation zurückgeführt wurde: Man konnte in der Konfiguration zwar einstellen, daß bestimmte Bereiche des Kurses erst nach dem erfolgreichen Abschluß eines Tests zugänglich gemacht werden, was aber zur Folge hatte, daß man trotz bestandenen Tests die nächste Lektion über das Lektionsmenü nicht anwählen konnte. Über den >Weiter<-Button in den einzelnen Lektionen war dies hingegen ohne bestandenen Test möglich!

Die Schulung wurde von den SmartLingua-Mitarbeitern ziemlich konzeptlos durchgeführt. Die Folge der Arbeitsschritte war durcheinander, die Beispiele bestanden nur aus inhaltlosen Materialien und Nachfragen zu bestimmten Funktionen konnten nur nach Suche in der Dokumentation beantwortet werden. Alles in allem hatte man den Eindruck, daß die SmartLingua-Mitarbeiter sich in ihrem System selbst nicht besonders gut auskannten.

Nach einer Mitteilung, daß die Anfangsprobleme jetzt beseitigt seien, erhielten wir einen weiteren Hinweis auf ein neues Problem. Die Wahr/Falsch-Frage sei im Moment nicht funktionstüchtig, dies ließe sich aber leicht durch die Ja/Nein-Frage ersetzen.

BESCHREIBUNG DES LMS

Das System IntraLearn präsentiert sich nach dem Start zunächst sehr schlicht.

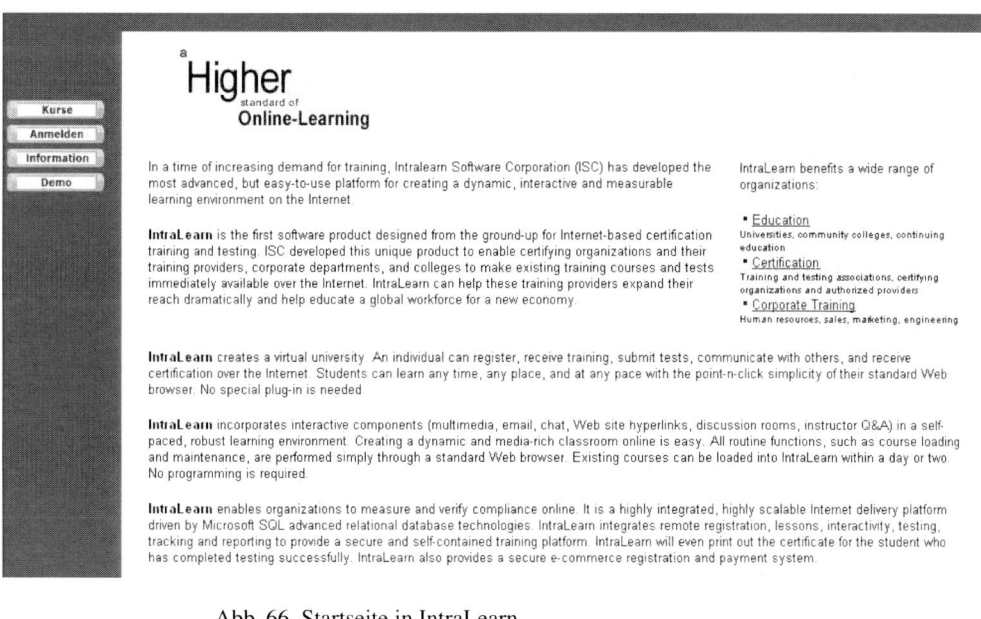

Abb. 66 Startseite in IntraLearn

Als Student hat man nun die Möglichkeit, sich alle öffentlichen Kurse anzusehen. Hier kann der Student entweder direkt einen Kurs wählen oder er kann sich die Kurse nach Kategorie anzeigen lassen. Weiterhin findet er hier Infos über die Kurse, zu Kosten und Kurscode (USA-Curriculum). Jetzt hat er die Möglichkeit, sich in die gewünschten Kurse einzuschreiben.

Anmeldung als Student

Besitzt der Student bereits einen Benutzernamen und ein Kennwort, kann er sich direkt über „Anmelden" im System registrieren.

Hinter dem Menüpunkt Informationen verbirgt sich eine Seite mit frei definierbaren Infos wie z.B. Organisationsinfos, Richtlinien, Hilfestellungen. Der Menüpunkt „Demo" hatte bei uns keine Funktion. Dieser Punkt ist im Realbetrieb wahrscheinlich nicht vorhanden.

Hat sich der Student über „Anmelden" eingeloggt, gelangt er auf eine persönliche Portalseite, wo alle Kurse, die er gebucht hat, angezeigt werden. Dies bietet die Möglichkeit, direkt in den Kurs einzusteigen. Die Navigation verändert sich entsprechend, der Student erhält nun zusätzlich Zugang zu:

- Meine Kurse

  Mit diesem Link kommt man auf die Portalseite zurück
- Profil

  In diesem Bereich kann der Benutzer seine Angaben zu Namen, Adresse etc. ändern kann
- Studienbuch

  Hier kann man die Ergebnisse abgeschlossener Tests ansehen
- Suchen

  Dies ist eine Suchfunktion für die verschiedenen Bereiche des Studenten
- Übersicht

  Hier wird eine eine Baumstruktur der belegten Kurse angezeigt
- Hilfe

  Hier findet man eine englische Online-Hilfe
- Exit

  Mit Exit meldet sich der Student ab.

Zurück auf der Startseite wählt der Student nun einen Kurs aus, in dem er weiterarbeiten möchte. Auch jetzt ändert sich die Navigationsleiste:

- Kursplan

  Der Kursplan zeigt die zur Verfügung stehenden Lektionen
- Teilnehmer
- Hier weden alle im Kurs angemeldeten Benutzer angezeigt
- Arbeitsmittel

  In diesem Bereich werden alle für diesen Kurs verfügbaren Arbeitsmittel (Glossar, Verweise, Internet-Links und FAQs) angezeigt

- Community

  In der Community findet man alle Kommunikationstools (Chat, Klassen EMail-Box und Diskussion), die verwendet werden können.

Zurück im Kursplan kann sich der Student nun für eine Lektion entscheiden, die er bearbeiten möchte. Nun bekommt man eine „Schnellstartleiste" für die zur Verfügung stehenden Arbeitsmittel. Man hat so die Möglichkeit ohne große Umwege z.B. einen Test aufzurufen oder sich Notizen zu machen. Die Menüpunkte sind hierbei folgende:

- Überblick

  Diser Link führt den Studenten zu einer Lektionsübersicht

- Aufgaben

  Hier kann der Student Aufgaben für diese Lektion bekommen

- Test

  Dieser Link führt zu einem der Lektion zugeordneten Test

- Notizen

  Hier erhält der Student die Möglichkeit sich Notizen zur Lektion zu machen

- Kalender

  Dieser Link führt zu einem Kalender, indem der Student Termine eintragen kann

- Diskussion

  Diskussion ist der Bereich, in dem die Foren angelegt sind

- Chat

  Über diesen Link kommt der Student in den Chat

- Mailbox

  Über diesen Link kommt man zu seiner Mailbox

- Lesezeichen

  Hiermit kann man ein Lesezeichen setzen zu dem gesprungen wird, sobald der Kurs neu aufgerufen wird

- Team

  Durch diesen Link kann man sich die Mitglieder seines Teams anzeigen lassen

- Ort

  Der Ort zeigt an, wo man sich gerade befindet.

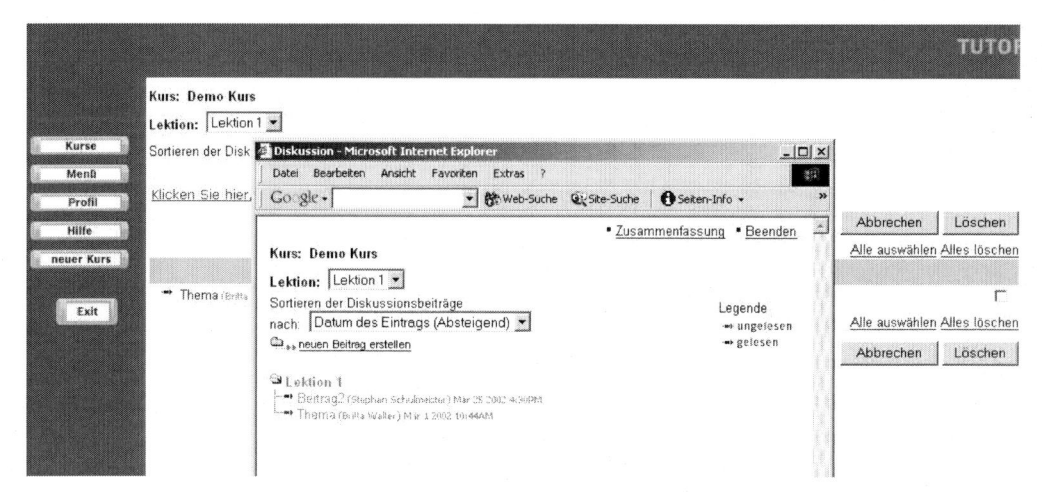

Abb. 67 Chat in IntraLearn

Administration

Nach dem Start von IntraLearn kommt man automatisch in den administrativen Teil des Systems. In der Navigation kann man die vordefinierten Rollen erkennen:

- Registrator

  Der Registrator ist für die Verwaltung und Anmeldung der Studenten zuständig

- Aufträge

  Die Aufträge sind für die Abrechnung von Gebühren und Kosten notwendig

- Manager

  Der Manager ist der Super-User. Seine Aufgabe ist das Einrichten von Registratoren, Auftragsmanagern, Tutoren und Prüfern. Weiterhin hat er die Möglichkeit die Dateiformate, die Tutoren in ihren Kursen anbinden können, zu bestimmen und deren Darstellung festzulegen. Er kann auch Kurse erstellen. Leider hat man nicht die Möglichkeit, die Arbeiten des Registratoren oder des Auftragsmanagers zu übernehmen

- Tutor

  Der Tutor ist der Dozent, der Kurse erstellt und mit Inhalt füllt, Chats und Foren moderiert und die Tests und Aufgaben der Studenten bewertet

- Prüfer

    Der Prüfer ist eine Person, die während einer Prüfung über das Internet die Arbeitsschritte der Studenten überprüfen kann.

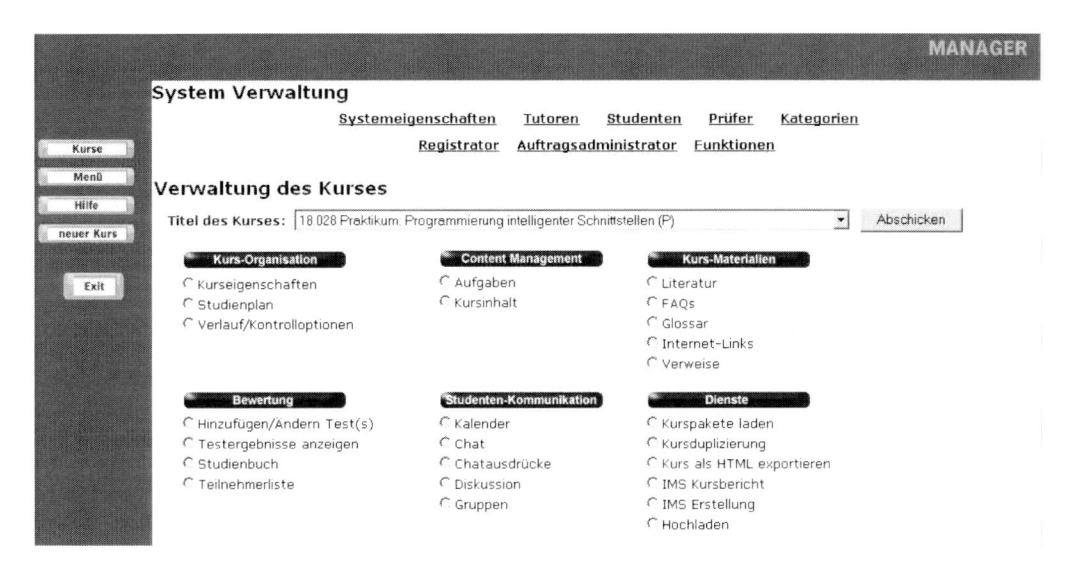

Abb. 68 Kursverwaltung in IntraLearn

Anmeldung als Tutor

Meldet man sich als Tutor an, hat man nun die Möglichkeit einen Kurs zu gestalten. Hierzu klickt man in der Navigation auf „neuer Kurs" und bekommt im folgenden die Möglichkeit die Kursart auszuwählen. Man kann einen Kurs mit Intralearn erstellen, einen AICC-kompatiblen Kurs hochladen oder einen LRN-formatierten Kurs importieren. Benutzt man die integrierte Kurserstellung in Intralearn, wird ein Wizard gestartet, der die Kursgestaltung stark vereinfacht.

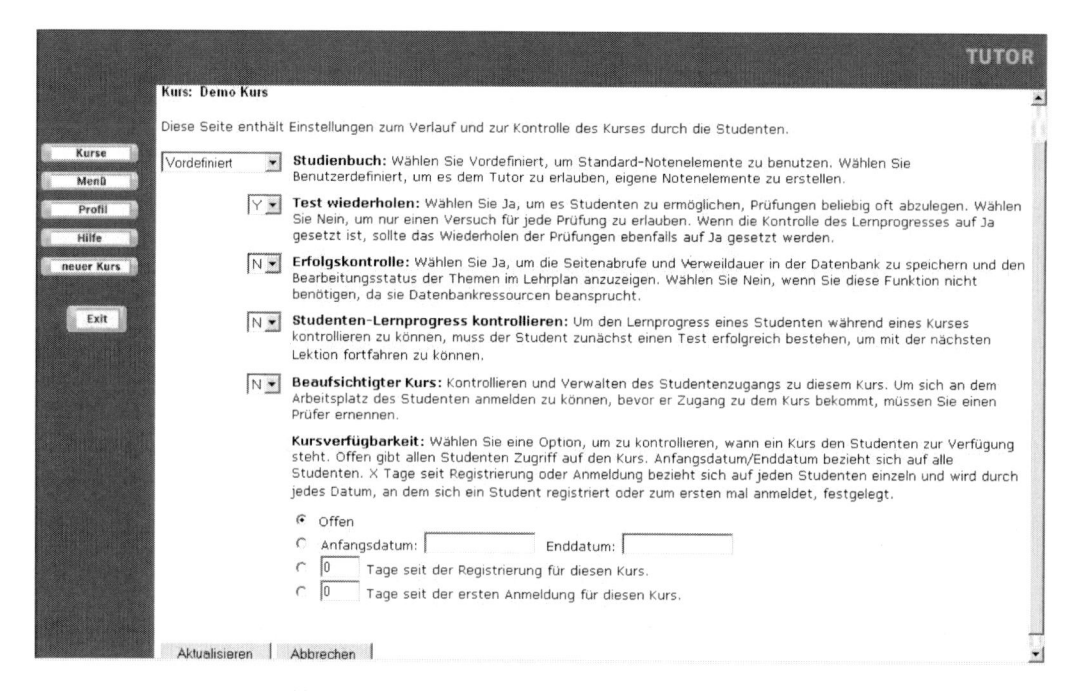

Abb. 69 Wizard für Kursgestaltung in IntraLearn

Im Wizard wird die Grundstruktur des Kurses erzeugt. Anschließend hat man die Möglichkeit weitere Einstellungen vorzunehmen, allen voran natürlich für den Kursinhalt. IntraLearn verfügt über drei Editoren:

Der Inline-Editor

Der Inline-Editor ist eine webfähige Office-Oberfläche, mit der man minimale Formatierungen vornehmen kann wie z.B. Textart, Textgröße und Textfarbe. Auch ist es hierüber möglich Bilder und einfache Tabellen einzufügen. Der Inline-Editor ist ein gutes Tool um schnell einfache HTML-Seiten zu erzeugen. Leider funktioniert dieser Editor nur unter Windows.

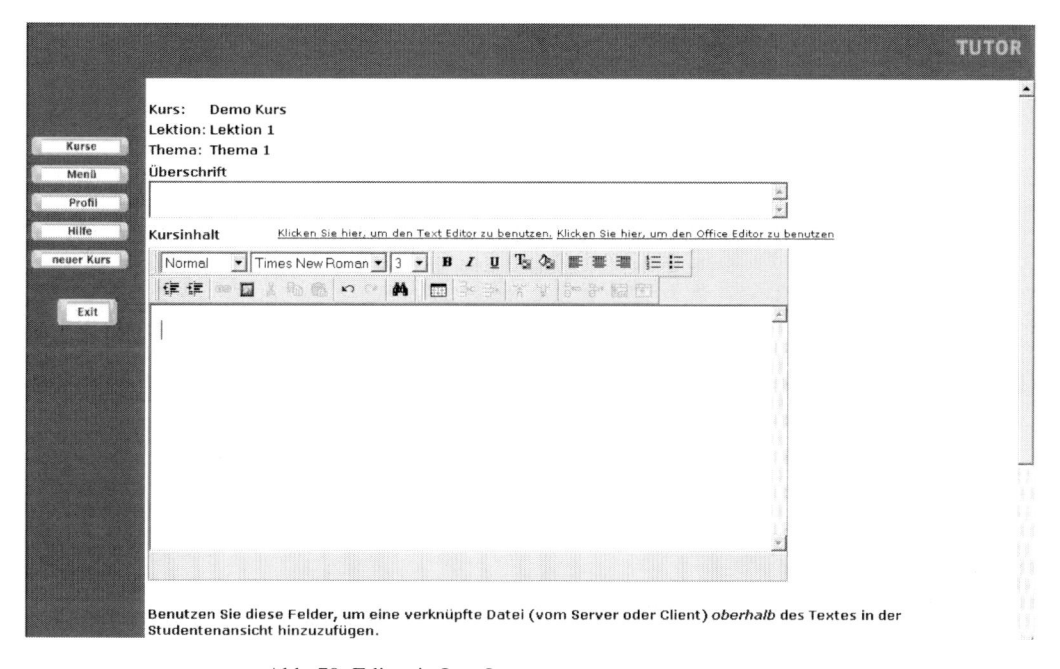

Abb. 70 Editor in IntraLearn

Der Text-Editor

Der Text-Editor ist ein ganz normales Textfeld, in das man seinen Text nebst HTML-Formatierungen eingeben kann. Dieser Editor sollte auf allen Plattformen funktionieren, da er HTML-Standard ist.

Der Office-Editor

Der Office Editor ist eigentlich nur ein Werkzeug mit dem man bereits bestehende und im System vorhandene HTML-Seiten im Kurs anbinden kann. Man hat weiter die Möglichkeit, bei allen Editoren Dateien anzubinden. Hierbei kann man alle Dateiformate verwenden, die in einem Browser angezeigt werden können. Die vorgegebenen Dateitypen und die Art, wie sie in der Webseite dargestellt werden, kann man als Manager bestimmen.

Weitere Punkte wie die Kursmaterialien und Kommunikationstools werden über einfache Formularseiten eingerichtet.

Tests werden erstellt, indem man eine Lektion auswählt und dort auf „Erstellen" bzw. „Ändern" klickt. Im ersten Fall wird ein Wizard gestartet, der einen durch die Erstellung des Kurses geleitet. Man hat die Möglichkeit gewichtete und normalisierte Fragen zu erstellen, die Prozentzahl anzugeben, ab der ein Test als erfolgreich bestanden gilt, und schließlich die Frage selbst einzugeben.

Hierbei kann man zwischen den Fragetypen Multiple Choice, Auswahlbutton/ Auswahlbox, Ja/Nein, Richtig/Falsch, Essay mit und ohne Note wählen. Nachfolgend gibt man noch die möglichen Antwortoptionen vor, die der Student hat und wählt die richtige Antwort aus. Man hat die Möglichkeit, zu jeder Frage einen Link zu einem verwandten Thema einzugeben.

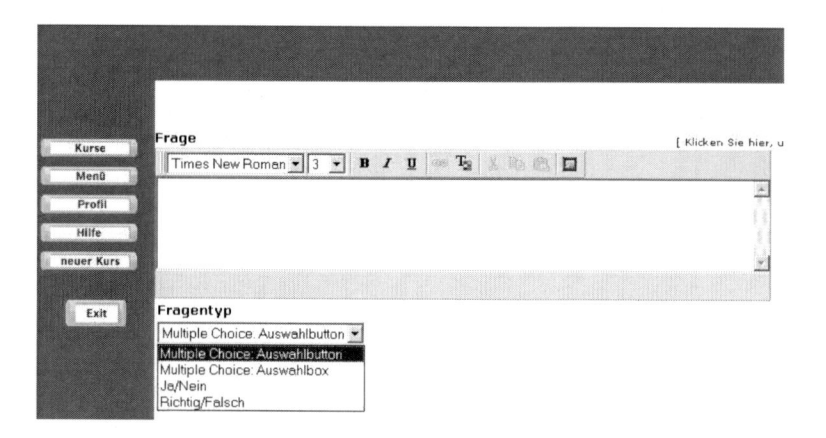

Abb. 71 Testerstellung in IntraLearn

Alle Parameter lassen sich nachträglich ändern. Man kann über den Punkt Kurseigenschaften/Studienplan/Verlauf/Kontrolloptionen die Grundeinstellungen des Kurses ändern und hat über die Content Management-Funktionen jederzeit die Möglichkeit, etwas an den Inhalten zu ändern.

ZUM EVA:LERN-FRAGEBOGEN

SmartLingua hat sich offenbar nicht genug Zeit genommen den Fragebogen korrekt zu beantworten. Die Angaben im Fragebogen zu folgenden Funktionen konnten nicht verifiziert werden:

Administration
- Kursmanagement nur Im- und Export, Portabilitätsangaben (K.O.-Kriterium)
- Landesspezifische Daten nur einfach

Didaktik
- keine kontextsensitive Online-Hilfe
- kein integriertes Whiteboard (K.O.-Kriterium), kein Application Sharing
- Anzahl der Foren ist limitiert
- keine privaten Annotationen, keine Homepage für Studierende, kein privates Verzeichnis, keine Historie für Studenten
- kein Publizieren eigener Inhalte des Studenten (K.O.-Kriterium)
- keine privaten Annotationen für Lehrkräfte, kein Versionsmanagement
- fehlende Testformen, keine zeitgesteuerten Tests
- nur der Multiple Choice-Test konnte getestet werden.

Evaluation
- fehlerhafte Lernweg-Steuerung

Technologie

Es konnte während der Testphase keine Unix-Version geliefert werden! (K.O.-Kriterium)

GESAMTEINDRUCK

Das System macht einen aufgeräumten Eindruck. Alle wichtigen Funktionen sind in einem Menü untergebracht, und die Menüstruktur ist intuitiv verstehbar. Die Testfunktionen sind vorhanden und funktionieren gut (bis auf die Kritikpunkte oben). Die Möglichkeiten der Kurserstellung sind mit dem internen Kurseditor recht groß, durch die Einbindung von Flash-Dateien, Filmen und anderen Formaten fast unbegrenzt. Die Rollenverteilung ist festgelegt und eher etwas zu stark unterteilt.

Intralearn ist ein kleines LMS, das nicht viele Möglichkeiten bietet. Es ist mit den nötigsten Funktionen ausgestattet, scheint darüber hinaus aber auch kaum

Möglichkeiten zu bieten, das System zu erweitern, ohne große Programmierarbeit leisten zu müssen. Die deutsche Sprachversion scheint relativ neu zu sein, da sie noch viele englische Begriffe enthält. Leider wirkt sich die Lokalisation auf datumsabhängige Funktionen aus. Hier muß immer wieder das amerikanische Datumsformat eingegeben werden. Darüber hinaus wurde in der ersten uns zur Verfügung stehenden Installation die Anpassung der Kalenderdatenbank vergessen, so daß der Kalender ohne Funktion war. Weitere Fehler stecken noch in der Ablaufsteuerung. Man konnte z.B. einen Test nicht bestehen, kam über Umwege aber trotzdem weiter. Anders herum konnte man einen Test noch so gut abschließen, man konnte an keiner Folgelektion teilnehmen (nur über den eben angesprochenen Umweg!). Weiterhin gab es Probleme mit den Frames. Sobald man eine Frame-Angabe mit an einen Link heftete, wurden die Seiten im neuen Fenster geöffnet, was die interne Navigation durcheinander brachte. Auch beim Hochladen von Dateien traten immer wieder Fehler auf (die Dateien wurden zwar angezeigt, konnten beim Aufrufen aber nicht gefunden).

Alles in allem ist das System noch unausgereift und vor allem nicht genügend auf Funktion getestet worden. Die Ansätze sind gut, die Erstellung von Inhalten ist einfach und geht leicht von der Hand, und für kleine Aufgaben ist das System sicherlich gut geeignet. Die Authoringtools sind ausreichend, wenn man einen Windows-Rechner zur Verfügung hat. Für den Macintosh-Rechner oder den Linux-Rechner sind die Tools eindeutig zu schwach! Ein ZIP-Upload mit anschließendem Entpackungsvorgang wäre ganz nett gewesen. Auch bei den Tests ist noch einiges zu verbessern.

Literaturverzeichnis

Arnold, M. (1997):	Using the Web to Augment Teaching and Learning. In: ASCILITE '97 <http://www.curtin.edu.au/conference/ascilite97/index.html>
Astleitner, H./Baumgartner, A.:	Abbrecherquoten bei Fernlehrgängen. Ein Überblick über emotionale und motivierende Strategien, um die Abbrecherquoten bei web basierten Fernlehrgängen zu senken. In: Kammerl, R. (ed): Computerunterstütztes Lernen. München: Oldenbourg 2000 S. 166 187
Avitzur, R.:	Algebra Graph. Software. 1994. Frame Technology 1988 1991
Bakardjieva, M./Harasim, L. (1997):	The Discourse of Online Learning: Cognitive and Interactive Dimensions. In: ED Media 97, 1334 1340
Baumgartner, P. (1997):	Didaktische Anforderungen an (multimediale) Lernsoftware. In: Issing, L./ Klimsa, P (Hg.): Information und Lernen mit Multimedia. Psychologie Ver lagsUnion: Weinheim S. 241 252
Baumgartner, P. (1999):	Evaluation mediengestützten Lernens. Theorie Logik Modelle. In: Kindt, M. (Hg.): Projektevaluation in der Lehre Multimedia an Hochschu len zeigt Profil(e). Waxmann: Münster 1999, S. 61 97
Baumgartner, P. (2001):	Webbasierte Lernumgebungen neue Ansätze zum Politiklernen. In: „Traditionelle und Neue Medien im Politikunterricht" der Schriftenreihe der Bundeszentrale für politische Bildung (http://www.bpb.de)
Baumgartner, P./Payr, S. (1994):	Lernen mit Software. Innsbruck: Österreichischer StudienVerlag 1994
Baumgartner, P./Payr, S. (1997):	Methods and practice of software evaluation: The case of the European Academic Software Award (EASA). In: Proceedings of ED MEDIA 97 & ED Telecom 97 Calgary, Alberta Canada. AACE: Charlottesville S. 44 50.
BLK (Hrsg):	Globalisierung des Bildungsmarktes durch Neue Medien. Auswirkung auf die Hochschulen. Dokumentation des Bildungspolitischen Gesprächs der BLK vom 1. Oktober 1999 (Materialien zur Bildungsplanung und zur For schungsförderung 81). Bonn: BLK 2000
Blumenstyk, G.:	Western Govenors U. Takes Shape as a New Model for Higher Education. In: The Chronicle of Higher Education 22 44 (1998) S. A21 A24

Bremer, C. (2000): Virtuelles Lernen in Gruppen: Rollenspiele und Online Diskussionen und die Bedeutung von Lerntypen. In: Scheuermann, F. (Hrsg.): Campus 2000. Lernen in neuen Organisationsformen. Waxmann: Münster u.a. 2000, S. 135 148

Brockhaus, M/Emrich, M. et al: Hochschulentwicklung durch neue Medien Best Practice Projekte im internationalen Vergleich. In: Bertelsmann Stiftung/Heinz Nixdorf Stiftung (eds): Studium online. Gütersloh: Verlag Bertelsmann Stiftung 2000 S. 137 158

Brown, J.S./Duguid, P. (1995): Universities in the Digital Age. 1995. URL: http://www.parc.xerox.com/ops/members/brown/papers/university.html

Bruner, J.S.: The Act of Discovery. In: Harvard Educational Review. 31 (1961) S. 21 32

Bruner, J.S.: Studies in Cognitive Growth. New York: Wiley 1966

Bruns, B./Gajewski, P. (2000): Multimediales Lernen im Netz. Springer: Berlin u.a. 2000

Burdman, P.: Classrooms Without Walls. More students are taking college courses on line. San Francisco Chronicle 20. 7. 1998 (www.sfgate.com/cgi bin/article.cgi?f=/chronicle/archive/1998/07/20/MN87525.DTL&type=printable)

Caroli, F.: Internetgestützte Seminare. Innovation für eine Form der universitären Lehre. In: Scheuermann, F. (Hrsg.): Campus 2000. Lernen in neuen Organisationsformen. Waxmann: Münster u.a. 2000, S. 149 160

Cebrián, J.L. (1999): Im Netz die hypnotisierte Gesellschaft. Der neue Bericht des Club of Rome. Deutsche Verlags Anstalt: Stuttgart 1999

Clancey, W. J.: Situated Cognition. On Human Knowledge and Computer Representations. Cambridge University Press 1997

Clement, U./Martens, B.: Effizienter Lernen durch Multimedia? In: Zeitschrift für Pädagogik 46 (2000) 1 S. 97 112

Diaz, D.P. (1999): Evaluation of Student Success in an Online Health Course (http://library.cuesta.cc.ca.us/support/davediaz/evalstu.htm)

Duffy, T.M./Cunningham, D.J. (1996):Constructivism: Implications for the Design and Delivery of Instruction. In: Jonassen, D. (Hrsg.): Handbook of Research for Educational Communications and Technology. Simon & Schuster: New York, London u.a. 1996, S. 170 198

El Saddik, A.: Interactive Multimedia Learning. Springer: Berlin u.a. 2001

Encarnação, J.L./Leidhold, W. et al: Szenario: Die Universität im Jahre 2005. In: Bertelsmann Stiftung/Herzog, R./Initiativkreis Bildung (Hrsg): Zukunft gewinnen Bildung erneuern. München: Goldmann 1999 S. 131 144; auch in: Bertelsmann Stiftung/Heinz Nixdorf Stiftung (Hrsg): Studium Online. Gütersloh 2000 S. 17 29

Faschingbauer, T.: Online Seminare die Zukunft der universitären Lehre? In: Das Hochschulwesen 49 (2001) 4 S. 113 118

Hämäläinen, M./Whinston, A. et al: Electronic Markets for Learning: Education Brokerages and the Internet. In: Communications of the ACM 39 (1996/6) S. 51 58

Hara, N./Kling, R. (1999): Students' Frustrations with a Web Based Distance Education Course: A Taboo Topic in Discourse (http://www.slis.indiana.edu/CSI/wp00 01.html)

Hicks, M./Reid, I./George, R. (1999): Enhancing online teaching: designing responsive learning environments. In: HERDSA Annual International Conference, Melbourne, 12 15 July 1999 (http://www.herdsa.org.au/vic/cornerstones/pdf/Hicks.pdf)

Henderson, L./Putt, I. u.a. (1998): Comparison of Students´ Thinking Processes When Studying With WWW, IMM, and Text Based Materials. In: Verdejo, M.F./Davies, G. (eds): The Virtual Campus. Trends for Higher Education and Training. IFIP TC3/WG3.3 & WG3.6 Joint Working Conference on The Virtual Campus. Madrid 27. 29. November 1997. London u.a.: Chapman & Hall 1998 S. 102 114

High Performance Systems: ithink. Software

Hines, P./Oakes, P.B. u.a. (1998): Crossing Boundaries: Virtual Collaboration Across Disciplines. In: The Internet and Higher Education 1(1998/2) S. 131 138

Hirsch, M.Ch./Braun, H.A./Voigt, K.: SimHeart. Simulation des Herz Versuchs. CD ROM. Thieme 1997

Jechle, T. (2000): Neue Bildungsmedien: Erfahrungen mit internetbasierter Weisterbildung. In: Krahn, H./Wedekind, J. (Hrsg.): Virtueller Campus '99. Heute Experiment morgen Alltag. Waxmann: Münster u.a. 2000, S. 161 184

Kimball, S. (1998): Managing Distance Learning New Challenges for the Faculty. In: Hazemi, R./Hailes, S./Wilbur, S. (Hrsg.): The Digital University. Reinventing the Academy. Springer: London, Berlin u.a. 1998, S. 25 38

Kortenkamp, U.H./Richter Gebert, J.: Geometry and Education in the Internet Age. In: Ottmann, Th./Tomek, I, (eds): ED MEDIA & ED TELECOM 98. 10th World Conference on Educational Multimedia and Hypermedia & World Conference on Educational Telecommunications. Charlottesville: AACE 1998 S. 790ff.

Laurillard, D. (1993): Rethinking university teaching: a framework for the effective use of educational technology. London: Routledge 1993

Lave, J./Wenger, E. (1991): Situated Learning: Legitimate Peripheral Participation. Cambridge: Cambridge University Press 1991

Marien, M./Martín, A. et al: TELEMAN/SME. Tele Teaching & Training for Management of SMEs (ET3104) Public Results Report supported by the Telematic Application Programme Education and Training Sector. August 1998 (www.teleman.org/teleman/orderform.htm)

Martens, B./Clement, U. et al: Von der Wirksamkeit virtueller Therapeutika für Unpässlichkeiten der Hochschullehre. In: Scheuermann, F. (ed). Campus 2000. Lernen in neuen Organisationsformen. (Medien in der Wissenschaft 10) Münster/New York: Waxmann 2000 S. 235 243

Mason, R. (1998): Models of Online Courses. In: ALN Magazine Vol. 2, Issue 2 1998 http://www.aln.org/alnweb/magazine/vol2 issue2/Masonfinal.htm

Mason, R. (2000): The Pedagogy of Virtual Learning. In: Scheuermann, F. (Hrsg.): Campus 2000. Lernen in neuen Organisationsformen. Waxmann: Münster u.a. 2000, S. 49 54

Metzger, Ch./Schulmeister, R./Zienert, H.: Die Firma. Deutsche Gebärdensprache Do It Yourself. CD ROM. Signum 2000

Metzger, Ch./Schulmeister, R./Zienert, H.: Die Firma 2. Deutsche Gebärdensprache interaktiv. CD ROM. Signum 2002

Pask, G. (1975): Conversation, Cognition and Learning: A Cybernetic Theory and Methodology. Amsterdam : Elsevier Science Publishers (North Holland) 1975

Pask, G. (1976): Conversation Theory: Applications in Education and Epistemology. Amsterdam : Elsevier Science Publishers (North Holland) 1976

Pauschenwein, J./Jandl, M./Koubek, A. (2001):Telelernen an österreichischen Fachhochschulen. Praxisbeispiele und Möglichkeiten der Weiterentwicklung (Schriftenreihe des Fachhochschulrates 5). WUV Universitätsverlag: Wien 2001

Rhodes, D.M./Azbell, J.W.: Designing Interactive Video Instruction Professionally. In: Training and Development Journal 39 (1985/12) 31 33

Richter Gebert, J./Kortenkamp, U.H.: Benutzerhandbuch für die interaktive Geometrie Software Cinderella. Springer: Berlin, Heidelberg u.a. 2000

Richter Gebert, J./Kortenkamp, U.H.: Die interaktive Geometrie Software Cinderella Version 1.2, Springer: Berlin, Heidelberg u.a. 2000

Sakakibara, Y./Naka, S.: Agent Based Virtual Class Room. In: Smith, M.J./Salvendy, G. (Eds): Systems, Social and Internationalization Design Aspects of Humen Compter Interaction (= HCI New Orleans 2001, Vol 2). Lawrence Earlbaum 2001

Sand, Th./Wahlen, K.: Mediennutzungskonzepte im Hochschulbereich. Planung, Organisation, Strategien. (= Hochschulplanung Bd. 140) Hannover: HIS 2000

Schulmeister, R.: Grundlagen hypermedialer Lernsysteme. Theorie Didaktik Design. 2. Aufl.. Oldenbourg: München, Wien 1997, 3. Aufl. 2002

Schulmeister, R.: Gutachten für das BM:BWK Selektions und Entscheidungskriterien für die Auswahl von Lernplattformen und Autorenwerkzeugen. http://serverprojekt.fh joanneum.at/noflash/thema/lernpl/material/Plattformen.pdf

Schulmeister, R.: Virtuelle Universität Virtuelles Lernen. Oldenbourg: München, Wien 2001, 2. Aufl. 2001

Schulmeister, R.: Szenarien netzbasierten Lernens. In: Wagner, E. / Kindt, M. (eds): Virtueller Campus. Szenarien Strategien Studium. (Medien in der Wissenschaft; 14) Münster/New York: Waxmann (2001) S. 16 36

Schulmeister, R.: Taxonomie der Interaktivität von Multimedia Komponenten. Ein Beitrag zur aktuellen Metadaten Diskussion. In: it+ti 44 (4/ 2002), S. 193 199

Schulmeister, R./Jacobs M.: LernSTATS. Software. Hamburg 1992 1996 (http://www.izhd.uni hamburg.de; abgeschlossene Projekte; LernSTATS)

Scriven, M. (1980): The Logic of Evaluation. Edgepress: Inverness, CA 1980

Scriven, M. (1991): Evaluation Thesaurus. 4th ed. Sage: Newbury Park 1991

Wessner, M. (2001): Software für e Learning: Kooperative Umgebungen und Werkzeuge. In: Schulmeister, R.: Virtuelle Universität Virtuelles Lernen. Oldenbourg: München, Wien 2001, S. 195 219

Wilbur, S. (1998): Creating a Community of Learning Using Web Based Tools. In: Hazemi, R./Hailes, S./Wilbur, S. (Hrsg.): The Digital University. Reinventing the Academy. Springer: London, Berlin u.a. 1998, S. 73 84